宋代衣食住行

徐吉军 著

中华书局

目录

绪言

宋朝自 960 年赵匡胤建立北宋开始，至 1279 年南宋灭亡，共存世三百余年。

鉴于唐末农民起义的教训以及为避免唐末五代以来长期军阀割据局面的重现，宋代统治者在统一全国后不久，便采取了一系列加强中央集权的措施，"兴文教，抑武事"（李焘《续资治通鉴长编》卷 18，太平兴国二年正月丙寅纪事，中华书局 2000 年版，第 394 页）就是其中一条重要政策。

"抑武事"首先从禁军入手。961 年，赵匡胤精心策划了"杯酒释兵权"：他对石守信、王审琦等将领劝谕说："人生如白驹过隙耳，所谓富贵者，不过欲多积金钱，厚自娱乐，使子孙显荣耳。汝曹何不释去兵权，择便好田宅市之，为子孙立永久之业，多置歌儿舞女，日饮食相欢以终天命。君臣之间两无猜嫌，上下相安，不亦善乎！"（邵伯温《邵氏闻见录》卷 1）在他的威胁利诱下，石守信等人的兵权顺利解除了。接着，宋太祖又利用同样的方法解除了五代以来一直盘踞一方的节度使的兵权。对方镇节度使的其他权力，朝廷也极力加以限制，如司法治安权、经济财赋权等。

在抑武事的同时，宋太祖实行兴文政策。史载赵匡胤想改年号，他让宰相赵普拟定一个以前没有使用过的年号，大臣们讨论后，最终由赵普确定了用"乾德"年号。乾德三年（965），宋朝大军已经攻灭了后蜀，一些后蜀宫人被掳入大宋宫廷。某一天，宋太祖在宫室之中偶然发现一块镜子的背面竟然刻有"乾德四年铸"的字样。他看到后吃惊不小，赶紧把这面镜子拿给赵普看，并生气地问道：现在是乾德三年，怎么会出现一块刻着"乾德四年铸"的镜子呢？面对这块诡异的镜子，当时胸无点墨的宰相赵普自然是无法回答。后来赵匡胤为了解开这个谜，找到了知识渊博的儒生窦仪。窦仪听后解释说：这块镜子应该是从蜀地来的。前蜀最后一个君主王衍，用过"乾德"这个年号，镜子应该是那个时候铸的。原来"乾德"这个年号已经被人用过，而且还是个亡国之君用过的年号。太祖赵匡胤在感到情何以堪的同时，感叹说："宰相须用读书人啊！"从此以后，宋太祖喜好读书，优待士人[1]。太宗皇帝继承并发展了太祖的重文政策，崇尚儒术，采取了扩大科举取士，发展教育，加强包括大力编纂、刻印、收集图书在内的文化基础设施建设及推进文化学术事业繁荣等一系列措施。

---

[1] 但据叶梦得《石林燕语》卷七记载，指出"乾德"为王衍年号的不是窦仪，而是卢多逊。"上（宋太祖）初改元'乾德'，因言此号从古未有。韩王（赵普）从旁称赞。卢（多逊）曰：'此伪蜀时号也。'帝大惊，遂命检史，视之果然。遂怒，以笔抹韩王面，言曰：'汝争（怎）得如他多识！'韩王经宿不敢洗面。翌日奏对，帝方命洗去。"

他本人更好读书，虽然政务繁忙，但常看书到深夜乃睡，并规定每天读书要达到一定的卷数。他身边还置翰林侍读学士，以备顾问。由于长期坚持读书学习，太宗具有较高的文化修养，能诗文，善书法。此后的宋代各朝皇帝也都如此，不管他们的政绩如何，但都好学重教，重视文化学术事业，具有较高的文化素养，有的如宋徽宗赵佶、宋高宗赵构等还在宋代文化艺术史乃至整个中国古代文化艺术史上有较高的地位和影响。

宋代的重文政策，最主要的内容是完善科举制、厚待文人士大夫。《宋史》卷155《艺文志一》载："时取才唯进士，诸科为最广，名卿巨公，皆由此选。"例如北宋宰相共有71人，其中64人出身进士。像范仲淹、王安石、寇准、晏殊、韩琦、欧阳修等，都是通过科举考试涌现出来的一代名相。不但宰执侍从大臣是进士出身，其他中下层官员也是如此："大臣，文士也；近侍之臣，文士也；钱谷之司，文士也；边防大帅，文士也；天下转运使，文士也；知州郡，文士也。虽有武臣，盖仅有也。"（蔡襄《蔡襄集》卷22，上海古籍出版社1996年版，第384页）从而形成了"满朝朱紫贵，尽是读书人"（张端义《贵耳集》卷下）的局面。同时，宋朝统治者实行厚待文人士大夫的国策。如宋代凡有官职的官员，在经济上除了有充裕的"公用钱之外，又有职田"（赵翼《廿二史札记》卷25《宋制禄之厚》）之利，还有冬春服装、祭祀经费及各种名目的赏赐。文人士大夫俸禄之厚、政治地位之高，在历代皇朝中是鲜有可比的。

为了从制度上保障这一政策的执行，据说宋太祖在建国之初曾立下"戒碑"，发誓"不得杀士大夫及上书言事人"，并告诫子孙，"有渝此誓者，天必殛之"（陆游《避暑漫抄》）。这条"不杀士大夫"规定至关重要，它使得士大夫们的政治人格得到了尊重，政治理性获得了相对自由的张扬，士人的风骨、学问和能力得到全方位淋漓尽致地展示，由此，赵宋这个由武夫开创的皇朝，达到了后人艳称的"文治巅峰"。

与此同时，宋代的社会经济也是高度繁荣。漆侠先生在其所著的《宋代经济史》一书中认为："唐末农民战争后两宋统治的三百年间，是我国经济和文化取得极大发展的时期。虽然在宋代统治的边缘地区、山区以及少数民族所居住的地方，还停滞在刀耕火种的原始农业阶段，但是在广大地区，农业生产都有所发展，产量一般稳定在两石上下（这是唐代的最高产量）；而在以太湖流域为中心的两浙地区，如前面提到的，产量高达六七石，是全国生产最发达的地区。桑、茶、甘蔗等种植面积扩大了，棉花的种植也逐渐由南到北扩展起来，至迟南宋末已经到达两浙一带。经济作物、商业性农业都有了发展。农业劳动生产率超越了以前的任何历史时期。""宋代官、私手工业，特别是私人手工业有了很大的发展，远远超过了前代。火药、罗盘、活字印刷术以及胆铜法、火柴等等，大都是在十世纪末到十一世纪发明创造的。这些发明创造，是宋代手工业生产发展极为显著的标志。手工业生产不论是规模上、分工上、技术上，从事生产的手工匠人的数量上，各类产品的数量和质量上，都超越了前代"。"在农业和手工业生产发展的基础上，宋代城市经济也有了显著的发展。城市人口增加了，前代坊市的格局被打破了，到处可以设店肆和作坊，商业活动场所扩大了。东晋南朝以来的草市或墟市在各地普遍发展，其中有一些形成为繁荣的小镇市。大小城市、镇市和草市，织成了地方商业之网，与广阔的农村有了较为密切的联系，在生产最发达的两浙地区更加如此，可以说区域性市场在宋代明显地发展起来了"（漆侠《关于中国封建经济制度发展的阶段问题（代绪论）》，《宋代经济史》，上海人民出版社1987年版，第26—28页）。

商品经济的发展和繁荣，为人们的社会生活提供了丰厚的物质条件，形成了"风尚奢靡"的社会消费意识，出现了一股去朴从艳、好新慕异的风气。人们的衣食住行、婚丧嫁娶和宴会社交、文化娱乐等生活方式各个方面，都发生了深刻的变化。有鉴于此，近人严复认为："若研究人心政俗之变，则赵宋一代历史最宜究心。中国所以成为今日现象者，为善为恶，姑不具论，而为宋人之所造就，什八九可断言也。"（严复《严复集》，中华书局1986年版，第3册，第668页）史学大师陈寅恪先生也认为："华夏民族之文化，历数千载之演进，造极于赵宋之世。"（陈寅恪《金明馆丛稿二编》，《陈寅恪先生文集》第2卷，上海古籍出版社1980年版，第245页）他们的观点也得到了海内外学者的认同，如英国著名科技史学家李约瑟说："谈到11世纪，我们犹如来到最伟大的时期。"他认为这一时期中国的文化和科学"都达到了前所未有的高峰"（李约瑟《李约瑟文集》，辽宁科技出版社1986年版，第115页；《中国科学技术史》第1卷第1册，科学出版社1975年版，第284页）。

正由于宋代处在中国历史上承前启后、继往开来的时期，因此这一时期的社会生活也呈现出有别于前面时期的特点，且对后世产生了极其深远的影响。法国著名汉学家贾克·谢和耐教授在所著《南宋社会生活史》一书中认为："中国史并不是静止的一成不变的，却是一连串激烈的变革冲击和动荡。从 6 世纪直到 10 世纪，中国历经了一个使得它变得全然不可辨认的时期。"特别是在"蒙人入侵前夕，中国文明在许多方面正达灿烂的巅峰"。"其现代化的程度是令人吃惊的：它独特的货币经济、纸钞、流通票据，高度发展的茶、盐企业……在人民日常生活方面，艺术、娱乐、制度、工艺技术各方面，中国是当时世界上首屈一指的国家，其自豪足以认为世界其他各地皆为化外之邦"（贾克·谢和耐《南宋社会生活史》，马德程译，【台北】中国文化大学出版部，1982 年，第 5 页）。

宋张择端《清明上河图》中各色人等的衣着

一、"贵贱有级"的服饰制度

服饰是人们日常生活的主要内容之一。在阶级社会中，它不仅是为满足人类的本能御寒暑，满足人类本能的装饰欲望，而且是作为等级的标志而出现。中国历代社会都十分重视冠服之制，并用礼法加以约束，"贵贱有级，服位有等"（贾谊《新书》卷1《服疑》）。因此，服饰的变动一般都不大，除非外族入侵，用屠刀逼迫人们改衣胡服。但即使是改了朝换了代，服饰也仅是稍有异同。这正如清叶梦珠在《阅世编·冠服》中所说："一代之兴，必有一代冠服之制，其时尚随时变更，要不过与世迁流，一新一时耳目，其大端大体终莫敢易也。"

与其他皇朝一样，宋代统治者为了维持尊卑贵贱的等级关系和长上尊严的目的，在服饰上也有严格的等级之分。太平兴国七年（982）正月九日，宋太宗针对近年

▲ 宋太祖赵匡胤画像

9

以来的逾僭之风，要求"士庶之间，车服之制，至于丧葬，各有等差"。他命令翰林学士承旨李昉制订服饰的等级制度。李昉等奉诏制定服饰制度，说："今后富商大贾乘马，漆素鞍者勿禁。近年品官绿袍及举子白襕下皆服紫色，亦请禁之。其私第便服，许紫皂衣、白袍。"又请从三品以上服玉带，四品以上服金带，以下升朝官、虽未升朝已赐紫绯、内职诸军将校，并服红鞓金涂银排方。虽升朝着绿者，公服上不得系银带，余官服黑银方团胯及犀角带。贡士及胥吏、工商、庶人服铁角带，恩赐者不用此制。荔支带本是内出以赐将相，望非恩赐者，官至三品才能穿戴。端拱二

▲ 重庆南川南宋石室墓出土的荔枝纹金带具

◀ 江西上饶茶山寺出土的南宋浮雕人物白玉带板

▲ 江西遂川出土北宋镀金荔枝纹银带板

年（989）十一月九日，诏令禁止民间服紫："县镇场务诸色公人并庶人、商贾、伎术、不系官伶人，只许服皂、白衣、铁角带，不得服紫。文武升朝官及诸司副使、禁军指挥使、厢军都虞候之家子弟，不拘此限。幞头巾子，自今高不得过二寸五分。妇人假髻并宜禁断，仍不得作高髻及高冠。其销金、泥金、真珠装缀衣服，除命妇许服外，余人并禁。"但士人服紫之俗在当时非常盛行，犯禁者颇为普遍，故宋朝统治者在至道元年（995）六月只得开禁。不久，又允许工商阶层服紫（《宋史·舆服志五》）。神宗时，因鉴于社会上服饰侈靡，遂于大中祥符元年（1008）二月下诏："金箔、金银线、贴金、销金、间金、蹙金线，装贴什器土木玩之物，并行禁断。非命妇不得以金为首饰。许人纠告，并以违制论。"（王栐《燕翼诒谋录》卷2）七年，禁民间服销金及钹遮那缬。八年五月又下诏："内庭自中宫以下，并不得销金、贴金、间金、戗金、圈金、解金、剔金、陷金、明金、泥金、榜金、背影金、盘金、织金、金线捻丝，装著衣服，并不得以金为饰。其外庭臣庶家，悉皆禁断。……违者，犯人及工匠皆坐。"这一年，又禁民

▲ 宋佚名《维摩图》中的贵妇服饰

间服皂班缬衣。仁宗即位后，仍以"俭朴躬行"，并于天圣三年（1025）下令："在京士庶不得衣黑褐地白花衣服并蓝、黄、紫地撮晕花样，妇女不得将白色、褐色毛段并淡褐色匹帛制造衣服，令开封府限十日断绝。妇女出入乘骑，在路披毛褐以御风尘者，不在禁限。"景祐元年（1034），诏禁锦背、绣背、遍地密花透背彩缎。二年，下诏禁止市肆制作缕金为妇人首饰等物。三年（1036），又对官服、民服等做了具体的规定："臣庶之家，毋得采捕鹿胎制造冠子。……凡命妇许以金为首饰，及为小儿钤锭、钗篸、钏缠、珥环之属；仍毋得为牙鱼、飞鱼、奇巧飞动若龙形者。非命妇之家，毋得以真珠装缀首饰、衣服，及项珠、缨络、耳坠、头𢃇、抹子之类。"（以上均引自《宋史·舆服志五》）庆历二年（1042）五月，再次申严其禁，要求上自宫中做起，全部屏绝。如果有臣庶之家犯禁者，一定依法处理（王林《燕翼诒谋录》卷2）。皇祐七年（1055），因官员和百姓纷纷仿效宫中皇亲及内臣色衣，遂下令禁天下穿"墨紫"颜色的衣服。嘉祐七年（1062）十月，再次禁天下穿"墨紫"颜色的衣服。神宗熙宁九年（1076），禁朝服紫色近黑者。政和八年（1118）十二月，统治者还对履的制度进行了讨论，"欲用黑革为之"（吴曾《能改斋漫录》卷13）。

南宋高宗、孝宗、宁宗诸朝也都申令服制等级，并要求天下"务从省约"，严禁华丽逾越。绍兴五年（1135），高宗对身边的大臣说："金翠为妇人服饰，不惟靡货害物，而侈靡之习，实关风化。已戒中外，及下令不许入宫门，今无一人犯者。尚恐士民之家未能尽革，宜申严禁，仍定销金及采捕金翠罪常格。"禁止用黄金和翠毛为妇人服饰。淳熙中，又将朱熹所定的祭祀、冠婚之服颁行天下。要求凡是士大

▲ 南宋银鎏金花卉纹钳镯（王宣艳主编《中兴纪胜》第306页）

▲ 浙江湖州三天门南宋墓出土的金帔坠

夫家祭祀、冠婚，则要具盛服。有官者幞头、带、靴、笏，进士则幞头、襕衫、带，处士则幞头、皂衫、带，无官者通用帽子、衫、带。如果因家庭财力所限，无法具备上述服饰，则可改穿深衣或凉衫。有官者亦通用帽子以下，但不为盛服。妇人则假髻、大衣、长裙。女子在室者冠子、背子。众妾则假纷、背子（《宋史·舆服志五》）。由此可见，统治者在服装式样、服装色彩及制作材料等方面，对臣民的服饰做了严格的规定。

二、日新月异的服饰风尚

宋朝统治者虽然对社会各阶层的服饰做了极其严格而具体的法律规定，然而这样一个僵滞不变的服饰制度，经常在同私人财产的冲突中遭到破坏，服饰成为人们体现自己意趣、财富和身份地位及价值观念最直接、最普遍的自我表现。生活于南宋前期的周辉就说："辉自孩提见妇女装束，数岁即一变，况乎数十百年前样制，自应不同。如高冠长梳，犹及见之，当时名'大梳裹'，非盛礼不用。若施于今日，未必不夸为新奇，但非时所尚而不售。大抵前辈治器物，盖屋宇，皆务高大，后渐从狭小，首饰亦然。"（周辉《清波杂志》卷8《垂肩冠》）这种日新月异的服饰风尚，以至突破贵贱等级的阶级堤防，波及宋代社会的各个阶层。

"风俗典礼，四方仰之为师"（耐得翁《都城纪胜》序）的北宋都城开封和南宋都城临安，是宋代服饰风尚体现得最为显著、最

为突出、最具历史意义的地区。在这里，官方的法律规定在商品经济的冲击下，直接或间接地遭到破坏，市民们不仅公然穿着违禁衣物在大街上昂首阔步，而且还在市场上公开销售违禁衣饰，甚至还列为婚嫁时必具的彩

◀ 宋佚名《千手观音图》中盛装打扮的贵妇命服

礼之一。城中富人，大多穿着贵重舒适的丝绸服装，遍体锦绣；妇人们施粉黛花钿，着华丽衣裳，梳裹打扮，时称为"修容"（佚名《释常谈》卷中《修容》）。即使是生活于社会最底层的妓女，在北宋都城开封，也是不服宽裤与襜制旋裙，必前后开胯，以方便乘驴。在她们的带动下，城中妇女乃至士大夫家竞相仿效。这种现象即使在农村也是如此，陆游《剑南诗稿》卷3《岳池农家》"谁言农家不入时，小姑画得城中眉"诗句，就有力地说明了这一点。由此，理宗朝有人发出了"饮食、衣服，今皆变古"的叹息（史绳祖《学斋占毕》卷2）。

从时代来看，宋代的服饰风尚经历了简朴、奢侈、再简朴、再奢侈的过程。

北宋初年的服饰风尚崇尚俭朴。当时由于统一战争刚刚结束，政权初建，百废待兴，因此一切比较简朴。据《宋史·太祖本纪三》载，宋太祖赵匡胤"孝友节俭，质任自然，不事矫饰"。他在服饰上常常穿着洗濯再三的旧衣服，且多为素色。不仅如此，他还要求朝中官员及家属奉行俭朴。有一次，当他看到女儿穿着华贵、以翡翠羽毛装饰成的衣服时，立即要求她将此衣服脱去，告诫她以后再也不要穿了。

大约到太宗朝时，社会上的服饰风尚已经趋于奢侈。故太宗诏中有"近年以来，颇感逾僭"的话，并命令翰林学士承旨李昉等制订服饰制度。

至真宗朝，服饰的奢侈风尚

▲ 南宋金腰带

▲ 宋佚名《宋仁宗皇后像》中戴花冠、画倒　▲ 宋佚名《宫女浴婴图》
　　晕眉的宫女

更甚于前代。当时的统治者"粉饰太平，服用浸侈，不惟士大夫家崇尚不已，市井闾里以华靡相胜"（王栐《燕翼诒谋录》卷2）。衣饰等由贵近之家仿效宫禁，以至流传民间。鬻簪珥者，必言内样（《宋史·舆服志五》）。

仁宗时，社会上奇装异服纷纷出现，妇人"冠服涂饰，损益用舍，盖不可名记"。如宫中妇人尚白角冠梳，民间也是极力仿效，称为"内样"。皦紫色的服装风靡一时。有鉴于此，当时的大臣张方平曾给皇帝上奏说："巾履靴笏，自公卿大臣以为朝服，而卒校胥史，为制一等，其罗縠、绮纨、织文、绨绣，自人君至于庶人，同施均用。"（张方平《车服论》，《历代名臣奏议》卷119）天圣三年（1025），仁宗令开封府限期禁止妇女穿奇装异服，诏令说："在京士庶，不得衣黑褐地白花衣服，并蓝黄紫地撮晕花样。妇女不得将白色褐色毛段，并淡褐色匹帛制造衣服。令开封府限十日断绝。妇女出入乘骑在路披毛褐以御风尘者，不在禁限。"（《宋史·舆服志五》）到庆历年间，服饰奢侈之风已蔓延到军队中。诸军帅从卒，一例新紫罗衫、红罗抱肚、白绫裤、丝鞋，戴青纱帽，拖长绅带，鲜华烂然。一顶青纱帽，市估千钱。至于衫裤，其一身之服不啻万钱（《续资治通鉴长编》卷163）。嘉祐七年（1062），司马光说："是以内自京师士大夫，外及远方之人，下及军中士伍、畎亩农民，其服器用比于

▲ 河南白沙宋墓壁画《梳妆图》

数十年之前，皆华靡而不实矣。"（《续资治通鉴长编》卷159）当时士庶中，又有仿效皇亲国戚和内臣穿黑紫服装的现象，为此，统治者同样以奇装异服加以禁止。既然黑紫有禁，于是油紫又应时而行。《宋人轶事汇编》卷2载："仁宗晚年，京师染紫变其色加重，先染作青，徐以紫草加染，谓之油紫。"不仅如此，庆历期间，京城士庶更是掀起了一股仿效"胡服"的风尚，"裹番样头巾，著青绿及乘骑番鞍辔。妇人多以铜绿兔褐之类为衣"，从而引起了统治者的不安，于是限令开封府在一个月内禁绝。如有违犯，要求从重处理（《宋会要辑稿·舆服》四之七）。

神宗时，社会上的服装奢侈风尚更盛。如在元祐年间，"冠不特白角，又易以鱼枕；梳不特白色，又易以象牙、玳瑁矣"（李廌《师友谈记》）。大臣文彦博指出："数十年风俗僭侈，车服器玩多逾制度。"（李焘《续资治通鉴长编》卷396，元祐二年三月）其后的张耒更是一针见血地指出："自陛下即位以至于今……衣冠车服之制独未为之别，以明辨上下等威而消去天下奢侈僭上之心。"（张耒《柯山集拾遗》卷9《衣冠篇》）

徽宗时的社会"奉身之欲，奢荡靡极"（《宋史·舆服志一》）。服饰亦不例外，出现了许多新的风尚。如宣和年间的妇女妆束，流行发髻高耸、衣衫宽博，时称"宣和妆"。这种服饰风尚始自宫中，后来逐渐流传到民间。刘克庄《北来人》诗："凄凉旧京女，妆髻尚宣和。"又，刘昌诗《念奴娇》词："疏眉秀目，向尊前依旧，宣和装束。"此外，又有腰上黄、遍地桃、并桃、不制衿等名目。李濂《汴京遗迹志》卷13载："宣和五六年间，上方织绫，谓之遍地桃，又名急地绫；漆冠子作二桃样，谓之并桃，天下效之。"岳珂《桯史》卷5《宣和服妖》也载："宣和之季，京师士庶竞以鹅黄为腹围，谓之腰上黄；妇人便服不施衿纽，束身短制，谓之不制衿。始自宫掖，未几而通国皆服之。"陆游《老学庵笔记》卷1载："国初士大夫戏作语云：'眼前何日赤，腰下几时黄？'谓朱衣吏及金带也。宣和间，亲王公主及他近属戚里，入宫辄得金带关子。得者旋填姓名卖之，价五百千。虽卒伍屠酤，自一命以上皆可得。方腊破钱唐时，朔日，太守客次有服金带者数十人，皆朱勔家奴也。

▲ 宋刘宗古《瑶台步月图》中穿褙子的妇女

时谚曰：'金腰带，银腰带，赵家世界朱家坏。'""错到底"也是宣和末年出现的一种新式女鞋，陆游《老学庵笔记》卷3载："宣和末，妇人鞋底尖，以二色合成，名'错到底'。竹骨扇以木为柄，旧矣，忽变为短柄，止插至扇半，名'不彻头'，皆服妖也。"此外，社会上戴毡笠子、着战袍、系番束带之类着胡服的现象越来越普遍，徽宗不得不多次下诏严禁（吴曾《能改斋漫录》卷13《诏禁外制衣装》；《宋史·舆服志五》）。但社会上依然如故，且有愈演愈烈之势。当时袁裪为教坊判官制撰文字，曾有"浅淡梳妆，爱学女真梳掠"之语（朱弁《续骫骳说》）。另据袁褧《枫窗小牍》卷上所载，当时妇女所用的"莹面丸""遍体香"等用品，也都是"自北传南者"。女真人服装中盛行的"茶褐、黑绿诸品间色"，也在此时传入汴京。于是在政和七年（1117），徽宗再次严禁百姓穿戴契丹服饰。宣和元年（1119）正月五日，第三次下诏严禁（周辉《清波杂志》卷8；周密《癸辛杂识·别集》卷上）。

钦宗在位虽然不到一年就被金人赶下台，但其统治期间的服饰侈靡风尚仍不逊于前朝。

▲ 宋刘松年《宫女图》

史书上所说的"一年景"（又称"靖康一年景"），就是北宋靖康年间东京织物或服饰上的一种流行图案。陆游《老学庵笔记》卷2说："靖康初，京师织帛及妇人首饰衣服，皆备四时。如节物则春幡、灯球、竞渡、艾虎、云月之类，花则桃、杏、荷花、菊花、梅花，皆并为一景，谓之一年景。"时人认为，靖康纪元一年而止，盖因此服图案不祥之兆，所以这种服饰乃是一种妖服。

南宋初年的服饰风尚与北宋初年一样，也是以俭朴为主，其原因同样是由于政权初建，国家刚从宋金战争中解脱出来，耗费了大量的钱财，民力困竭。但一旦国家稳定，经济有了一定程度的恢复，奢侈的苗头就马上出来了。如《宋史·五行志三》载："绍兴二十一年，行都豪贵竞为小青盖，饰赤油火珠于盖之顶，出都门外，传呼于道。珠者，乘舆服御饰升龙焉，臣庶以加于小盖，近服妖，亦僭咎也。二十三年，士庶家竞以胎鹿皮制妇人冠，山民采捕胎鹿无遗。时去宣和未远，妇人服饰犹集翠羽为之，近服妖也。"过去严禁的黝紫，又成为人们服装的流行色。但这一服饰上的奢侈风尚只局限于京城一些地区，南宋绝大多数

▲ 宋佚名《招凉仕女图》中头戴重楼子花冠、插凤头簪及钗子，身着小袖对襟旋袄、长裙，手执团扇的贵妇

地区仍保持着俭朴的风气。如宋孝宗时的梁克家便说道：三十年前，"自缙绅而下，士人、富民、胥吏、商贾、皂隶衣服递有等级，不敢略相陵躐。士人冠带或弱笼衫，富民、胥吏皂衫，贩下户白布襕衫，妇人非命妇不敢用霞帔，非大姓不敢戴冠用背子"（梁克家《淳熙三山志》卷40《岁时·序拜》）。

但至孝宗时，服装上的奢侈风气迅速在全国兴起。当时官员李椿曾上奏说："自军兴以来，士大夫服紫衫以便戎事，不为

▲ 宋佚名《四美图》中浓妆艳抹的贵妇

过也，而四方皂吏士庶服之，不复有上下之别。且一衫之费，贫者亦难办。甲服而乙不服，人情所耻，故虽欲从俭，不可得也。"（李椿《论非命官军兵朝省人不得服紫衫》，《历代名臣奏议》卷117）。同一时期的梁克家亦说："三十年来渐失等威，近岁尤甚，农贩细民至用道服、背子、紫衫者，其妇女至用背子、霞帔。"（梁克家《淳熙三山志》卷40《岁时·序拜》）朱熹也有同感，认为"今衣服无章，上下混淆"（《朱子语类》卷91《礼八·杂仪》）。如当时的秦桧子秦熺就曾穿"黄葛衫"，并说这是"贵贱所通用"的（叶绍翁《四朝闻见录》乙集《秦小相黄葛衫》）。社会上服用胡服的现象，在绍兴年间偃息一段时间后再度兴起。袁说友《论

衣冠服制》说："今来都下年来衣冠服制,习为虏俗。官民士庶浸相效习……姑以最甚者言之:紫袍紫衫必欲为红赤紫色,谓之顺圣紫。靴鞋常履必欲前尖后高,用皂草,谓之不到头。巾制则辫发低髻,为短统塌顶巾。棹篦则虽武夫力士皆插巾侧。如此等类,不一而足。"更有甚者,"身披虏服而敢执事禁庭"。有鉴于此,朱熹慨然叹道:"今世之服,大抵皆胡服,如上领衫、靴鞋之类。先王冠服,扫地尽矣。"(《朱子语类》卷91《礼八·杂仪》)。此风对南宋后期的服饰风尚也深有影响,时人说:"今之茶褐墨绿等服,皆出塞外,自开燕山,始有至东都者,深叹习俗之变也。"(楼钥《攻媿集》卷85《亡姊安康郡太夫人行状》)

到了南宋末年,这种服饰上的奢侈风尚愈来愈烈。如当时的都城临安衣冠更易极快,"自淳祐年来,衣冠更易,有一等晚年后生,

▲ 宋佚名《女孝经图卷》中的皇后

▲ 宋佚名《女孝经图卷》中的夫妇

不体旧规，裹奇巾异服，三五为群，斗美夸丽，殊令人厌见，非复旧时淳朴矣"（吴自牧《梦粱录》卷18《民俗》）。当时宫妃系前后掩裙而长窄地，名"赶上裙"；梳高髻于顶，曰"不走落"；束足纤直，名"快上马"。针对统治者禁止百姓佩戴珠翠的政策，喜爱美丽的都城妇女便以琉璃代替。《宋史·五行志三》载："咸淳五年，都人以碾玉为首饰。有诗云：'京师禁珠翠，天下尽琉璃。'"琉璃首饰因与"流离"两字偕音，同样被一些文人看成是亡国之兆。

三、帝后服饰

　　帝后服饰，是宋代品级最高的服饰，代表着宋代服饰的最高制作水平，服饰材料至高无上，制作精致，色彩华丽。从其所穿者的身份来看，可以分为天子服饰和皇后后妃服饰两种。

　　天子之服，据《宋史·舆服志三》载："天子之服，一曰大裘冕；二曰衮冕；三曰通天冠、绛纱袍；四曰履袍；五曰衫袍；六曰窄袍，天子祀享、朝会、亲耕及视事、燕居之服也；七曰御阅服，天子之戎服也，中兴之后则有之。"

　　大裘冕，是天子祭祀天地时所穿的礼服，用黑羔皮做裘，以黑缯为领袖及里、襟缘，袂广可运肘，长可蔽膝。冕广八

▲ 宋太祖画像。头戴硬翅幞头，身穿绛纱袍，佩带用金或玉雕版作装饰的金玉带銙，脚穿黑麻丝靴

寸，长一尺六寸，前圆后方，前低寸二分，玄表朱里，以缯制作。当时的大裘，下配朱袜、朱舄。起初以最好的"关西羊羔"为材料，因其用量实在太大，每件要多至百只羊羔，供不应求，后来只好改用黑缯。

衮冕，为天子所穿的衮衣和冠冕的合称，是在举行祭祀宗庙、受册封、册皇太子、元旦大朝会、冬至、圣节等礼仪时所穿最尊贵的礼服之一。据《宋史·舆服志三》所载，衮冕的制度，在宋初是沿袭五代的制度，天子的服装有衮冕，广一尺二寸，长二尺四寸，前后十二旒，二纩，并贯真珠。又有翠旒十二，碧凤衔之，在珠旒外。冕版以龙鳞锦表，上面缀玉为七星，旁边施琥珀瓶、犀瓶各二十四只，周缀金丝网，钿以真珠、杂宝玉，加紫云白鹤锦里。四柱饰以七宝，红绫里。金饰玉簪导，红丝绦组带。这种冕，文献上也称之为"平天冠"。如《东京梦华录》卷10《驾诣

▲ 宋高宗赵构坐像。头戴展脚幞头，穿圆领大袖袍，粉底靴

▲ 宋佚名《宋理宗坐像》局部

▲ 宋李公麟《孝经图卷》第16章"应感"中的皇帝冠服

郊坛行礼》载："更换祭服，平天冠二十四旒，青衮龙服，中单、朱舄，纯玉佩，二中贵扶侍，行至坛前。"平天冠延板前低后高，象征至高至尊的皇帝有向下的志向；冕有垂旒以蔽明，表示王者不视邪、不视非之意。两边珠玉，表示以充耳，象征皇帝不听谗言的意思。总之，是希望皇帝不尊大、不视邪、不听谗、求大德等美意。

天子的衮服为青色，上面绘与绣有日、月、星辰、山、龙、雉、虎、蜼七章及红裙、藻、火、粉米、黼黻五章，共十二种图案。十二团龙左右两肩各一、前后身各三、左右两侧各二。日、月亦分布在两肩，星辰、山分布于后，华虫饰于两袖，宗彝、藻、火、粉米、黼黻分别饰于前后襟的团龙两侧。这十二种图案，其含义各不相同。日、月、星辰，古人认为三者发光，有照临光明之意。龙，象征有天之灵的人君之意。山，巍然而立，表示王者镇重安静四方之意。华虫，雉属，有文采，表示王者有文章之德。宗彝，为宗庙中的礼器，以蜼为孝为智的意思。藻，水草，象征水清玉洁。火，火焰向上而明，象征四方之民归土上命之意。米粉，洁白而养人，表示有济养之德。黼与斧音近，金斧能斫断。黻，为两己相背，君臣相济，见恶改善或背恶向善之意（以上参见杨渭生等著《两宋文化史》，浙江大学出版社 2008 年版）。

通天冠、绛纱袍，是宋代皇帝祭拜天地、正旦、冬至大朝会、大册命时所穿的礼服。通天冠自秦代以来一直为皇帝的礼冠，常用于郊祭、朝贺和宴会。《宋史·舆服志三》载："通天冠，二十四梁，加金博山，附蝉十二，高广各一尺。青表朱里，首施珠翠，黑介帻，组缨翠緌，玉犀簪导。"仁宗天圣二年（1024）为避讳，

通天冠改名为承天冠，但其形制未变。又因其冠式较高，并且形似卷云，故又名"卷云冠"。《梦梁录》卷5《驾回太庙宿奉神主出室》载："上御冠服，如图画星官之状，其通天冠俱用北珠卷结，又名卷云冠。"据此可知通天冠用北珠卷结于冠上，有二十四梁，冠前有金博山加蝉做装饰。与织成云龙纹绛色纱袍、方心曲领、绛纱裙相配，腰束金玉带。绛纱袍以织成云龙红金条纱为之，红里，皂褾、襈、裾。绛纱裙，蔽膝如袍饰，并皂褾、襈。

履袍，宋代皇帝祭祀用黑革履（单底）和绛罗袍作礼服，称"履袍"。袍以绛罗为材料，折上巾。通犀金玉带，系履，故名。

衫袍，为宋代皇帝出席大宴时的礼服，又名常服。此服的服制是沿袭隋唐之制，有赭黄、淡黄袍衫，玉装红束带，皂文靴。又有赭黄、淡黄袍、红衫袍，常服则服之。

▲ 头戴朝天幞头、身穿袍服的宋高宗

宋
代
衣
食
住
行

► 宋李公麟《孝经图卷》中的官员晋见皇帝
情景

　　窄袍，为宋代皇帝平时便坐视事时所穿的服装，因其袍身狭小、两袖紧窄而名。此袍又有多种名称，如果系履，则曰履袍；服靴，则曰靴袍。履、靴皆用黑革。

　　宋代皇后的服饰，沿袭唐代，分为祎衣、鞠衣、青服和朱服四等。

　　祎衣是宋代皇后最高形制的礼服，既是祭祀先祖时的礼服，也是朝服和册封、婚礼的吉服。据《宋史·舆服志三》所载，祎衣，深青织成，上面绘饰有五彩翚雉（野鸡）形象十二个。里面衬以青纱制成的单及，衣领为朱红色，上有"斧"形纹饰。罗縠制成袖端（褾）、底边（襈）。蔽膝随裳之色，以缌色（黑中带红）为领缘，蔽膝上有长尾雉纹饰，三层。大带也是依

► 宋李公麟《孝经图》中身着宫内便服的皇帝
与宫女

▲ 宋佚名《宋仁宗皇后像》中身穿盛装的皇后和宫女。皇后头戴九龙等肩花冠，两博鬓，面贴珠钿，翟衣带绶，佩环，衣襟、领、襈织金云龙纹，翟纹十二等，间以轮花。旁边的两位宫女，戴花冠

▲ 宋佚名《宋宁宗杨皇后坐像》。头戴龙凤珠翠冠，三博鬓。身穿祎衣，以深青色织成，列五彩翟雉，其中衣领、褾、襈、裾为红色云龙纹，与深青中单，深青蔽膝、青袜青舄相配，佩玉双佩、玉绶环

据衣服的颜色而定，朱里；带的外表，饰有两道绲边，上为朱锦，下为绿锦，镶以青色的缘边。革带以青衣之，白玉双佩，黑组，双大绶，小绶三，间施玉环三。足着青色的袜子和舄，舄加金饰。

鞠衣，为宋代皇后的礼服之一，在每年三月春时祷告桑事时穿戴。此服自古以来为王后六服之一，九嫔及卿妻亦服之。《周礼·天官·内司服》"掌王后之六服"，汉郑玄注："鞠衣，黄桑服也，色如鞠尘，象桑叶始生。"其衣式采用袍制，用黄色的罗为面料，颜色浅黄，像桑叶初生之色，以求福祥之意。织成领袖、小花十二树。

《宫沼纳凉图》中身穿短襦、长裙或公主

▲ 传宋萧照《瑞应图》"四圣护佑"中的后妃

朱衣，以大红色罗为材料制成的衣服，形制与袆衣大同小异，是皇后朝见天子的礼服。蔽膝、革带、大带、佩绶、袜、金饰履等，均随衣色而定。

礼衣，为皇后宴见宾客时所穿戴的礼服。形制与袆衣相同，钗钿十二，双佩小绶。

需要说明的是，南宋时在宫中，后妃们还盛行穿戴霞帔。如《宋史·舆服志三》载，孝宗乾道七年（1171），诏命"其常服，后妃大袖，生色领，长裙，霞帔，玉坠子"。《西湖老人繁胜录》载："诸殿阁分：皇后、贵妃、淑妃、美人、才人、婉容、婕妤、国夫人、郡夫人，紫霞帔、红霞帔。"

凤冠、九龙花钗冠、仪天冠和云月冠，都是宋代后妃所戴的

▲ 南宋皇后像

▲ 宋佚名《女孝经图卷》中头戴龙凤花钗冠的皇后

▲ 宋佚名《女孝经图卷》中的后妃与女官

▲ 宋佚名《女孝经图卷》中的后妃与宫女

礼冠。凤冠是后妃们在受册封、大朝会、祭祖、朝谒景灵宫等隆重场合时所戴的礼冠，在诸种礼冠中最为贵重。其形制有数种，一种是真珠九翚四凤冠："花九株，小花同，并两博鬓，冠饰以九翚、四凤。"（《宋史·舆服志三》）另一种为龙凤花钗冠，其制"大小花二十四株，应乘舆冠梁之数，博鬓，冠饰同皇太后，皇后服之，绍兴九年所定也"（《宋史·舆服志三》）。九龙花钗冠和仪天冠，为宋代皇太后祭祀宗庙时所戴的一种礼冠。《宋史·后妃列传上》载："明道元年冬至……太后亦谒太庙，乘玉辂，服袆衣、九龙花钗冠，斋于庙。质明，服衮衣，十章，减宗彝、藻，去剑，冠仪天，前后垂珠翠十旒。"云月冠的形制在李廌《师友谈记》中有载："太妃暨中宫皆缕金云月冠，前后亦白玉龙簪，而饰以北珠，珠甚大，衣红背子，皆用珠为饰。"

▶ 宋佚名《书画孝经》图中官员晋见皇帝的情景

四、百官朝服和公服

与宋代皇帝和后妃的服饰一样，宋代文武百官的衣冠服饰，也基本上继承了唐代的服饰制度。直到新制颁布后，才逐渐将服饰分为朝服、常服、祭服和时服四大类。但是服饰制度却明确规定：不同的场合要穿不同的服饰，不同的等级也有不同的服饰要求。最典型的当属官员的朝服和公服。

朝服是文武百官朝会时所穿的官服，视官员职别的高低而不同。《宋史·舆服志四》有详细记载：

朝服：一曰进贤冠，二曰貂蝉冠，三曰獬豸冠，皆朱衣朱裳。

宋初之制，进贤五梁冠：涂金银花额，犀、玳瑁簪导，立笔。绯罗袍，白花罗中单，绯罗裙，绯罗蔽膝，并皂缥襈，白罗大带，白罗方心曲领，玉剑、佩、银革带，晕锦绶，二玉环，白绫袜，皂皮履。一品、二品侍祠、朝会则服之，中书门下则冠加笼巾貂蝉。

三梁冠：犀角簪导，无中单，银剑、佩、狮子锦绶，银环，余同五梁冠。诸司三品，御史台四品，两省五品侍祠、朝会则服之。御史大夫、中丞则冠有獬豸角，衣有中单。

▲ 宋佚名《折槛图》中大臣向皇帝进奏的情景。其中官员头戴进贤冠，身穿朝服，佩革带

▲ 传宋萧照《瑞应图》"四圣护佑"中宋高宗上马出行的情景

两梁冠：犀角簪导，铜剑、佩，练鹊锦绶，铜环，余同三梁冠。四品、五品侍祠、朝会则服之。

六品以下无中单，无剑、佩、绶。御史则冠有獬豸角，衣有中单。

裤褶紫、绯、绿，各从本服色，白绫中单，白绫裤，白罗方心曲领，本品官导驾，则骑而服之。

从上述的记载中我们可以得知，宋初百官的服饰依职务的高低，可以粗分为三大类：第一类为五梁冠，仅限于一、二品官员穿戴，地位相当于正副宰相；第二类为三梁冠，为三、四、五品官员穿戴；第三类为两梁冠，一般为六品以下官员穿戴。

在宋代官员的冠帽中，貂蝉冠最为尊贵。貂蝉冠简称为貂冠，为朝冠。所谓貂蝉，

▲ 宋佚名《菩萨立像》中穿官服的 ▲ 宋佚名《却坐图》中头戴进贤冠、身穿 ▲ 宁波东钱湖南宋墓前文臣
男子　　　　　　　　　　　朝服的官员　　　　　　　　　　石像

是指侍臣及大臣礼冠上所插的貂尾和金蝉两种饰物。此冠用藤丝
织成，外面涂漆，其形正方，左右有用细藤丝编成如蝉翼般的二
片，饰以银，前面有银花，上缀有黄金附蝉。南宋以后改为玳瑁
附蝉，左右两侧各为三枚白玉小蝉，并有玉鼻在左旁插以貂尾，
所以称为貂冠笼巾，为三公、亲王等达官贵显所戴的冠帽。如宋
敏求《春明退朝录》卷下载："丁晋公、冯魏公位三公、侍中，而
未尝冠貂蝉。"

　　进贤冠早在汉代便已流行于世，至宋代仍然盛行，但其形制
与汉、唐两代相比，已经发生了不少变化。宋代的进贤冠用漆布
为主材做成，冠额上有镂金涂银的额花，冠后有"纳言"，用罗为
冠缨，垂于额下而结之。再用玳瑁、犀牛角或其他角制的簪导横

贯冠中。冠上有银地涂金的冠梁。其梁数在宋代多有变化,宋初分为五梁、三梁、二梁三种;至元丰后,又分为七梁、六梁、五梁、四梁、三梁、二梁七等。其中,第一等七梁,加貂蝉笼巾、貂鼠尾、立笔;第二等无貂蝉笼巾;第三等六梁;第四等五梁;第五等四梁;第六等三梁;第七等二梁(《宋史·舆服志四》)。

獬豸冠,因冠梁上有象征獬豸角的装饰而得名。獬豸,是古代传说中的一种独角神兽,似羊非羊,似鹿非鹿。相传,獬豸头上有一角,性忠,能辨曲直,见人相斗,则以角触邪恶无理的人。所以,楚文王制订冠制时,将象征獬豸角的装饰缀于冠上,估计是希望戴冠者能像獬豸神兽一样,明辨是非、忠贞不渝。由于这种冠是御史等执法官吏所戴,冠上通常以铁制成冠柱,寓意戴冠的执法者坚定不移、威武不屈,所以也被称为法冠、铁冠。它的梁数、獬豸角,同样按其本官的品级而定。御史大夫用金,侍御史用犀牛角,侍御史以下用羚羊角。

▲ 宋代文臣画像

▲ 宋欧阳修官服画像

▲ 宋范仲淹画像

▲ 宋赵佶《听琴图》
中戴软脚幞头、
身穿便服的文官

▲ 宋赵佶《听琴图》中头戴软脚幞
头、身穿便服的文官

▲ 宋刘松年《十八学士图卷》中
的文官服饰

　　除朝服外，宋代官员平常所穿的服饰，叫常服，又称为省服、公服。其样式也是承袭唐代而来，一般是曲领（圆领）、大袖，下裾加一横襕，腰间束以革带，头上戴幞头，脚上穿靴或用黑革而仿履制加以靴统的革履。其服色，也以不同颜色区分品官的高低。三品官以上为紫色，五品官以上为朱色，七品官以上为绿色，九品官以下为青色。如三品以上官员所穿的"紫襘"，就是一种紫色的袍服。司马光《温公日记》载："英宗之丧，欧阳公（修）于衰经之下服紫地皂花紧丝袍以入临。"到了元丰年间，服色略有更改，四品以上紫色，六品以上绯色，九品以上绿色。

　　宋代的幞头是由头巾发展而来，是当时朝服中最有特色、最有创新的首服。上自帝王，下至文武百官，除了参加重大的祭祀

▲ 宋刘松年《十八学士图卷》　　▲ 司马光画像
中文官所戴的软脚幞头

典礼及朝会的时候需要戴冕冠之外，一般都戴幞头。起初以藤或草编成的巾子为里，外面用纱，涂以漆，后来人们觉得漆纱过硬，遂去掉里面的藤，前为一折，平施两脚，以铁为之。其品种甚多，分为直脚、局脚、交脚、朝天、顺风五等。幞头的名称很多，北宋时有软脚幞头、花脚幞头、天角幞头、高脚幞头、卷脚幞头、弓脚幞头、展脚幞头、交脚幞头、曲脚幞头、宫花幞头、牛耳幞头、玉梅雪柳闹鹅幞头等。至南宋时，又出现了新品种簪戴幞头，即在幞头上簪以金银、罗绢等花。

幞头又称为"折上巾""折上巾子""四脚"

▲ 苏轼画像：头戴巾（似为高桶帽），
身穿大袖宽身、直领的鹤氅

等。据《宋史·舆服志
三》载：幞头的形制早
在隋唐时期便已经出现。
隋大业中，牛洪请著巾
子，用桐木制成，内外
皆漆。唐武德初，置平
头小样巾子，开始以罗
代缯，武后赐百僚丝葛
巾子，中宗赐宰相内样
巾子，这些巾子都是
"裹头帛下著巾子耳"。
至后周，则流行折上巾，
即以余帛折之而上系，
宋代人称其为"幞头小

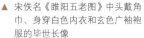

▲ 宋佚名《睢阳五老图》中头戴角　　▲ 宋代官员服饰
巾、身穿白色内衣和玄色广袖袍
服的毕世长像

脚"，然止以软帛垂脚。而所谓"四脚"，即指其有四带。其中二带
系脑后垂之，二带反系头上，令曲折附顶，故此又称为"折上巾"。
因其所垂两脚稍屈而上，人称"朝天巾"；后来人们又称两阔脚短
而锐的巾子为"牛耳幞头"，即唐代人所谓的"软裹"。到了后来
逐渐演变为展脚幞头，特别是直脚幞头的两脚在宋代中期以后越伸
直长。其制度不一，完全是出于人的喜好而已。当然有时也有政治
的需要（沈括《梦溪笔谈》卷1；王得臣《麈史》卷上《礼仪》）。
据说，之所以这样做，主要是防止大臣在朝仪上窃窃私语。但至南
宋时，幞头的展脚已开始短起来了，因此陈叔方《颍川语小》卷下
说："幞头式范，与淳熙以前微有不同，秘阁奉藏艺祖御容，幞头展

▲ 宋佚名《十八学士图》中的官员
服饰

▲ 宋佚名《十八学士图》中戴软脚
幞头的文官

脚，倍今之长，其制所未详也。"

此外，宋代依照前代的制度，还有时服。所谓时服，即官员按照季节穿戴的服饰。时服分夏服、冬服两种。在宋代，朝廷按惯例，在每年的端午节和十月一日两天，或遇有皇帝的五圣节时，分别赐百官过夏、过冬的衣服。起初是只赐将相、学士、禁军大校等，后在建隆三年遍赐文武百官及将校。所赐的衣服有袍、袄、衫、抱肚、勒帛、裤等。这种赐服大多是以各式有鸟兽纹样的锦纹衣料制成的。近臣军校增给锦衬袍，中书、门下、枢密院、宣徽院、节度使及侍卫步军都虞候以上，皇亲大将军以上，为天下乐晕锦；三司使、学士、中丞、内客、省使、驸马、留后观察、皇亲将军、诸司使、厢主以上，为簇四盘雕细锦；三司副使官观判官，为黄狮子大锦；防御使团练使、刺史、皇亲诸司副使，为翠毛细锦；权中丞、知开封府、银台司审刑院及待制以上、知检院鼓院、同三司副使、六统军、金吾大将军，为红锦。诸班及诸军将校亦赐窄锦袍，内又分翠毛、宜男、云雁细锦、狮子、练鹊、宝照大锦、宝照中锦七等。应给锦袍的官员，都是五件公服，即锦宽袍、绫、绢汗衫、袴、勒帛。丞郎、给舍、大卿监以上不给锦袍者，加以黄绫绣袍肚。

其次四件，无锦袍系大将军及少卿监郎卿以上等官。其次三件，无袴，系将军知杂御史至大理正等官。其次二件，无勒帛，系通事舍人、承制崇班等官，小内职汗衫以绫，小文臣以绢。阁门祗候、内供奉官至殿直京官、编修、校勘，止给公服，端午亦给应给锦袍者，汗衫以黄縠，别加绣袍肚、小扇。诞圣节所给，如时服，京师禁厢军校卫士、内诸司胥吏及工巧等人，并皆给时服有差。朝官京官内职出为外任通判监押巡检以上者、大藩府监务者，亦或给之。

　　质地轻薄的纱罗制成的纱袍，又称为纱公服，其服式有圆领大襟、斜领大襟等数种，一般在炎热的夏季穿着。因其有伤观瞻，曾受到正统理学家的非议，并一度被统治者禁止。但由于其具有

宋李公麟《孝经图卷》第 15 章 "谏诤" 中的文官服饰

▲ 宋李公麟《孝经图卷》第 16 章 "应感" 中的官员服饰

穿戴方便、轻薄凉爽等优点，仍在社会上有一定的市场。

时服中的"抱肚"，一称为"包肚"或"袍肚""裹肚"，为包裹在腰部的一种服饰。通常以纳帛、彩帛为材料制成，制为阔幅，四角圆裁，考究者施以彩绣，周围镶有边饰。使用时加在袍衫之外，由身后绕至身前，用革带、勒帛等系束。初施于武士，后文武官员通用。其中官吏所用者通常由朝廷颁赐，但色彩及纹样有专门的规定。如《宣和遗事》："是时底王孙公子，才子佳人，男子汉都是丫顶背，带头巾，窣地长背子，宽口裤，侧面丝鞋、吴绫袜，销金裹肚，妆著神仙。"陈元靓《岁时广记》卷12："升朝官已上赐公服衬衫，大夫已上加裤，从官又加黄绣裹肚，执政又加红绣裹肚三襜。"

随着服式的丰富，宋代官服上的配饰也是越来越多了，腰带和鱼袋就是其中的典型代表，且有明确的等级之分。腰带是腰佩的主要组成部分。腰带可以分成两类：一类是以皮革为之，称革带，带首缀以钩鐍，尾端垂头，带身饰以金、银、玉、犀角、铜、铁、石、墨玉之类材料制成的牌饰，并以带"銙"质料、形状及数量区别等级，为官僚的专用品。如王得臣《麈史》卷上《礼仪》载："古以韦为带，反插垂头，

▲ 宋金处士《十王图轴》之阎罗王中的宋代官吏服饰

至秦乃名腰带。唐高祖令下插垂头，今谓之'挞尾'是也。今带止用九胯，四方五圆，乃九环之遗制。胯且留一眼，号曰'古眼'，古环象也，通以黑韦为之。常服者，金、玉、犀则用红韦，著令品制有差，豪贵侈僭，虽非经赐，亦多自服。至和、皇祐间为方胯，无古眼，其稀者目曰'稀方'，密者目曰'排方'，始于常服之。比年士大夫朝服亦服挞尾，始甚短，后稍长，浸有垂至膝者，今则参用，出于人之所好而已。"据王栐《燕翼诒谋录》卷1所载，宋初士庶所服的革带未有定制，大抵是贵者用金，贱者用银，富者尚侈，贫者尚俭。到了太平兴国七年正月壬寅，诏三品以上銙以玉，四品以金，五品、六品银銙金涂，七品以上并未常参官并内职武官以银；如果是皇帝所特赐，则不拘此令。八品、九品用黑银，即时人所谓的"药点乌银"。流外官、工商、士人、庶人，则用铁、角二色。岳珂《愧郯录》卷12《文武服带之制》则详细记载了文武官员的服带制度："国朝服带之制，乘舆、东宫以玉，大臣以金，亲王、勋旧间赐以玉，其次则犀、则角，此不易之制。考之典故，玉带、乘舆以排方，东宫不佩鱼，亲王佩玉鱼，大臣、勋旧佩金鱼。金带有六种：球路、御仙花、荔枝、师蛮、海捷、宝藏。金涂带有九种：天王、八仙、犀牛、宝瓶、师蛮、海捷、双鹿、行虎、窪面。金束带有八种：荔枝、师蛮、戏童、海捷、犀牛、胡荽、凤子、宝相花。金涂束带有四种：犀牛、双鹿、野马、胡荽。犀带有二种，以牯、牸为别。自金带而下，凡为种二十有七，朝章之辨尽于此矣。祖宗时，凡新除恩庆，宰臣、枢密使、知枢密院事、参知政事、枢密副使、同知枢密院、签书同签书枢密院事，赐金笏头二十五两带，副以鱼袋，武臣御仙花带，

▲ 宋金处士《十王图轴》之转火轮中的官员服饰　　　　　▲ 宋金处士《十王图轴》中的官员服饰

无鱼袋。使相、节度使、宫观使、观文殿大学士，曾任宰相者即赐金笏头二十五两带，副以鱼袋；余只赐御仙花带，无鱼袋。三司使（权及权使公事同）、观文殿学士、资政殿大学士、翰林学士承旨、翰林学士、资政殿、端明殿、翰林侍读侍讲、龙图、天章、宝文阁、枢密直学士、龙图、天章、宝文阁直学士、御史中丞（兼、守并同），并赐金御仙花二十两带。知制诰赐牯犀带，副以金鱼。凡出使，见任中书、枢密使，曾任宰相，并使相、节度使，赐金御仙花二十五两束带。宣徽使、曾任中书枢密院、充诸路都总管、安抚使，赐金御仙花二十两束带。节度观察留后、观察使，赐金御仙花二十两束带。正任防御使至刺史、内客省使至阁门使、延福宫使至昭宣使，充诸路路分、一州总管、钤辖、沿边知州军、安抚，赐金御仙花二十两束带，诸司使充者十五两。客省、引进、阁门副使、诸司副使、内侍省内侍押班充诸路沿边路分钤辖，赐金御仙花十五两束带。文臣换武臣，并赐涂金银宝瓶十五两带。御前军班换前班，并赐涂金银带。诸司使，宝瓶二十两。副使至崇班，宝瓶十五两。供奉官至殿直，荔枝十两。奉职、借职，双鹿

▲ 宋金处士《十王图轴》之转世为牲畜中的官员服饰　　▲ 宋金处士《十王图轴》之普通官员服饰

八两。堂后官新除，赐涂金银宝瓶十五两带。伎术官虽服紫、绿，皆给银带。"从上面的记载中可以看出，宋代腰带的制作非常讲究。腰带的颜色更是丰富多彩，有红、黄、紫、鹅黄等。

　　凡服色用紫色或绯色者，都加佩鱼袋，鱼袋是宋代公服上的一种佩饰。如明沈德符《万历野获编》卷13说："唐宋士人，腰带之外，又悬鱼袋，为金为银，以别等威。"又，赵升《朝野类要》卷3《赐借绯紫》载："本朝之制，文臣自入仕著绿，满二十年，换赐绯银鱼袋。又满二十年，换赐紫金鱼袋。又有虽未及年，而推恩特赐者，又有未及，而所任职不宜绯绿，而借紫借绯者，即无鱼袋也。若三公三少，则玉带金鱼矣，惟东宫鱼亦玉为之。"

　　宋代文武官员的靴、履、舄制，初期同样沿袭前代。在朝会时用靴，称朝靴。至政和年间更定礼制，改靴用履。至乾道七年，复改用靴。但靴制则参用履制，用黑的皮革制作，大抵参用履制，唯加以靴统，里面衬以毡，高八寸。因以皮革制成，故又名"皮鞋"。但据赵彦卫《云麓漫钞》卷3记载，宋代的皮鞋不用带线。贵族及文武大臣在受朝、拜陵及礼见时则要着黑色的皮履，时人称为"皂皮履"。但依各官职所穿的服色，如服绿者用绿色，服绯色者用绯色，服紫者用紫色，来饰其边缝滚条。复底而有用木者称为舄，则在祭服时穿用。其鞋式有云头鞋、凫舄等。

五、军戎服饰

宋代的军戎服饰是在五代的基础上经过改变而形成的。从其使用上来说，可以分为两种：一种是用之于实战的，另一种则是用于卤簿仪卫方面的。用于实战的军服，又可分为以下数种：一种是头上戴的叫做盔，也称兜鍪；二是身上披挂的铠（或称甲）；三是平常所穿的袍衫。

盔和甲主要是用金属和皮革制成，其中用铁做的首盔和铠甲叫铁盔、铁铠或金甲、铁甲、钢甲。这种铠甲在宋代军服中颇为普遍和常见，如宋帝赐吴越国王钱俶骑军钢甲二百、步军甲五千等。又如，宋初平定江南的宋将曹翰曾赋诗说："曾为国难披金甲。"因金属属冷性物质，故在冬天，特别是在寒风彻骨的北方边疆，将士穿上铁甲，犹如身上披挂上冰块，冷得要命。北宋欧阳修诗中所说的"须怜铁甲冷彻骨，四十余万屯边兵"之句，便指此。皮做成的盔和甲，分别叫做皮笠子、皮甲。皮甲是一种以皮革作甲片，上附薄铜或铁片制成的重量较轻的软甲。这种皮甲在考古资料中也可见到，如上海博物馆收藏的一座真人大小的石刻天王像，其身上的铠甲，披膊用的山纹铁甲片，身甲的大部分可能是皮革所制（胸、腹部的圆护甲外）。束甲仍是使用唐代时那种纵横十字形的方法，带为双带扣双尾革带。以皮制作兜鍪在宋代也颇为常见，如《梦粱录》卷5《驾诣景灵宫仪仗》："卤簿仪仗……介胄跨马之士……或以皮为兜鍪者。"敦煌宋代石窟壁画武士头上所戴的飘带，乃是艺术上的加工。此外，也有用黄金、铜和纸等材料制成的盔甲。黄金制的盔甲主要供帝王使用，其象征意义大于实用价值。如宋神宗率军征讨契丹时就穿了黄金甲。又，《武林旧事》卷2《御教》载："上御金装甲胄，登将坛幄殿，鸣角戒严。"除了用金属和皮革制作盔甲外，还有一种用极其柔韧的纸做的甲，称纸甲。如仁宗康定元年（1040），宋帝诏江南、淮南州军造纸甲三万副。做法是用极柔的纸加工锤软，叠厚三寸，在方寸之间布以四个钉，如遇雨水漫湿，则铳箭不能穿透。除了这种全身披挂的锁甲外，另有一种只掩前胸和后背的叫做裆甲。

▲ 宋代武士复原图（选自刘永华《中国古代军戎服饰》）

▲ 宋李公麟《免胄图》（局部）

宋代铠甲的品种较多，根据《宋史·兵志》等记载，主要有金装甲、长齐头甲、短齐头甲、金脊铁甲、连锁甲、锁子甲、黑漆顺水山字铁甲、光明细钢甲等多种，其中连锁甲与锁子甲相类。《宋史·兵志》记载："至道二年，诏先造光明细钢甲以给士卒"，

▲ 宋李公麟《免胄图》（局部）

▲ 宋李公麟《免胄图》（局部）

"南北作院岁造涂金背铁甲等三万二千，皇祐元年，知澧州供备库副使宋守信献黑漆顺水山字铁甲"。岳飞有锁子甲、兜鍪。此外，宋代文献中又有重甲、轻甲、硬甲、软甲等之分。关于其形制，曾公亮等编的《武经总要》就载有五领铠甲的插图，于此可见当时铠甲之一斑。在这五领甲胄中，第一领当为将帅所用，另外四领为普通军官和士兵所用。从图上可以清楚地看出，宋代甲胄的胸、腹甲和腿裙、鹘尾连成一体，展开时形成一个平面；背甲分成左右两片段，在中间用纽扣或布带束扣。胸甲上缘有两根肩带以连接背甲，这是五代以来的两件套铠甲、

宋代衣食住行

► 浙江宁波东钱湖南宋墓前盔甲武士石像

披膊和护肩作为另一件的形象在这里表现得更为清楚和容易理解（以上参见刘永华《中国古代军戎服饰》，上海古籍出版社1995年版，第102页）。

宋代首盔的品种也较多，见于文献记载的有狻猊鍪等。如南宋抗金名将韩世忠制连锁甲、狻猊鍪。他同金人在建康（今江苏南京）作战时，其部下都是金装，战马皆铁面皮甲。

宋代盔甲的形制与前代基本相同。据《宋史·兵志》记载，是时全副盔甲共有1825片甲叶，其结构分为披膊、甲身、腿裙、鹘尾、兜鍪和兜鍪帘、杯子、眉子等，均用皮线穿联。由于结构复杂，故一副铁铠甲有重至49斤左右的。铠甲的制作技术也不断提高，宋初所制的铠甲尚无衬里，容易磨伤肌体，后来工匠在制作时衬以绸作为里子，这样就比过去改进了一步。又如，自渡江以后，南宋将臂肘间转伸处的铁叶改用皮制，以便于屈伸。鉴于过去的盔甲较重，毕再遇创制了一种轻甲，长不过膝，披不过肘，同时亦将兜鍪减轻。

在作战、日常巡逻及仪仗出行时，也有穿用比较轻捷灵便的军士装束，如战袄、战袍等。如《宣和遗事·前集》载："急点手下

▲ 浙江宁波东钱湖南宋墓前武士石像。兜鍪、披膊、胸甲、甲身

巡兵二百余人，人人勇健，个个威风，腿系着粗布行缠，身穿着鸦青衲袄，轻弓短箭，手持着闷棍，腰胯着环刀。"

袍和袄只是长短的不同，都是一种紧身窄袖而比较短的、便于行动的装束。宋太祖戒禁兵的衣长不得过膝，宋人"山僧见我衣裳窄，知道新从战事来"诗句，便指

▲ 宋刘松年《中兴四将图》中将士的便服。居左者为戴四带巾、穿圆领窄袖袍、腰束铐带的韩世忠。旁边为佩剑、弓箭的武官，腰部有捍腰

此。也有在袍、袄上加上抱肚或裲裆甲的（参见周锡保《中国古代服饰史》，中国戏剧出版社1984年版，第315页）。

宋代的军戎服饰，仪仗的甲胄又称为"五色介胄"，是一种装饰非常华丽的甲胄。这种"五色介胄"的制作，据《宋史·仪卫志六》记载："甲以布为里，黄绅表之，青绿画为甲文，红锦褾，青绅为下群，绛韦为络，金铜铁，长短至膝。前膺为人面二，自背连膺，缠以锦腾蛇。"由此可见，宋代仪卫中军士们所穿的甲胄，形式上是仿军士的，只是用黄绅（即粗帛）为面和以布作里子，以青绿画成甲叶的纹样，并加红锦缘边，以青绅为下裙，红皮为络带，长短至膝，前胸绘有人面二眼，自背后至前胸缠以锦带，并且有

宋代衣食住行

▲ 宋刘松年《中兴四将图》中佩剑、弓箭的侍卫官

▲ 宋刘松年《中兴四将图》中的侍卫官

▲ 宋刘松年《中兴四将图》中的侍卫官：外系绣抱肚、革带

▲ 传宋《瑞应图》"四圣护佑"中的宫中侍卫

▲ 宋佚名《却坐图》中的宫廷侍卫

▲ 宋李公麟《孝经图卷》第 15 章"谏诤"中的宫中侍卫：戴幞头，身穿窄袖长衫

五色彩装。毫无疑义，这种装束华丽的甲胄只能用于仪卫，而无实用的价值。

此外，仪仗卫士或武士则流行穿各种绣花袍，着大口裤、练裤，《宋史·仪卫志六》载："大驾卤簿巾服之制：……朱雀队执旗及执牙门旗，执绛引幡、黄麾幡者，并服绯绣衫、抹额、大口裤、银带……执龙旗及前马队内执旗人，服五色绣袍，银带、行縢、大口裤。执弓箭、执龙旗副竿人，服锦帽、五色绣袍、大口裤、银带。"又，《宋史·礼志二十五》："挽郎服白练宽衫、练裙、勒帛、绢帻。"

宋代的军戎装束，除上述的甲胄和兜鍪外，军队中的武官仍沿袭旧制，着一种专用的武冠。而武士或仪卫则流行抹额。所谓

▲ 宋刘松年《中兴四将图》中的岳飞

▲ 宋刘松年《中兴四将图》中的张俊

▲ 宋刘松年《中兴四将图》中的刘光世

抹额，就是将不同颜色的布帛剪成条状，然后系在额间以作标志。

袴褶冠为北宋末年鼓吹令、丞所戴的一种冠。《宋史·仪卫志六》载："宣和元年，礼制局言：'鼓吹令、丞冠，又名袴褶冠。今卤簿即除袴褶，冠名不当仍旧，请依旧记如《三礼图》委貌冠制。'从之。"

锦帽、花帽、素帽、缬帽、帖金帽、鹅帽，则用于宫中仪卫。如《宋史·仪卫志一》载："执绋人并锦帽。"花帽由花罗、彩锦等制成，如周密《武林旧事》卷3《西湖游幸》云："内有曾经宣唤者，则锦衣花帽，以自别于众。"素帽、缬帽分别以白色素罗、缬帛制成，故名。《宋史·仪卫志一》载："小行旗三百人，素帽……五色小氅三百人，仪锽四十人，皆缬帽。"帖金帽、鹅帽则分别以帖金工艺和鹅毛装饰帽顶，故名。

六、一般男子服饰

除了上述官定的帝王和官员在朝会、祭祀等重大典礼上穿戴的正式官服外，他们在平时或私下的场合所穿的服饰，致仕告老还乡后所穿的服饰，以及一般平民百姓所常穿戴的服饰，都属于一般服饰的范畴。

宋代男子最流行的服装是衫，品种有帽衫、凉衫、紫衫、衬衫、襕衫五种。

▶ 宋代加彩男俑。头戴方形黑帽，身着长袍，腰系玉带，足穿翘尖黑鞋

帽衫是北宋文人士大夫交际时所穿的一种服装，由乌纱帽、皂罗衫、角带等组成。南渡后因一变为紫衫，再变为凉衫，从此以后穿服帽衫的人比较少见，唯士大夫家冠婚、祭祀犹有人穿服。如果是国子生，则常穿戴之。

凉衫是北宋中期都城中内臣或班行，为方便骑马出行，制褐袖为凉衫，蒙在朝服外，以防止灰尘的袭击。凉衫以褐绸为材料制成，以代毳袍。这种凉衫的颜色一般为素白，故时人又称为白衫或白凉衫。后来这种服装渐及士大夫，不久，两府的官员亦仿效，甚至正郎署中免靴者服之尤众。沈括《梦溪笔谈》卷2《故事二》认为，"近岁京师士人朝服乘马，以黪衣蒙之，谓之'凉衫'，亦古之遗法也"。南宋以后，凉衫极为普遍。李心传《建炎以来朝野杂记·甲集》卷9《紫衫》便载："自军兴，士大夫始衣紫窄衫，上下如一。绍兴九年八月甲子，诏公卿、长吏毋得以戎服临民，复用冠带。然迄不行。秦桧之死，魏道弼秉政，复举行之。论者以为扰，士人贫者尤患苦之。未几，道弼为台谏所攻，遂罢。攻章中数事，此其一也。于是紫衫既废，士大夫皆服凉衫。"《朱子语类》卷91《礼八》也载："宣和末，京师士人行道间，犹著衫帽。至渡江戎马中，乃变为白凉衫。绍兴二十年间，士人犹是白凉衫，至后来军兴又变为紫衫，皆戎服也。"

与凉衫相配的帽子，称为"衫帽"，是宋代士大夫出行时所用的首服。张端义《贵耳集》卷上载："自渡江以前，无今之轿，只是乘马，所以有修帽护尘之服。士皆服衫帽凉衫为礼。"由此可见，其制是从过去的帷帽发展而来，流行于宋代。

凉衫之后，紫衫又成为下吏之服。如袁文《瓮牖闲评》卷

宋佚名《会昌九老图》中宋代野老闲居时的服式：戴高装巾子，□右衽广袖袍

▲ 宋佚名《女孝经图卷》中穿宽大褐衣的男子

▲ 宋佚名《女孝经图卷》中穿宽大褐衣的男子

▲ 宋佚名《松荫论道图》中的儒生

▲ 宋刘松年《围炉图》中着皂衫的文人

▲ 宋张激《白莲社图》中穿褐衣的士人

6 说："今之紫衫，下吏之服也。自南渡以前，士大夫燕服止是冠带，惟下吏便于趋走，则服紫衫。既而金人南下，兵革扰攘，以冠带不甚轻便，士大夫亦服紫衫，且欲便事，不以为非也。迨绍兴末，有臣僚上言：'今天下承平，而百官如扰攘时常服紫衫，不称。'于是朝廷之上、郡县之间，悉改服凉衫纯白之衣，未几显仁升遐，亦其验已。又有臣僚上言：'凉衫近丧服，不可用，仍合只用紫衫。'故至今皆服而不疑。天下事固有循习之久而不可改者，如本朝衣制，亦尝屡更矣。独恨前后臣僚既言紫衫、凉衫不可用，而略无一言仍用冠带，坐使承平之风，不复见于后世，岂不重可叹哉！"由此可见，紫衫原用于军校之服，南宋初年因战争频繁，文人士大夫因其轻便，也纷纷仿效，一时蔚然成风，号为穿衫、尺巾。公卿皂隶，下至闾阎贱夫，皆一律如此。绍兴年间，统治者觉得紫衫有"以戎服临民"之嫌，一度加以禁止。至乾道初，礼部侍郎王晔奏："窃见近日士大夫皆服凉衫，甚非美观，而以交际、居官、临民，纯素可憎，有似凶服。陛下方奉两宫，所宜革之。且紫衫之设以从戎，故为之禁，而人情趋简便，靡而至此。文武并用，本不偏废，朝章之外，宜有便衣，仍存紫衫，未害大体。"（《宋史·舆服志五》）于是又废除此禁，将紫衫用作士人便服。

　　毛衫在北宋都城开封的士大夫中盛行一时。宋叶寘所撰的《爱日斋丛钞》卷5就记载了这样一个故事：徐铉随后主归附宋朝，在京城开封见士大夫寒日多披毛衫，觉得怪异，大笑，并对旁边的人说："中朝自兵乱之后，其风未改荷毡被氇，实繁有徒，深可骇也。"有一天他入朝，远远看见其女婿吴淑亦披着毛裘归家，遂把他招到面前，责备他说：你是来自吴地的读书人，怎么也像他们一样披着毛裘？吴淑回答说：早晨这里天气实在寒冷，有点吃不消。加上朝中官员大多都是这样披着毛裘抗冷的。徐铉听后，严肃地对女婿说：读书人只要有操守的一定不会穿服，你说的有点强词夺理。后来徐铉到新平，这里的天气比京城开封更加寒冽，恰好门人郑文宝在这里担任转运使之职，郑文宝听说老师来了，便早早到半途去迎。见到老师徐铉衣服单薄，他连忙把身上所服的褐裘脱下来，递给徐铉，但徐铉客气地谢绝了，最后为寒气所伤，下痢而死。这种以毛织物制成的衣服，又称为"蒙衫""毯衫"。如俞琰《席上腐谈》卷上载："今之蒙衫，即古之毳衣，蒙谓毛之细软貌，如《诗》所谓'狐裘蒙茸'之蒙，俗作毯，其实即是毛衫，毛讹为蒙，蒙又转而为毯。"

襕衫同样是士人的礼服，其制据《宋史·舆服志五》载，以白细布为材料制作而成，圆领大袖，下施横襕为裳，腰间有襞积

▲ 宋李公麟《维摩演教图》中的文人服饰：戴东坡巾，巾下戴小冠，身着道衣，腰束以绦

▲ 宋李公麟《维摩演教图》中裹巾的居士

▲ 宋张激《白莲社图》中的士人服饰：身穿上衣下裳，前垂大带或绅

▲ 宋张激《白莲社图》中的士人服饰　　▲ 宋佚名《维摩图》中的居士服饰

（打襕）。进士及国子生、州县生，穿戴此服。其色有白襕等种。
白襕为举子所创，庞元英《文昌杂录》卷5载："令酺士泚等数人
应进士举，取解别试，所衣白襕，一时新事也。"王禹偁《寄砀山
主簿朱九龄》诗："利市襕衫抛白纻，风流名纸写红笺。"（王禹偁
《小畜集》卷7）太平兴国七年（982），李昉奏请皇上加以禁止。

　　宋代文人致仕闲居时还喜欢穿野服。所谓野服是一种有别于
礼服的服装。张世南《游宦纪闻》卷8载："朱文公晚年居考亭，便
于野服。"朱熹穿野服是因为"近缘久病，艰于动作，诎伸俯仰，
皆不自由，遂不免遵用旧京故俗，辄以野服从事"。然而"上衣下
裳，大带方履，比之凉衫，自不为简。其所便者，但取束带足以
为礼，解带可以燕居，免有拘绊缠绕之患、脱着疼痛之苦而已"。
又，费衮《梁溪漫志》卷4《毗陵东坡祠堂记》载："于士夫家广
摹画像，或朝服，或野服，列于壁间。"罗大经《鹤林玉露·乙
编》卷2曾载野服的样式：我曾于赵季仁家中，见其服上衣下裳。
衣服的颜色用黄、白、青都可以，直领，两带结之，缘以皂，像
道服一样，长与膝齐。裳必用黄，中及两旁皆四幅，不相属，头

▲ 宋姜夔坐像　　　　　▲ 宋李公麟《维摩诘演教图》中的　　▲ 宋李公麟《莲社图卷》中戴东坡
　　　　　　　　　　　　　居士服饰　　　　　　　　　　巾、穿褐衣的文人

带皆用一色，取黄裳之义。别以白绢为大带，两旁以青或皂缘之。
见侪辈则系带，见卑者则否。时人称为野服，又称为便服。

　　深衣为一种衣裳合在一起、前后深长的衣服，始行于先秦士
人，但后来曾一度不流行。至宋代时，深衣又开始在士大夫中流
行起来。如北宋司马光曾依《礼记》作深衣自穿，为此邵雍非常
反感，认为"某为今人，当服今时之衣"（邵伯温《邵氏闻见录》
卷19）。此后，南宋著名理学家朱熹亦作深衣之制，用白细布，
度用指尺，衣全四幅，其长过胁，与下面的裳连在一起，"圆袂方
领，曲裾黑缘"，于冠婚、祭祀、宴居、交际时穿服，一时深受士
大夫的喜爱。庆元年间，朱熹受到排挤，这种服装也被反对派指
斥为"妖服"，服用的人迅速减少，趋于式微，故宋末理学家金履
祥再一次力倡恢复，并亲自写了一篇《深衣小传》，认为其制符合
《周礼》"规矩准绳"之义（《仁山文集》卷2）。

▲ 宋刘松年《罗汉图轴》信士问道图中的信士　　▲ 宋张激《白莲社图》中送茶水的侍者
服饰

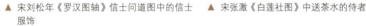

　　另外，道服也是士庶人喜欢穿的便服。这种服装的形制如长
袍，因领袖等处缘以黑边，与道袍相似，故名。《宣和遗事·亨集》
载："徽宗闻言大喜，即时易了衣服，将龙袍卸却，把一领皂褙穿
着，上面着一领紫道服，系一条红丝吕公绦。"

　　绵袄则是冬天流行的一种服装。因衣内纳有絮绵，故名。如
周辉《清波杂志》卷5《朔庭苦寒》载："使虏者，冬月耳白即冻堕，
急以衣袖摩之令热，以手摩即触破。辉出疆时，以二月旦过淮，
虽办绵袄之属，俱置不用。"

　　布袍为平民百姓及隐士所穿，而下层劳动人民一般穿皂衣、
布衫等。白皂衫纱帽被时人视为下人的服装，士大夫中如有人服
用这种衣服，必要遭到同行的讥讽和呵斥。张舜民《画墁录》记
其兄弟穿"皂衫纱帽"时，范鼎臣就曾严厉训斥："汝为举子，安
得为此下人之服？当为白苎襕衫系里织带也。"布衫是一种粗布

▲ 宋赵伯骕《番骑猎归图》(局部)

▲ 重庆大足南宋石刻沽酒男女

上衣，阔袖，其与贵族和官僚华丽精致的丝绸服装形成了鲜明的对比。蓑衣则一般为劳动人民的服用，又因这种蓑衣多由莎草制作而成，故又名莎衣。

背子是从北宋后期流行起来的一种服装。自其兴起后，社会各个阶层都以此服为便。哲宗、徽宗都曾披服黄背子，北宋末年的宰臣也是"衣盘领紫

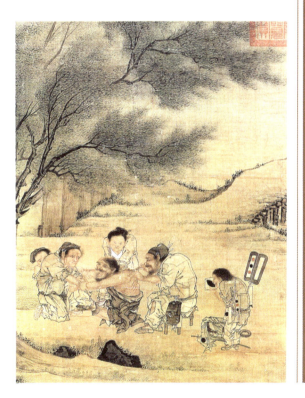

▶ 宋李唐《村医图》中的村人服饰

▲ 宋李唐《村医图》中裹巾的村医　　　▲ 宋苏汉臣《货郎图》

背子，至宣和犹不变"（陆游《老学庵笔记》卷2）。程大昌《演繁露》卷3载："今人服公裳，必衷以背子。背子者，状如单襦，袷袄，特其裙加长直垂至足焉耳。"其制根据袖子可以分为以下三种形式：一是长袖；二是短袖；三是无袖。长袖背子又可分为两种，一种袖长而大，前襟平行而不缝合，两腋以下开衩；另一种是在两腋和背后都垂有带子，腰间以勒帛束缚。如程大昌《演繁露》卷8《褐裘背子道服襦裙》载："今长背既与裘制大同小异，而与古中单又大相似，殆加减其制而为之耳。中单腋下缝合，而背子则离异其裾。中单两腋各有带穴，其腋而互穿之，以约定里衣。至背子，则既悉去其带。惟此为异也。"又说："今世好古而存旧者，缝两带缀背子腋下垂而不用盖，放中单之交带也。虽不以束衣而遂舒垂之，欲存古也。"短袖背子又称半臂，高承《事物纪原》卷3引《实录》载："隋大业中，内官多服半臂除，即长袖也。唐高宗减其

袖，谓之半臂，今背子也。"叶
梦得《石林燕语》卷 10 载："背
子，本半臂，武士服，何取于礼
乎？或云，勒帛不便于摺笏，故
稍易背子，然须用上襟，掖下与
背皆垂带。余大观间见宰执接堂
吏，押文书，犹冠帽用背子，今
亦废矣。而背子又引为长袖，与
半臂制亦不同。"周辉《清波杂
志》卷 3 载："东坡自海外归毗
陵，病暑，著小冠，披半臂坐船

▲ 宋夏圭《山水卷》中的渔夫服饰

中。"无袖子者时人称为背心，施德操《北窗炙輠录》卷下载："王
沂公……在太学读书时，至贫，冬月止单衣，无绵背心。"

　　与衣相比，宋代男子的裳则要简单得多。贵族男子盛行穿戴
绸、绢等制成的膝裤、红裙等。如《宋史·礼志五》载："紫衣红
裳，乘象辂，小会宴飨，饯送诸侯，临轩会王公。"膝裤是一种
胫衣，《朱子语类》卷 131 载："秦太师（桧）死，高宗告杨郡王云：
'朕今日始免得这膝裤中带匕首。'"富贵人家则用细绢等制作裤
子，谢邁《次韵李成德谢人惠墨牛》诗有"绮襦纨袴竞奢豪"之
句（《宋诗纪事》卷 33）。士子一般着袜头裤，如孙光宪《北梦琐
言》卷 10 载："蜀中士子好着袜头袴。"而一般男子则着纱裙等，
如《西湖老人繁胜录》："御街扑卖摩侯罗，多着乾红背心，系青纱
裙儿。"开裆裤是在胫衣基础上发展起来的一种裤子。其特点是裤
管上部连缀一裆，裆不缝合，上连于腰。穿着时有裆面在后。这

种裤在宋墓多有发现，如江苏金坛、福建福州等地的宋墓中便有出土。

戴帽之风盛行于士大夫中。黑色的缁冠通常用作士人的礼冠，士大夫家冠婚、祭祀、宴居、交际时穿戴。其样式，《朱子家礼》卷 1 有载："缁冠，糊纸为之，武高寸许，广三寸，袤四寸，上为五梁，广如武之袤而长八寸，跨项前后著于武，屈其两端各半寸，自内向外，而黑漆之。武之两旁半寸之上窍以受笄。笄以齿骨，凡白物。"道冠则为文人士大夫最为流行的便冠之一，邵博《邵氏闻见后录》卷 1 说："太母令奏殿下，祖宗以来，退朝燕闲不裹巾，只戴道冠。"又称道帽，如朱彧《萍洲可谈》卷 3 载："世传杜祁公罢相归乡里，不事冠带。一日在河南府客次，道帽深衣坐席末。"低矮而小的小冠，常被男人们用作平时的便冠。如《宋史·舆服

▲ 宋张激《白莲社图》中戴头巾的士人

▲ 宋张激《白莲社图》中的戴方而正巾帽的文人

▲ 宋佚名《维摩居士图》中包头巾的居士

志三》载:"隆祐太后命内臣上乘服御,有小冠。太后曰:'祖宗闲居之所服也,自神宗始易以巾。愿即位后,退朝上戴此冠,庶几如祖宗时气象。'"铁冠是宋代隐士所戴的一种比较简陋的冠。《宋史·雷德骧传》:"简夫始起隐者,出入乘牛,冠铁冠,自号山长。……既仕,自奉稍骄侈,驺御服饰,顿忘其旧,里闾指笑之曰:'牛及铁冠安在?'"

宋代不仅帽的式样和名目十分繁多,而且用途也较多,可以保暖、防雨、挡风、遮日等。保暖御寒之帽称暖帽,如洪迈《夷坚乙志》卷2载:"是日,徙倚门间,望一僧,顶暖帽,策杖而来,谓为庵中人。"宋代文献常见的毡笠,也是一种暖帽,时人往往在冬天穿戴。《西湖老人繁胜录》:"遇雪,公子王孙赏雪,多乘马披毡笠,人从则油绢衣,毡笠红边。"其制从契丹传入,故徽宗政和七年(1117)诏:"敢为契丹服若毡笠、钓墩之类者,以违御笔论。"又,用裘毛皮制成的裘帽也是一种暖帽,王应麟《玉海》卷82载:"乾德二年(964)十一月,(太祖赵匡胤)命王全斌等伐蜀。冬暮,大雪,上设毡帷于讲武殿,衣紫貂裘帽以视事,谓左右曰:'我被服如此,体尚觉寒;西征将帅,冲犯霜霰,何以堪处?'即解裘帽,遣中黄门驰驿赐全斌。"风帽则以挡风为主,兼及防雨御寒,如李光《渔家傲》词:"海外无寒花发早,一枝不忍簪风帽。"

这些帽冠的制作材料也是五花八门,有金属、玉、竹、木、琥珀、动物皮等类。金冠,宋白《宫词》云:"去年因戏赐霓裳,权戴金冠奉玉皇。"鹿皮所制的冠称鹿皮冠,如米芾《画史》:"旧言士子国初皆顶鹿皮冠,弁遗制也。"竹冠,如《朱子语类》卷91载:"竹冠,制惟偃月、高士二式为佳,他无取焉,间以紫檀、黄杨为

之。"又有椰子冠,苏轼《椰子冠》诗:"天教日饮欲全丝,美酒生林不待仪。自漉疏巾邀醉客,更将空壳付冠师。规摹简古人争看,簪导轻安发不知。更著短檐高屋帽,东坡何事不违时。"(《苏轼诗集》卷41)漆冠是用漆纱制成的冠,赵令畤《侯鲭录》卷6载:"宣和五六年间……又急地绫漆冠子作二桃样,谓之并桃,天下效之。"絮帽是纳以绵絮之帽,庞元英《文昌杂录》卷2载:"兵部杜员外……至岷州界黑松林,寒甚,换绵衣毛褐絮帽乃可过。"纸

帽顾名思义是由纸制成的,一般在丧事中使用。如《宋史·礼志二十五》:"(至道三年)太宗崩……诸军、庶民白衫纸帽。"

席帽、裁帽都是一种以藤席为骨架编成的笠帽,两者的区别在于后者缀以皂纱,而前者则无,宋人常用其蔽日遮雨。因其具有轻便实用之特点,男女老少通用之。魏泰《东轩笔录》卷13载:"王朴为学士,居近浚仪桥,常便服,顶席帽。"但据叶梦得《石林燕语》卷3所载,宋代男人席帽、裁帽的佩戴有一定的制度:"今席帽、裁帽分为两等:中丞至御史,与六曹郎中,则于席帽前加

全幅皂纱，仅围其半为裁帽；非台官及自郎中而上，与员外而下，则无有为席帽，不知何义，而'裁'与'席'之名，亦不可晓。"

抓耳帽为宋代男子所戴的一种便帽，两侧有耳，可以翻下。陆游《即事》诗："生来骨相本酸寒，天遣沙头把钓竿。但称山人抓耳帽，敢希楚客切云冠。"（《剑南诗稿》卷83）

另外，市肆上有狼头帽、销金帽等出售。

▲ 宋刘松年《斗茶图》，表现的是下层平民百姓的服饰

时人还往往别出心裁，自创新样，如王得臣《麈史》卷上《礼仪》说："古人以纱帛冒其首，因谓之'帽'，然未闻其何制也。魏晋以来始有白纱、乌纱等帽。至唐汝阳王琎犹服砑绢帽，后人遂有仙桃、隐士之别。今贵贱通为一样，但徇所尚而屡变耳。始时惟以幞头光纱为之，名曰'京纱帽'，其制甚质，其檐有尖而如杏叶者，后为短檐，才二寸许者。庆历以来方服南纱者，又曰'翠纱帽'者，盖前其顶与檐皆圆故也。久之，又增其身与檐皆抹上竦，俗戏呼为'笔帽'。然书生多戴之，故为人嘲曰：'文章若在尖檐帽，夫子当年合裹枪。'已而又为方檐者，其制自顶上阔，檐高七八寸。有书生步于通衢，过门为风折其檐者。比年复作短檐者，檐一二寸，其身直高而不为锐势，今则渐为四直者。"又有高檐帽，明曹臣《舌笔录》卷4载："米元章居京师，被服怪异，戴高檐帽。"这些纱帽价格不菲，江

65

▲ 苏轼画像

▲ 司马光坐姿石刻像

休复《江邻幾杂志》便载："近年都下裁翠纱帽，直一千。至于下俚，耻戴京纱帽。御帽例用京纱，未尝改易也。"另外，温公帽、东坡帽、伊川帽等都是宋代名士创制的帽。

温公帽、伊川帽分别由北宋著名学者司马光、程颐创制。赵彦卫《云麓漫钞》卷4载："宣政间，人君始巾。在元祐间，独司马温公、伊川先生以屏弱恶风，始裁皂绸包首，当时只谓之'温公帽''伊川帽'，亦未有巾之名。"

东坡帽相传由北宋苏轼（字东坡）被贬时创制，以乌纱为之，高顶短檐，形似桶样，时人又称为子瞻帽、高桶帽、桶帽、子瞻样、东坡巾、乌角巾、桶顶帽等，是宋代士大夫盛行一时的便帽。胡仔《苕溪渔隐丛话·前集》卷40引《王直方诗话》："元祐之初，士大夫效东坡，顶短檐高桶帽，谓之子瞻样。"另外，苏轼还是宋代矮帽的始作俑者。宋吕祖谦《少仪外传》卷下载："崇宁初，衣服皆尚窄袖狭缘，有不如是者，皆取怒于时。故当时章疏有言：褒衣博带，尚存元祐之风；矮帽幅巾，犹袭奸臣之体。盖东坡喜戴矮帽，当时谓之东坡帽；黄鲁直喜戴幅巾，故言犹袭奸臣之体也。"

除帽子外，宋代男子还盛行佩戴头巾。此风始行于宣政年间。赵彦卫《云麓漫钞》卷4云："国朝帽而不巾，燕居虽披袄，亦帽，否则小冠。……至渡江方著紫衫，号为穿衫，尽巾，公卿皂隶下至闾阎贱夫皆一律矣。"从巾的最初使用情况来看，原是"贱者不冠之服耳"（叶梦得《石林燕语》卷10），但至北宋末期，头巾已成为社会各阶层男子最为普遍的头上佩戴品，正如《宣和遗事》所说："是时底王孙、公子、才子、伎人、男子汉，都是了顶背带头巾，窄地长背子，宽口裤，侧面丝鞋。"又，《梦粱录》卷18《民俗》载："且如士农工商诸行百户衣巾装著，皆有等差。……街市买卖人，各有服色头巾，各可辨认是何名目人。"王得臣《麈史》卷上《礼仪》还记载了头巾演变的过程："其巾子先以结藤为之，名曰'藤巾子'，加楮皮数层为之裹。亦有草巾子者，以其价廉，士人鲜服。后取其轻便，遂彻

▲ 宋佚名《大傩图》：表演者头戴装巾环的头巾

其楮，作粘纱巾。近年如藤巾、草巾俱废，止以漆纱为之，谓之'纱巾'，而粘纱亦不复作矣。其巾之样始作前屈，谓之'敛巾'，久之，作微敛而已。后为稍直者，又变为后抑，谓之'偃巾'。已而又为直巾者，又为上下差狭而中大者，谓之'梭巾'。今乃制为平直巾矣。其两脚始则全狭后而长，稍变又阔而短，今长短阔狭仅得中矣。"

宋代的头巾，从其形制来说，有幅巾、角巾之别。幅巾为方形，角巾指有棱角的头巾。李上交《近事会元·幞头巾子》云："今宋朝所谓头巾，乃古之幅巾，贱者之服。"角巾在宋代又称为垫巾等，东坡巾就是一种以黑色纱罗制成的角巾。从其顶部折叠的方法来说，又有圆顶、方顶、砖顶、琴顶四种。另外，从米芾《西园雅集图》中所绘当时士大夫常用的头巾来看，有仙桃巾、幅巾、团巾、道巾、披巾、唐巾等。华阳巾为隐士逸人所戴的纱罗头巾。相传唐代诗人顾况（号华阳山人）晚年隐居山林，常戴此巾，故名。至宋代仍然流行，如《宋朝事实类苑》卷41《旷达隐逸》载："陈抟，周世宗尝召见，赐号白云先生。太平兴国初，召赴阙……

▲ 宋马远《西园雅集图》（局部）

先生服华阳巾草屦垂绅，以宾礼见。"士大夫的头巾，称儒巾。如林景熙《元日得家书喜》诗："爆竹声残事事新，独怜临镜尚儒巾。"（《宋诗钞》第3册第2910页）而隐士则往往佩戴以黑色纱罗制成的乌纱头巾。如陆游《晨至湖上》诗："荷香浮绿酒，藤露落乌巾。"（《剑南诗稿》卷5）结带巾为宋代士人常用的一种头巾。因此巾后缀有垂带，故名。龚明之《中吴纪闻》卷6《结带巾》载："宣和初，予在上庠，俄有旨令士人系结带巾，否则以违制论，士人甚苦之，当时有谑词云：'头巾带，难理会？三千贯赏钱新行条制。不得向后长垂，与胡服相类。　法甚严，人甚畏，便缝阔大带向前面系。'"逍遥巾、接䍦、纶巾、燕尾巾都是宋代士人喜爱的头巾。逍遥巾因其形制较冠帽要便利得多，裹在头上安然闲适，故名。米芾《画史》："今则士人皆戴庶人花顶头巾，稍作幅巾、逍遥巾。"南宋韩世忠创制的"一字巾"，便是在逍遥巾的基础上发展而来，故时人又名"逍遥一字巾"。洪迈《夷坚甲志》卷1《韩郡王荐士》云："韩郡王既解枢柄，逍遥家居，常顶一字巾，跨骏骡，周游湖山之间。""接䍦"是士人常用的一种白色头巾，陆游《晨起》诗有"晨起凭栏叹衰甚，接䍦纱薄发飕飕"之句（《剑南诗稿》卷12）。燕尾巾即云巾，以其形似而出名，苏轼《谢人惠云巾方舄二首》诗："燕尾称呼理未便，剪裁云叶却天然。无心只是青山物，覆顶宜归紫府仙。转觉周家新样俗，未容陶令旧名传。鹿门佳士勤相赠，黑雾玄霜合比肩。"（《苏轼诗集》卷21）鹧鸪巾也是一种形如飞燕的头巾，士人们常在夏季用来避暑蔽日。刘敞《鹧鸪巾》诗曰："远思意而子，因作鹧鸪巾。"并自注说："余率意作之，以便当暑，其形制如燕也。"凉绡巾，"以竹丝为骨，如

▲ 宋徽宗赵佶《文会图》(局部)

凉帽之状，而覆以皂纱，易脱易戴，夏月最便"（俞琰《席上腐谈》卷上）。斜巾和四脚幅巾流行在丧事时佩戴。如《宋史·礼志二十五》载："（太宗崩）礼官言：'群臣当服布斜巾、四脚……'"

北宋时，士大夫出行时还往往使用幅巾盖头，以避风尘之苦。帷帽创于隋代，唐永徽中始用之，施裙及颈。到宋代盛行于世，士大夫于马上披凉衫，往往用皂纱若青全幅连缀于油帽或毡笠之前，以障风尘，为远行之服。妇女步通衢，以方幅紫罗障蔽半身，俗谓之盖头。这种幅巾盖头，时人称为凉衫，如沈括《梦溪笔谈》卷3《故事二》载："近岁京师士人朝服乘马，以黪衣蒙之，谓之凉衫，亦古之遗法也。"凉衫以褐绸、黪帛制成，江休复《江邻几杂志》载："凉衫以褐绸为之，以代毳袍。韩持国云：'始于内臣班行，渐及士人，今两府亦然，独不肯服。'予读《仪礼》，妇人衣上之服制如明衣，谓之景。景，明也。所以御尘垢而为光明也。则凉衫亦所以护朝衣，虽出近俗，不可谓之无稽。"

重戴风尚盛行于文人士大夫中。所谓重戴，在宋代有两种说法：一是说在头巾裹发后再加冠帽。此俗沿袭唐、五代而来。如《宋史·舆服志五》载："重戴：唐士人多尚之，盖古大裁帽之遗制，本野夫岩叟之服。以皂罗为之，方而垂檐，紫里，两紫丝组为缨，垂而结之额下。所谓重戴者，盖折上巾又加以帽焉。宋初，御史台皆重戴，余官或戴或否。后新进士亦戴，至释褐则止。太宗淳化二年，御史台言：'旧仪，三院御史在台及出使，并重戴，事已久废。其御史出台为省职及在京厘务者，请依旧仪，违者罚俸一月。'从之。又诏两省及尚书省五品以上皆重戴，枢密三司使、副则不。中兴后，御史、两制、知贡举官、新进士上三人，许服之。"另一说法是讲文吏夏日外出，既戴凉帽又撑凉伞。如叶梦得《石林燕语》卷3载："唐至五代，国初，京师皆不禁打伞。五代始命御史服裁帽。本朝淳化初，又命公卿皆服之。既有伞，又服帽，故谓之'重戴'。自祥符后始禁，惟亲王、宗室得打伞。其后通及宰相、枢密、参政，则重戴之名有别矣。"

平民百姓往往以黑色布帛裹头，古称"黔首"。如米芾《画史》："其后举人始以紫纱罗为长顶头巾，垂至背，以别庶人黔首。"以漆纱制成的梭巾，也是宋代男子所戴的一种便巾。王得臣《麈史》卷上《礼仪》载其制曰："又为上下差狭而中大者，谓之梭巾。"

▲ 南宋李嵩《货郎图》（局部）

在一些山区，人们还用竹笋皮制作头巾，时称"竹笋巾"。万字巾是宋代庶民燕居时所戴的头巾，其形制为上阔下窄。《京本通俗小说·错斩崔宁》载："却见一个后生，头戴万字头巾，身穿直缝宽衫，背上驮了一个褡膊，里面却是铜钱。"绿色的头巾用于奴仆杂役，如钱惟演《别墅》诗："苍头冠绿帻，中妇织流黄。"（杨亿编《西昆酬唱集》卷上）另据文献记载，下层劳动人民在头巾裹发后一般不加冠帽，时称秃巾。如陆游《村舍杂书》诗："军兴尚戎衣，冠带谢褒博。秃巾与小袖，顾影每怀怍。及今反士服，始觉荣天爵。出入阡陌间，终身有余乐。"（《剑南诗稿》卷39）

以竹箬、棕皮、草葛等材料制成的笠，在民间极为常见。陈元靓《事林广记·后集》卷10载："笠子，古者虽出于外国，今世俗皆顶之，或以牛尾、马尾为之，或以皂罗、皂纱之类为之。"其品种较多，有斗笠、螺笠、莲花笠、伞笠、小花笠、蛮笠、藤笠、竹笠、箬笠、棕笠等。斗笠因其顶部隆起如斗，故名。《西湖老人繁胜录》中载有"诸般斗笠"。伞笠也因其形似雨伞而名之，如沈括《忘怀录·附带杂物》："泥靴、雨衣、伞笠。"

▲ 宋李公麟《维摩演教图》中文人穿的拖鞋

▲ 宋张激《白莲社图》中的布鞋

平民百姓除少量穿布鞋外，大多数是穿草鞋、麻鞋、棕鞋等。草鞋的品种较多，有蒲鞋、芒鞋、棕鞋等。因其价格低廉，又耐磨防滑，故深受人们的欢迎。蒲鞋由蒲草编成，在市场上有售。芒鞋在宋代又称为"芒鞵""芒屩"，如罗大经《鹤林玉露·乙编》卷2《红友》说："余尝因是言而推之，金貂紫绶，诚不如黄帽青鞋；朱毂绣鞍，诚不如芒鞋藤杖。"这种芒鞋的使用者颇多，市场上也有售，苏轼、陆游等人都曾穿过这种芒鞋。如苏轼《定风波》词："莫听穿林打叶声，何妨吟啸且徐行。竹杖芒鞋轻胜马，谁怕？一蓑烟雨任平生。"棕鞋也是一种草鞋，以棕皮、蒲草编成，其优点在时人诗中多有体现。如苏轼《宝山新开径》诗："藤梢桔刺元无

▲ 宋刘松年《补衲图》中的鞋子

路，竹杖棕鞋不用扶。"（《苏轼诗集》卷11）麻鞋多行于夫役等下层劳动人民，如《京本通俗小说·碾玉观音》："只见一个汉子……着一双多耳麻鞋，挑着一个高肩担儿。"以葛藤编成的藤鞋多用于夏季或出行，赵彦卫《云麓漫钞》卷1载："九十余年老古锤，虽然鹤发未鸡皮。曾拖竹杖穿云顶，屡蹑藤鞋看海涯。"木屐在民间极为盛行，如"杜亚归元，金华人。宋绍熙初，到括苍龙泉歌唱度日，因病风，两足拘挛，木屐曳行，丐于市"（《湖海新闻夷坚续志·后集》卷1《仙医足疾》）。此外，木屐还常被宋人用作雨鞋，如陆游《买屐》诗曰："一雨三日泥，泥干雨还作。出门每有碍，使我惨不乐。百钱买木屐，日日绕村行。"（《剑南诗稿》卷31）从当时流行的鞋子形状来说，方头鞋子无疑是男子的专用品。如张世南《游宦纪闻》卷8云："朱文公晚年居考亭……遂不免遵用旧京故俗，辄以野服从事……大带方履。"凉鞋是宋人在炎热夏季所穿的一种鞋。这种鞋在市场上有售。

宋代男子有穿袜的习惯，所穿之袜一般以比较厚实的布袜和皮袜为主。如毡袜用于冬季，苏轼《物类相感志》："毡袜以生芋擦之，则耐久而不蛀。"兜袜为一种布袜，是将数层布叠合在一起，周身用细线纳缝。因其厚实，可以防冻保暖，故用于秋冬两季。如陆游《天气作雪戏作》诗："细衲兜罗袜，奇温吉贝裘。闭门薪炭足，雪夜可无忧。"（《剑南诗稿》卷65）

宋代男子腰佩以布帛制成的宽幅腰带，称勒帛，用来系束锦袍、抱肚、背子等。如陆游《老学庵笔记》卷2引长者言："背子率以紫勒帛系之，散腰则谓之不敬。至蔡太师为相，始去勒帛。"布帛腰带一般用于常服，以士大夫最为常见。如龚明之《中吴纪闻》卷6《结带巾》载："宣和初，予在上庠，俄有旨令：士人系结带巾，否则以违制论。……法甚严，人尽畏，便缝阔大带，向前面系。"白假带是一种以白色丝帛制成的腰带。如王应麟《玉海》

▲ 宋赵佶《听琴图》中书童服饰　▲ 宋刘松年《十八学士图卷》中的书僮　▲ 宋张激《白莲社图》中的侍童服饰

卷82载："礼院具制度令式：衮冕，前后十二旒……绛纱袍，白纱中单，朱领襈裾，绛蔽膝，白假带，方心曲领。"有一种搭膊也是腰带或腰巾，如《京本通俗小说·错斩崔宁》："只见跳出一个人来，头带乾红凹面巾，身穿一领旧战袍，腰间红绢搭膊裹肚，脚下蹬一双乌皮皂靴。"

围肚即直系，以长幅布帛为之，男女通用。如《宣和遗事》："天子道：'恐卿不信。'遂解下了龙凤绞绡直系，与了师师。"周密《齐东野语》卷9《李全》载："（姚翀）遂缒城而出，以直系书'青州姚通判'，以长竿揭之马前，往见李姑姑。"

锦囊是一种用织锦制成的口袋。男子佩在腰间，以盛放钱币、文具等零星细物。如邵博《邵氏闻见后录》卷28："黄鲁直就几阁间，取小锦囊，中有墨半丸，以示潘谷，谷隔锦囊手之……"

茄袋又称"顺袋"，因其造型与北方的一种茄子相似，故名。为佩挂在身边用以盛放零星细物的口袋。如《宋史·舆服志六》："带上玉事件大小一十八；又玉靶铁剉一，销金玉事件二，皮茄袋一，玉事件三。"

绦是一种以丝编织而成的带子，在宋代也被一些人用作佩饰。如叶梦得《石林燕语》卷10载："旧凤翔郿县出绦，以紧细如箸者为贵。近岁衣道服者，绦以大为美，围率三四寸，长二丈余，重复腰间至五七返，以真茸为之。一绦有直十余千者，此何理也？"

七、女子服饰

宋代女子的服饰分为衣裳、冠巾、鞋履三大类。

衣裳也分上下两部分，上衣有襦、袄、衫、背子、半臂、背

▲ 宋佚名《女孝经图》中贵妇的服饰：梳高髻，满头插小梳，着上襦、帔帛，长裙

▲ 宋佚名《女孝经图》中贵妇的服饰：梳高髻，满头插小梳，着上襦、帔帛，长裙

▲ 宋佚名《女孝经图》中贵妇的服饰：梳高髻，满头插小梳，着上襦、帔帛，长裙

▲ 宋代佚名《女孝经图卷》中的女子服饰：上着窄袖襦或衫，下着长裙，外披帔帛

心等多种形制，下裳以裙为主。

鞠衣、翟衣、霞帔、纬衣、朱衣、大袖等是宋代命妇的礼服和常服。如翟衣，据《宋史·舆服志三》所载："青罗绣为翟，编次于衣及裳。第一品，花钗九株，宝钿准花数，翟九等；第二品，花钗八株，翟八等；第三品，花钗七株，翟七等；第四品，花钗六株，翟六等；第五品，花钗五株，翟五等。"这种礼服一般在命妇受册、朝会、从蚕及外命妇嫁时服用。

两袖宽博的大袖衣，是宋代命妇的礼服，故在婚嫁时必须早早预备。吴自牧《梦粱录》卷20《嫁娶》载："且论聘礼……更言士宦，亦送销金大袖、黄罗销金裙、段红长裙，或红素罗大袖段亦得。"即使是丧事，贵妇们也要穿这种礼服，如《朱子家礼》卷4《丧礼》载："（贵）妇人则用极粗生布为大袖……（众）妾则以背子代大袖。"

▲ 宋佚名《女孝经图　　　▲ 宋刘松年《瑶池献寿图》中的　　　▲ 宋画中身穿贴身内衣洗浴的贵妇
　卷》中的宫女　　　　　　宫女

　　除礼服及常服外，贵妇们在服饰的奢侈性消费中扮演了急先锋的角色。她们盛行穿美丽华贵的丝绸服装，上面饰有珍珠、金银等。如周密《武林旧事》卷2《公主下降》载："诣后殿西廊观看公主房奁：……真珠大衣背子、真珠翠领四时衣服。"

　　背子原是宋代身份较低的妇女所穿用的服装，这可从《宋史·舆服志五》所载中看出："淳熙中，朱熹又定祭祀、冠婚之服，特颁行之。凡士大夫家祭祀、冠婚，则具盛服。……妇人则假髻、大衣、长裙；女子在室者冠子、背子；众妾则假纷、背子。"但因其行走方便，故上自后妃、命妇，下至平民百姓的女子，都喜欢穿用。后妃穿者，如李廌《师友谈记》载："禁中侍宴，御宴惟五人，上居中，宝慈在东，长乐在西，皆南向，太妃暨中宫皆西向，宝慈暨长乐皆白角团冠，前后惟白玉龙簪而已，衣黄背子，衣无华彩；太妃暨中宫皆镂金云月冠，前后亦白玉龙簪，而饰以北珠，珠甚大，衣红背子，皆用珠为饰；中宫虽预坐，而妇礼甚谨。"

又，周密《武林旧事》卷7《乾淳奉亲》载："三盏后，官家换背儿，免拜；皇后换团花背儿；太子免系裹，再坐。"而社会地位最为低下的妓女，其穿背子的现象更为突出，《西湖老人繁胜录》载："开煮迎酒候所，有十三库，十马、上马。每库有行首二人，戴特髻，著乾红大袖；选像生有颜色者三四十人，戴冠子花朵，著艳色衫子；稍年高者，都著红背子、特髻。"

▲ 宋苏汉臣《妆靓仕女图》

宋代妇女所穿的背子，长袖，长衣身，两腋开衩，下长过膝，领型为直领对襟式。其颜色除前面提到的红背子、黄背子外，尚有紫背子、游街背子等。紫背子，如孟元老《东京梦华录》卷5《娶妇》："其媒人有数等，上等戴盖头，着紫背子。"游街背子是一种黑色的半臂，流行于岭南地区。朱彧《萍洲可谈》卷2："广州杂俗，妇人强，男子弱。妇人十八九，戴乌丝髻，衣皂半臂，谓之游街背子。"

半臂为短袖上衣，在宫廷侍女和富家婢女中颇为流行。如魏泰《东轩笔录》卷15载："后庭曳罗绮者甚众，尝宴于锦江，偶微寒，命取半臂，诸婢各送一枚。"但这种服式被儒家士大夫视为非礼之服。如孔平仲《珩璜新论》卷4便说："今之衣半臂，非礼之

79

▲ 山西太原晋祠宋代妇女塑像 ▲ 山西太原晋祠宋代妇女塑像

▲ 山西太原晋祠宋代妇女塑像 ▲ 山西太原晋祠中戴高髻的宋 ▲ 山西太原晋祠中戴高髻的宋
代妇女塑像 代妇女塑像

▲ 山西太原晋祠宋代妇
女塑像：梳双螺髻，
戴花，饰珠翠，披窄
幅帛巾

▲ 山西太原晋祠宋代妇女塑
像：梳盘髻，穿衫裙、褙子

▲ 身穿上衣下裳的宋代侍女俑

服也。"

衫一般以罗制成，高承《事物纪原》卷3《衫子》载："女子之衣与裳连，如披衫，短长与裙相似。秦始皇方令短作衫子，长袖犹至于膝，宜衫裙之分，自秦始也。又云陈宫中尚窄衫子，才用八尺，当是今制也。"

背心亦是宋代妇女常穿的衣服。如《宋史·乐志十七》："女弟子队……六曰采莲队，衣红罗生色绰子，系晕裙，戴云鬟髻，乘彩船，执莲花。"这里的"绰子"就是背心。

妇女的内衣称"抹胸"。因其不施于背，仅覆于胸，故名。穿时上覆于胸，下垂于腰。腰间制有襞积，左右各缀肩带。上可覆乳，下可遮肚。通常以罗绢制成，上面往往绣有彩色的花纹图案。这种抹胸在福州南宋黄昇墓中有发现。据考古发掘报告称："抹胸1件。表里均素绢，絮以丝绵。长55厘米，宽39—40厘米。上端和腰间缀带，上端带长34—35厘米，腰间带长35—36厘米。"（福州博物馆编《福州南宋黄昇墓》，文物出版社1982年版，第14页）因其形似裙子，故在福建地区又名为襕裙。如洪迈《夷坚支志戊》卷5《任道元》载："两女子丫髻骈立，颇有容色。任顾之曰：'小娘子稳便，里面看。'两女拱谢。复谛观之曰：'提起尔襕裙。'襕裙者，闽俗指言抹胸；提起者，谑媒语也。"

宋代妇女的下裳以裙为主，时有长裙、百褶裙、旋裙、红裙、上马裙、碎摺裙、婆裙等名目。百褶裙在宋代俗称为百叠裙、百折裙等，贵贱均穿。如红衣宫女《裙带间六言诗》："百叠漪漪水皱，六铢纵纵云轻。"即谓此。碎摺裙就是其中的一种，这种裙子的裥折细密繁多，张先《南乡子》词："天碧染衣巾，血色轻罗碎折裙。"时有六幅、八幅、十二幅之分。福建福州南宋黄昇墓就曾出土一件折裙，六幅，除两侧两幅不打折外，其余四幅每幅有十五折，共为六十折。长裙盛行于唐，至宋犹然流行于贵族妇女中。如《宋史·舆服志三》载："其常服，后妃大袖，生色领，长裙，霞帔，玉坠子。"石榴裙在宋代颇为盛行，连文凤《绿珠》诗："娇红淡粉成春姿，石榴裙映樱桃花。见说此花三十种，只消莫画醉西施。"赶上裙又称上马裙，为南宋末年理宗时宫妃所创。《宋史·五行志三》载："理宗朝，宫妃系前后掩裙而长窣地，名赶上裙。"

宋代妇女裙子的颜色以郁金香根染的黄色最为贵重，为贵妇

西德安南宋周氏墓出土的棕色罗衫

▲ 江西德安南宋周氏墓出土的印金罗襟折枝花纹罗衫

▲ 江西德安南宋周氏墓出土的褐色素罗镶花边丝棉袄

▲ 江西德安南宋周氏墓出土的广袖袍

▲ 福建福州黄昇墓出土的烟色梅花罗镶花边单衣（选自福建省博物馆编《福州南宋黄昇墓》）

▲ 福州南宋黄昇墓出土的深烟色牡丹花罗背心

▲ 福州南宋黄昇墓出土的浅褐色绉纱镶花边

▲ 福建福州南宋黄昇墓出土的褐色罗印花褶裥裙

▶ 江西德安南宋周氏墓出土的星地折枝花纹绫裙

▲ 福建福州南宋黄昇墓出土的褐黄色罗镶花边广袖
袍（选自福建省博物馆编《福州南宋黄昇墓》）

▲ 福州南宋黄昇墓出土的紫灰色绉纱镶花
边窄袖袍

所穿；红色的裙子则为歌舞伎乐所穿，如吴文英《踏莎行》词："绣
圈犹带脂香浅，榴心空叠舞裙红。"（《梦窗稿·丙稿》卷3）而老
年和农村妇女大多则流行穿青色或绿色的裙子。

除裙子外，宋代妇女的下裳还有裤子等。当时上层妇女穿裤
子，外面要用长裙掩盖，如福州南宋黄昇墓就曾出土裤脚外侧缝
不加缝缀的开片裤；次等的妇女，一般在着裤后，外面不再系裙
（福建省博物馆编《福州南宋黄昇墓》，文物出版社1982年版）。

宋代文献中的膝裤、膝袜、钓墩、袴袜都是指当时妇女的胫
衣，是下裳的重要组成部分。如膝袜，形似袜袎，无底，穿着时
紧束于胫，上达于膝，下及于履。其材料通常以布帛为之，考究
者则施以彩绣或饰以珠翠。宋人所绘的《杂剧人物图》中便有着
膝袜的妇女形象。钓墩也形似袜袎，但无腰无裆，左右各一。穿
着时紧束于胫，上达于膝，下及于脚踝，膝下用带系缚。这种服
装是在北宋中期从契丹传入的，宋徽宗时曾一度加以禁止。

宋代女子冠巾的名目和形制也甚多，常见的有凤冠、九龙花

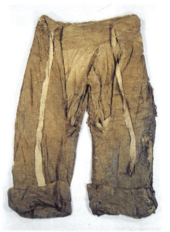

▲ 江西德安南宋周氏墓出土的黄褐色罗开
　裆单裤

▲ 江西德安南宋周氏墓出土的黄褐色绫
　面罗里开裆丝棉裤

钗冠、仪天冠、珠冠、内样冠、团冠、舞肩冠、角冠、花冠、仙冠等。

　　珠冠为贵族妇女所戴的一种冠。如周密《齐东野语》卷 15《耿听声》载："上奇之，呼入北宫，又取妃嫔珠冠十数示之。"又，《宋稗类钞·诏媚》："翌日，都市行灯，十婢皆顶珠冠而出，观者如堵。"

　　角冠为宋代妇女的礼冠。所谓角冠，就是一种饰有角梳的冠。在宋代，贵妇们往往在冠上饰以数把白角梳子，左右对称，上下相合，时人称为白角冠。又因其冠饰下垂及肩，故又称为垂肩冠、等肩冠。如沈括《梦溪笔谈》卷 19《器用》载："妇人亦有如今之垂肩冠者，如近年所服角冠，两翼抱面，下垂及肩，略无小异。"又因它是宋代宫妃创制的一种冠饰，故时人又称为内样冠。周煇《清波杂志》卷 8《垂肩冠》载："皇祐初，诏妇人所服冠，高毋得过七寸，广毋得逾一尺，梳毋得逾尺，以角为之。先是，宫中尚白角冠，人争效之，号'内样冠'，名曰'垂肩''等肩'，至有长

▲ 山西太原晋祠宋代妇女塑像：包髻，戴花，饰珠翠，穿右衽交领衫，下穿双裙，组带结绶

▲ 宋代加彩女俑：头戴花冠，黑发绾蝴蝶结。上穿束身短衣，下着长袍拖地，系带垂于前方，外着披衫，足穿尖头上翘履

▲ 河南方城出土的宋代持包女子石俑。头梳双髻，穿对襟短袄，下穿百褶裙，足穿尖翘头鞋

▲ 河南方城出土的穿褙子、梳高髻的女子石俑

三尺者，登车檐皆侧首而入。梳长亦逾尺。议者以为服妖，乃禁止之。辉自孩提，见妇女装束数岁即一变，况乎数十百年前，样制自应不同。如高冠长梳，犹及见之。当时名'大梳裹'，非盛礼不用。若施于今日，未必不夸为新奇，但非时所尚而不售。大抵前辈治器物、盖屋宇，皆务高大，后渐从狭小，首饰亦然。"这种冠饰的造价十分昂贵，故其使用者也多为贵族妇女，时人因其靡费过甚，多有非议。如皇都风月主人《绿窗新话·张俞骊山遇太真》描述："仙谓俞曰：'今之妇人，首饰衣服如何？'俞对曰：'多用白角为冠，金珠为饰，民间多用两川红紫。'"其盛行的时间主要在北宋仁宗时，如王栐《燕翼诒谋录》卷4载："旧制，妇人冠以漆纱为之，而加以饰，金银珠翠，采色装花，初无定制。仁宗时，宫中以白角改造冠并梳，冠之长至三尺，有等肩者，梳至一尺。议者以为妖，仁宗亦恶其侈。皇祐元年十月，诏禁中外不得

以角为冠、梳，冠广不得过一尺，长不得过四寸，梳长不得过四寸。终仁宗之世无敢犯者。其后侈靡之风盛行，冠不特白角，又易以鱼枕；梳不特白角，又易以象牙、玳瑁矣。"

花冠是民间妇女喜戴的一种冠。其形制也有两种，一种是由像生花制成，另一种为鲜花制成。如《东京梦华录》卷9《宰执亲王宗室百官入内上寿》载："女童皆选两军妙龄容艳过人者四百余人，或戴花冠，或仙人髻……结束不常，莫不一时新妆，曲尽其妙。"

团冠、亸肩冠等也是宋代年青妇女喜爱的冠，王得臣《麈史》卷上《礼仪》载："妇人冠服涂饰，增损用舍，盖不可名纪，今略记其首冠之制：始用以黄涂白金，或鹿胎之革，或玳瑁，或缀彩罗为攒云五岳之类。既禁用鹿胎、玳瑁，乃为白角者，又点角为假玳瑁之形者，然犹出四角而长矣。后至长二三尺许，而登车檐皆侧首而入。俄又编竹而为团者，涂之以绿。浸变而以角为之，谓之'团冠'；复以长者屈四角而下至于肩，谓之'亸肩'。又以团冠少裁其两边而高其前后，谓之'山口'。又以亸肩直其角而短，谓之'短冠'。今则一用太妃冠矣。始者角冠棱托以金，或以金涂银饰之，今则皆以珠玑缀之。其方尚长冠也，所傅两脚

▶ 宋代加彩母子俑：母俑头梳高髻，
　身穿旋袄，下着长裙

▲ 江西景德镇
市郊宋墓出
土的梳同心
髻、着直帔
的女瓷俑

▲ 江西景德镇市郊宋墓出土的披窄幅帛巾、梳单髻
髻、插大梳、加珠翠为饰的女瓷俑

▲ 宋代头戴团冠、身
穿褙子的厨娘砖雕

旒亦长七八寸，习尚之盛在于皇祐、至和之间。聱隅子黄晞曰：
'此无他，盖大官粗疏耳。'"由此可见，团冠的材料初以竹篾为
骨，后改为白角，因其形状如团名之；而亸肩冠是在团冠的基础
上发展而来，因四周冠饰下垂至肩，故名。这种冠在北宋末年见
行一时，《宣和遗事》载："佳人都是戴亸肩冠儿，插禁苑瑶花。"

　　此外，尚有一些来自海外的冠帽形式也流行于当世。《宋
史·乐志十七》："八曰异域朝天队，衣锦袄，系银束带，冠夷冠，
执宝盘。"如周密《武林旧事》卷2《公主下降》载："（公主房奁）
北珠冠花篦环，七宝冠花篦环。"

　　头巾的使用在宋代妇女中也很盛行，额巾就是其中之一。所

▲ 宋佚名《耕织图》中的村妇服饰

▲ 宋佚名《人物故事图》中的少妇

▲ 宋王居正《纺车图》中老年村妇

谓额巾，就是用一块帕巾，将其折成条状，然后绕额一圈，系结于前。

　　盖头在宋代有三种，一种是宋代妇女外出时盛行佩戴的"盖头"。这种盖头实际上是一种面幕，即用一块方幅紫罗障蔽半身，形似风帽。其俗由隋唐妇女的帷帽发展而来，高承《事物纪原》卷3《盖头》说："唐初宫人著羃䍠，虽发自

▲ 宋王居正《纺车图》中荆钗蓬鬓的年轻农妇服饰

▲ 宋李嵩《货郎图卷》中戴盖头的村妇

戎夷，而全身障蔽，王公之家亦用之。永徽之后用帷帽，后又戴皂罗，方五尺，亦谓之襆头。今日盖头，凶服者亦以三幅布为之，或曰白碧绢，若罗也。"又，孔平仲《珩璜新论》卷4载："齐隋妇人施羃罗。羃罗，全身障蔽也。唐永徽以后皆用帷帽、拖裙，到颈渐为浅露，若今之盖头矣。"宋代妇女的盖头，周辉《清波杂

志》卷2《凉衫》载："妇人步通衢，以方幅紫罗障蔽半身，俗谓之盖头，盖唐帷帽之制也。"而另一种盖头则是当时妇女在日常家居中所戴的，上覆于顶，下垂于肩。如《东京梦华录》卷5《娶妇》载："其媒人有数等，上等戴盖头。"第三种盖头是女子结婚时用以盖头的红色帛巾。《梦粱录》卷20《嫁娶》："（两新人）并立堂前，遂请男家双全女亲，以秤或用机杼挑盖头，方露花容……"

　　需要说明的是，南宋朱熹在福建任上还创有一种名为"文公兜"的妇女头巾。

　　宋代妇女盛行使用腰带，时人美称为"香罗带"。如贺铸《薄幸》词："羞把香罗暗解。"（朱彝尊编《词综》卷7）腰带大多以布

▲ 重庆大足宋代石刻中的梳高髻、穿背心和长袖襦的养鸡农妇

▲ 宋梁楷《八高僧故事图》中的下层妇女

◀ 宋李嵩《货郎图》中下层劳动妇女的服饰：头上裹盖头，并插有灯球，下穿裙子，脚穿布鞋，手上戴手镯

帛制成，时有实带、手巾等称呼，其中以罗带最为常见。如林逋《相思令》词："君泪盈，妾泪盈，罗带同心结未成，江头潮已平。"

宋代妇女腰带的名称和种类甚多，如合欢带、鸳鸯带、同心带等，它们往往含有各种不同的含义。如：以两种颜色的彩丝交相编结而成的合欢带，深受年轻妇女喜爱，往往将其佩于裙边，以为装饰，象征男女恩爱，情意绵绵。朱熹《拟古》诗写道："结作同心花，缀在红罗襦。双垂合欢带，丽服眷微躯。"以两种不同颜色丝缕合编而成的鸳鸯带，常被青年女子用作定情信物，象征相亲相爱。李莱老《倦寻芳》词："宝幄香销龙麝饼，钿车尘冷鸳鸯带。"系结玉环的丝结带子称玉环带，由秦汉印绶演变而来。使用时悬挂在腰间，左右各一。山西太原晋祠宋代彩塑妇女即佩戴有这种饰物。同心带是指绾有同心结的衣带。欧阳修《武陵春》词："金泥双结同心带，留与记情浓。"李莱老《生查子》词："罗带绾同心，谁信愁千结？"

▲ 江西德安南宋周氏墓出土的绶带

香缨又称香璎，是女子出嫁时系缚在衣襟或腰间的彩色带子。因其上兼系有香

▲ 江西德安南宋周氏墓出土的月经带

囊等物,故名。通常由其长辈为之系结,以示身有所系。新妇过门后礼拜尊长,则需手托此带。礼出商周,秦汉以后逐渐演变成一种象征性的装饰。如邢昺疏《尔雅·释器》云:"妇人之香缨名袆,又谓之縭。縭,緌也。緌,犹系也,取系属之义。……此女子既嫁之,所著示系属于人。"

宋代妇女的腰佩除腰带外,尚有玉佩、玉环、流苏等。玉佩常用于贵族妇女佩饰中,一般佩戴在裙子两侧。如周密《武林旧事》卷2《公主下降》载:"诣后殿西廊观看公主房奁:真珠九翚四凤冠,褕翟衣一副,真珠玉佩一副,金革带一条……"玉环被宋代妇女用作压裙之物。古代儒家礼仪规定,妇女笑不得露齿,行不得露足。为避免妇女举步时裙幅散开,有伤观瞻,特用玉环压住裙角。一般佩挂两个,左右各一。葛起耕《记梦》诗:"珠蕊一枝春共瘦,玉环双佩月同清。"(《宋诗纪事》卷69)因这种饰物有范于妇女的行动,故时人又名为禁步。其材料除玉石外,通常还以金、银等材料制成环形或兽鸟、花卉等图案,以丝绦或绸缎串成一挂。如宋代话本《快嘴李翠莲记》:"金银珠翠插满头,宝石禁步身边挂。"

绣囊也是宋代妇女服饰中常见的,其功能与现在的口袋相同,

▲ 福建福州南宋黄昇墓出土的褐色罗绣彩荷包　▲ 江西德安南宋周氏墓出土的刺绣荷包

用来贮放随身用的手巾、钱币等物品，一般佩挂于腰际。其实物在福州黄昇墓中有出土，为一件黄褐色罗绣花荷包，长16厘米、底宽12厘米、中宽8.5厘米，正面为四经绞罗，里层和背面为三经绞罗，中腰有两个穿带眼，尚存罗制残带一条，带上似为印金敷彩的卷叶图案。荷包一面绣荷花，一面绣含笑花（福建省博物馆编《福州南宋黄昇墓》，文物出版社1982年版）。

香囊与绣囊一样，也常被妇女们用作饰物。从当时的文献来看，香囊是一种贮放香料的布袋，一般佩放在腰际及胸襟，亦有置放在袖中者。其作用有二：一是散发香气；二是驱虫除秽。其实物在福州黄昇墓内就有出土：长5厘米，宽4.8厘米，近正方形。所用材料两面不一，正面以素罗为之，上绣鸳鸯莲花；背面则用素纱，不施纹饰。沿口以双股褐线编成花穗，穗长6.7厘米。香囊之内另附有一小包香料的小袋，香料今已无存。

流苏以一种以五彩羽毛或丝线编织而成的带穗。在宋代，除用作车马、楼台、帐幔、旌旗等外，也用于妇女衣冠上的垂饰。如《李师师外传》载："（徽宗）又以灭辽庆贺……乃赐师师紫绡绢幕、五彩流苏。"

宋代女子的鞋子颇为讲究，主要有金缕鞋、珠鞋、花靴等。

▲ 江西德安南宋周氏墓出土的罗鞋、罗袜

▲ 江西德安南宋周氏墓出土的女鞋

▶ 江西德安南宋周氏墓出土的绸女袜裤

金缕鞋为宫中后妃所穿，如王珪《宫词》："侍辇归来步玉阶，试穿金缕凤头鞋。"花靴是富家女子所穿的一种鞋。袁褧《枫窗小牍》卷上载北宋都城"汴京闺阁……花靴弓履，穷极金翠"。北宋末年盛行一时的镶色女鞋——错到底，其鞋底部分以二色合成，色彩交错，形状颇为奇特，时人将其视为不祥之物。如陆游《老学庵笔记》卷3载："宣和末，妇人鞋底尖以二色合成，名'错到底'……皆服妖也。"从当时女子穿用的鞋子形状来看，平头鞋子颇为常见。如王观《庆清朝慢·踏青》词："结伴踏青去好，平头鞋子小双鸾。"

由于女子缠足之风盛行，因此其袜子与鞋子一样，被做成尖头状，头部朝上弯曲，呈翘突式。如福州南宋黄昇

▲ 江西德安南宋周氏墓出土的罗袜

▲ 江西德安南宋周氏墓出土的绸女袜

宋代衣食住行

94

墓出土的 16 双女袜，都是这种样式。宋代女子之袜一般以布或丝绸之类织物制成。丝绸之类织物制成的袜有罗袜、绫袜、锦袜等，其使用者往往为贵族和富家女子。这些质地柔软轻薄的袜子常用于春夏之季。陆游《成都行》诗："月浸罗袜清夜徂，满身花影醉索扶。"（《剑南诗稿》卷 4）

八、僧人和道士的服饰

（一）僧服

僧侣在宋代有专门的服装，称为僧衣。据《汉族僧服考略》载："佛教僧侣的衣服，根据佛教的制度，限于三衣或五衣。三衣是安陀会、郁多罗和僧伽黎。安陀会是五条布缝成的衷衣；郁多罗是七条布缝成的外衣；僧伽黎是九条乃至二十五条布缝成的大衣。五衣是于三衣之外加上僧祇支和涅槃僧。僧祇支是覆肩衣，用以衬三衣穿着的，涅槃僧是裙子。"三衣规定颜色不许用上色或纯色，在新制的衣服上必须缀上一块另一种颜色的布，用以破坏衣色的整齐，所以叫作坏衣色。

与前朝一样，宋代僧侣的服装仍以袈裟或

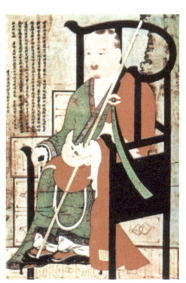
▲ 宋高僧义天坐像

▲ 宋刘松年《补衲图》

缁衣为主。如陆游《求僧疏》："掀禅床，拗拄杖，虽属具眼厮儿；搭袈裟，展钵盂，却要护身符子。"（《渭南文集》卷24）在当时，这些服装统称为僧衣或衲衣。

袈裟，又称"袈裟野""迦沙""加沙"等，为梵语"迦逻沙曳"的简称，意译作坏色、不正色、赤色、染色等，是一种覆左膊而掩右掖的衣式，乃佛教僧众所穿着的法衣，以其色不正，故有此名。因其在袈裟的右肩下用一大环作为扣搭之用，故名曰"哲那环"，又叫作"跋遮那"。又因袈裟是由许多块碎布补缀而成，因而又称为"衲衣"。如苏轼《次元长老韵》诗："病骨难堪玉带围，钝根仍落箭锋机。欲教乞食歌姬院，故与云山旧衲衣。"又由于这种僧人穿着的袈裟式样与一般人所穿的相类似，唯其式是宽袖而衣亦宽作方形，不像世人所穿的袖管作垂胡式，所以称之

▲ 宋画中身穿袈裟的僧人

▲ 宋马远《洞山涉水图》中穿僧衣的和尚

▲ 宋代绘画中穿僧衣的和尚

为"方袍"。此外，民间还称为"莲服""离尘服""逍遥服""覆膊""忍辱衣""忍辱铠""掩衣""无垢衣""无尘衣""福田衣""稻畦帔"等。

袈裟的品种也较多，百衲衣是僧人服装中最具特色的一种，陆游《怀昔》诗："朝冠挂了方无事，却爱山僧百衲衣。"（《剑南诗稿》卷59）山水衲就是当时一种极为流行的衲衣，元照《行事钞资持记》卷下载："今时禅众多作衲衫，而非法服。裁剪缯彩，刺缀花纹，号山水衲。价值数千，更乃各斗新奇，全乖节俭。"毳衲则是普通僧人所穿的衲衣，因其质地粗劣而名。范成大《积雨作寒五首》其三诗："熨帖重寻毳衲，补苴尽护纸窗。"（《石湖居士诗集》卷23）

僧人所穿之法衣颜色一般为紫绯色。但黑色的"缁衣"也颇为常见，宋代僧人日常穿着的一种服装，一般为黑色的布帛制成。如《宣和遗事》载："众中忽又一人，黑色布衣，若市僧行童状。"但在宋代以浅黑色的最为常见，如赞宁《大宋僧史略·服章法式》："问：'缁衣者色何状貌？'答：'紫而浅黑，非正色也。'"高承《事物纪原》卷7《僧褐》引《僧史略》对此做了解释："汉魏之世，出家者多着赤布，

▲ 宋勾龙爽《佛像图》中穿僧衣的和尚

▲ 宋李公麟《维摩诘演教图》（局部）

▲ 宋刘松年《罗汉图》中僧 　▲ 宋刘松年《罗汉图轴》蕃 　▲ 宋代绘画中的鞋子
人穿的拖鞋 　　　　　　王进宝图中僧人穿的暖靴

▲ 宋刘松年《罗汉图轴》猿猴 　▲ 宋刘松年《补衲图》中僧人所穿 　▲ 宋刘松年《补衲图》中
献果图中僧人的布鞋 　　　　的鞋子 　　　　　　　　僧人所穿的靴子

僧伽梨又秣陵诸僧，衣色仿西竺，后周忌闻黑衣之谶，悉屏黑色，
着黄色衣。谓今僧衣褐，起于宇文周制。"

　　除了上述的两种僧人服装外，见于文献记载的还有直掇、定
衣等。直掇为僧人所着之袍。用素布制作，服式为：对襟大袖，
衣缘四周镶以黑边，腰缀横襕。定衣为僧尼的御寒之衣。所谓
"定"，乃是指坐禅入定的僧人。

　　至于僧帽，据《事物异名》和《事物绀珠》两书记载，有毗
罗帽、宝公帽、僧伽帽、山子帽、班吒帽、瓢帽、六和巾、项包
等八种。其中，僧伽帽为佛教徒所戴的一种帽。这些僧帽的式样，
一时还不能一一列举。此外，见于文献记载的还有莲花笠。莲花
笠以形状取名，一般为僧人所戴。如钱易《南部新书》卷 6 载："道
吾和尚上堂，戴莲花笠。"竹笠、棕笠分别用竹篾和棕丝编成，如
赞宁《大宋僧史略》卷上就说："今僧盛戴竹笠，禅师则棕笠。"

　　（二）道服

　　道士服饰有法衣、褐被和常服的道袍、大衫，统称为道服或

道衣。

　　法衣是法师执行拜表、戒期、斋坛时所穿，指的是全真派中的霞衣、净衣、信衣、鹤氅（又名羽衣）等，以及正一派中的行衣、罡衣、混元衣、班衣、忏衣之类。其中，法衣、鹤氅等一般以直领对襟为多，有边缘、垂带。服色有褐、青和绯，是指法衣而言。自唐开始赐李泌紫色之后，宋代也有赐林灵素紫服的事例。但传统服色的法服仍然非常流行，如陆游《老学庵笔记》卷3说："有老道人……铜冠绯氅。"其常穿之服有黄衣，如颜博文《王希深合和新香烟气清丽不类寻常可以为道人开笔端消息》诗："皂帽真闲客，黄衣小病仙。"（《宋诗纪事》卷42）道士服饰上还往往饰有花纹，如《夷坚支志丁》卷7《樱桃园法师》载："见一道士，古貌长须，戴七星黑冠，披紫云霞服。"

▲ 宋佚名《吕祖过洞庭图》中穿道服的吕洞宾

▲ 浙江德清南宋吴奥墓出土头戴道冠、身披宽袖道袍的道士塑像

▲ 宋佚名《十八学士图》中戴小冠、穿道服的文人

▲ 宋何充《摹唐卢媚娘像》中的道姑

常服即是道袍，所着的大小褂衣或名曰大小衫，为平常所穿，大多为交领斜襟。这种外衣和内衣，大致同一般人相似。如道教中的八仙之一吕洞宾，穿黄道服，皂练，草履，手持棕笠装束，同普通人们服装差不多。这种道袍一般以葛布制成，故民间称为"葛衣"。如苏轼《放鹤亭记》："黄冠草履，葛衣而鼓琴。"（《苏轼文集》卷11，中华书局1986年版）

宋代道士穿衣，是先穿道袍之类，然后在道袍等之外束以环裙，即下裳，再把鹤氅、罢衣等罩在外面。

宋代道士头上所戴的冠、巾，有别于当时的僧人。它不同于僧侣们源由天竺的佛教的服饰，道服则是源出于本土的服饰。所以，史绳祖《学斋占毕》卷2《饮食衣服今皆变古》说："然冠、履两事，反使今之道流得窃其所以，坚执不变，凡闲居则以巾覆冠，及谒见士夫并行科升章则簪冠而彻巾穿舄，是三代之制，尚于羽士见之。"这就是说，我国早期的服饰制度在道家者流中还保持着遗制，也就是说宋代道士还保持着古人上衣下裳和簪冠的形制。其冠流行戴黄冠或七星黑冠，如《宣和遗事·前集》中载梦神霄殿有"神霄宫殿五云间，羽服黄冠缀晓班"的诗句，即是道家戴冠的记述，因而"黄冠"成了道流的一般称呼。当然也有戴七星

黑冠的，如《夷坚支志丁》卷10《樱桃园法师》载："一道士……
戴七星黑冠。"

道士和儒生一样也戴巾。其巾在当时有纯阳巾、紫阳巾、幅
巾、混元巾（又名玄巾）等名目。如洪迈《夷坚志补》卷2《吴任
钧》载："钧被贡入京，因适市，遇道人，戴碧纶巾，着宽白布裘，
衣冠甚伟，持大扇……"

道士平时穿履，法事时穿舄，舄履用朱色。如《宣和遗
事·前集》中载："忽值一人，松形鹤体，头顶七星冠，脚著云根
履，身披绿罗襕，手持着宝剑，迎头而来。"至于女道士的冠服，
大体上也同男者相似，也是束发戴冠、巾而衣道服的。如宋词中
有郭小娘道装的词句："翠羽双垂珥，乌纱巧制巾。"（《酒边词》
卷下）蔡伸对名妓陈文入道后，赋中有"霞衣鹤氅并桃冠"之句。

总之，宋代道人戴冠、穿衣裳、着朱舄等服饰制度，更多地
保持了古人的衣冠制度。

九、其他服饰

（一）伶人和妓女服饰

乐师用紫宽袍。红巾、青巾常用于伶人，《东京梦华录》卷
7《驾登宝津楼诸军呈百戏》载："唱讫，鼓笛举，一红巾者弄大
旗……次一红巾者手执两白旗子，跳跃旋风而舞。"又，《梦粱录》
卷1《八日祠山圣诞》载："有一小节级，披黄衫，顶青巾，带大
花，插孔雀尾，乘小舟抵湖堂。"诨裹也是宋代教坊女杂剧艺人所
裹的头巾。如《都城纪胜·瓦舍众伎》："杂剧部又戴诨裹，其余只
是帽子幞头。"《梦粱录》卷20《妓乐》："杂剧部皆诨裹，余皆幞

▲ 山西平定宋墓大曲壁画中乐师的服饰

▲ 宋佚名《歌乐图》中歌妓和乐师的服饰

▲ 宋佚名《歌乐图》中歌妓的头饰

▲ 宋佚名《杂剧眼药酸图》

▲ 宋佚名《杂剧打花鼓图》中杂剧演员。左穿红色对襟旋袄，披大袖襦，长裤，膝下裹吊敦，头上裹诨裹，脚穿平头鞋；右梳包髻簪花，穿对襟旋袄，长裤，腰间系花裙，缠足

▲ 宋刘松年《十八学士图卷》中的歌妓

▲ 宋刘松年《十八学士图卷》中的歌妓

▲ 宋佚名《杂剧打花鼓图》中头上戴花的女演员

宋代衣食住行

头帽子。"仙冠、玉兔冠、宝冠、金冠、卷云冠等都是宋代舞女所戴的冠,《宋史·乐志十七》:"女弟子队凡一百五十三人……四曰佳人剪牡丹队,衣红生色砌衣,戴金冠,剪牡丹花。拂霓裳队,衣红仙砌衣,碧霞帔,戴仙冠,红绣抹额","队舞之制,其名各十:……七曰玉兔浑脱队,四色绣罗襦,系银带,冠玉兔冠"。卷云冠为一种彩冠,《宋史·乐志十七》:"一曰菩萨队,衣绯生色窄砌衣,冠卷云冠。"

妓女所穿的衣服有官衫、宽衫、衩等。官衫又称官衫帔子,是官妓在接客承应时所穿的礼服,其形制由官府所定。宽衫是一种宽阔肥大的衣服,在歌舞中使用。如《东京梦华录》卷9《宰执亲王宗室百官入内上寿》载:"教坊乐部,列于山楼下彩棚中,皆裹长脚幞头,随逐部服紫绯绿三色宽衫黄义襕,镀金凹面腰带。"旋裙是宋代妓女喜爱的一种裙子。这种裙子前后开衩,裙上折襕相叠,以多为胜。便于妓女出行乘骑。江休复《江邻幾杂志》载:"妇人不服宽裤与襜,制旋裙必前后开胯,以便乘驴。其风闻于都下妓女,而士人之家反慕效之。"珠鞋是一种装饰有珍珠的鞋子,其使用者多是风尘女

▲ 宋刘松年《十八学士图卷》的歌妓发式:头包巾、戴花

▲ 宋苏汉臣《杂技戏孩图》的男杂技演员

子。如柳永《玉楼春》词："凤楼十二神仙宅，珠履三升鹓鹭客。"

(三) 儿童服饰

形制短小的短衫在民间尤为常见，是当时小儿的便衣。

搭罗儿为宋代儿童所戴的一种无顶凉帽，以彩帛制作而成，形如发圈，周密《武林旧事》卷6《小经纪》中有载。珠帽是宋代富贵人家儿童所戴的一种帽子，因以珠子缀成，故名。岳珂《桯史》卷1《南陔脱帽》载："神宗朝，王襄敏（韶）在京师，会元夕张灯，金吾弛夜，家人皆步出将帷观焉。幼子（寀）第十三，方能言，珠帽褾服，凭肩以从。"

▲ 宋佚名《百子嬉春图》中的各色童装

▲ 宋佚名《小庭婴戏图》中的童装

▲ 宋陈宗训《秋庭婴戏图》中的童装

◀（左）宋苏汉臣《开泰图》中的儿童服饰
◀（中）宋佚名《冬日婴戏图》中的儿童服饰
◀（右）宋苏汉臣《秋庭婴戏图》中的儿童服饰

▲ 汉臣《杂技图》中的儿童 ▲ 宋佚名《蕉荫击球图》中的儿童服饰 ▲ 宋苏汉臣《婴戏图》中的儿童服饰 ▲ 宋王居正《纺车图》中的农村儿童发式 ▲ 宋张激《白莲社图》中的儿童发式

（四）少数民族服饰

在西南少数民族地区，则流行婆衫、婆裙（或称莎裙）、仡佬裙、花裙等。周去非《岭外代答》卷6《婆衫婆裙》载："钦州村落土人新妇之饰，以碎杂彩合成细球文，如大方帕，名衫。左右两个缝成袖口，披着以为上服。其长止及腰，婆娑然也，谓之婆衫。……头顶藤笠，装以百花凤，为新妇服之一月。虽出入村落墟市，亦不释之。"朱辅《溪蛮丛笑》载："仡佬裙：裙幅两头缝断，自足而入，阑斑厚重。下一段纯以红范，史所谓独力衣，恐是也。盖裸袒以裙代裤，虽盛服不去。"而周去非《岭外代答》卷2则载海南黎族妇女着"短织花裙"。又卷6载钦州村落新妇穿婆裙，"其裙四围缝制，其长丈余，穿之以足，而系于腰间，以藤束腰，抽其裙令短，聚所抽于腰，则腰特大矣，谓之婆裙"。

南方少数民族则盛行佩服白色的头巾。如周去非《岭外代答》卷7《乐器门·白巾鼓乐》载："南人难得乌纱，率用白纻为巾，道路弥望皆白巾也。北人见之，遽讶曰：'南瘴疾杀人，殆比屋制服者欤？'"又，周煇《清波杂志》卷10《黎洞白巾》载："广南黎洞，非亲丧亦顶白巾，妇人以白巾缠头。"

小花笠是南方少数民族流行的一种斗笠。周去非《岭外代答》

▲ 宋马远《寒江独钓图》中的箬笠

卷 2 载："黎装……首或以绛帛包髻，或带小花笠，或加鸡尾，而皆簪银篦二枝。"蛮笠为西南少数民族所戴的斗笠，其制在周去非《岭外代答》卷 6《蛮笠》中有载："西南蛮笠，以竹为身，而冒以鱼毡，其顶尖圆，高起一尺余，而四周下垂。视他蕃笠，其制似不佳，然最宜乘马。盖顶高则定而不倾，四垂则风不能扬，他蕃笠所不及也。"藤笠以细藤精心编制而成，周去非《岭外代答》卷 6《婆衫婆裙》载："钦州村落土人新妇之饰……头顶藤笠，装以百花凤。"箬笠以箬竹的蒉或叶子编成，用来遮雨和遮阳光。如费衮《梁溪漫志》卷 4《东坡戴笠》载："东坡在儋耳。一日，过黎子云，遇雨，乃从农家借箬笠戴之，著屐而归。"

十、化妆、发式和首饰

（一）化妆

宋代的化妆以妇女为主体，其风俗与唐人的浓妆艳抹相比，更多地倾向于淡雅之美。如宋代文人士大夫讥讽姿容颜色不好的妓女为"鼓子花"，即"米囊花"（一种以浓艳著称的罂粟花）。王元之谪齐安郡，时民物荒凉，营妓有姿容不佳者，元之乃作诗讥讽道："忆昔西都看牡丹，稍无颜色便心阑。而今寂寞山城里，鼓子花开亦喜欢。"又，词人张先老于杭州，其一生多替官妓作词，

▶ 宋苏汉臣《妆靓仕女图》

而不及龙靓，故献诗："天与群材十样葩，独分颜色不堪夸。牡丹芍药人题遍，自分身如鼓子花。"在当时，妇人画眉、油面、涂面、抹粉、穿耳、涂脂、妆靥、斜红、额黄、花钿、点唇等是一种很平常的事。

面部的化妆，在妇女的化妆中具有举足轻重的作用。因为面部是人情感表现的集中所在，最容易引人注目。为了博取男人们的好感，宋代妇女在脸、眉、唇、耳等面部的化妆上动足了脑筋，时有额黄、鸦黄、眉黛、轻煤、茶油、花子油、红粉、口脂、花钿、靥钿等名目。

崇尚眉目美，是中国古代妇女的传统，并被文人士大夫视为女性的代名词。宋代也不例外，妇女们也竞尚眉间之美，她们将自己本身的眉毛剃去，再以石黛等颜料描画成各种样式的眉毛。如朱翌《猗觉寮杂记》卷下载："今妇人削去眉，画以墨，盖古法也。《释名》曰：'黛，代也，灭去眉毛以代其处也。'"故称之为"黛眉"。当然，也有不用青黛点眉法的，名妓莹姐就发明了轻煤点眉的技法，而且还在五代"十眉图"的基础上创造了花样繁多、

▲ 河南白沙一号宋墓壁画（选自宿白《白沙宋墓》）。壁画描绘了穿褙子、头戴尖角大冠的贵妇对镜理红妆的景象

▲ 河南白沙宋墓壁画中的妇女服饰：贵妇头戴尖角大冠，身穿褙子。侍女头戴花冠，画鸳鸯眉

奇巧多变的百眉图，时称"莹姐百眉"。陶穀《清异录》卷下《胶煤变相》载："莹姐，平康妓也。玉净花明，尤善梳掠画眉，日作一样。唐斯立戏之曰：'西蜀有十眉图，妆眉癖若是，可作百眉图。更假以岁年，当率同志为修眉史矣。'"以后，"眉史"一词遂成为妓女的代名词，时有"细宅眷而不喜莹者，谤之为胶煤变相"。宋代妇女还往往在眉间施以鸦黄。鸦黄又称眉黄，是指在眉间施以黄粉。杨大年《真宗游春词》："和风吹去眉间黄。"苏轼《好事近》词："临镜纤手上鸦黄。"从宋代妇女流行的画眉来看，有浓广、细淡之分，这从当时文人的文学作品中可以看出。关于浓广的，如吴渭《春游诗》："今朝出阁去，拂镜浓扫眉。"谢翱《赠汴京娼女词》："云鬟轻梳阔扫眉。"细淡的，则有苏轼："春来赢得小宫腰，淡淡纤眉也嫩描。"她们的眉式大多沿袭前代，如苏轼《眉子石砚歌赠胡闱》诗："成都画手开十眉，横云却月争新奇。"这里所说的"横云""却月""倒晕"三种眉式就都源自唐代。"倒晕眉"盛行于宫中，是一种画成宽阔月形的眉式，在一端由浅入深，逐渐向外晕染，直至黛色消失。这种眉式在宋人所绘的

▶ 江西德安南宋周氏墓出土的菱花形银胭脂碟

▲ 江西德安南宋周氏墓出土的如意纹银粉盒、银勺

《历代帝后像》中表现得十分明显。太平兴国年间，范阳凤池院尼姑静慧，年二十时曾创制了一种新的眉式，浓艳明媚，有别于当时盛行的眉式。人们以其为佛门弟子，故争相仿效，并名为"浅文殊眉"（陶穀《清异录》卷下）。

宋代妇女的嘴唇化妆，则往往以鲜红的唇脂点染成各种形状，式样繁多，流行的有石榴娇、大红春、小红春、万金红等名目。从唇妆的色彩来看，除了胭脂、朱砂本身的色调在化妆时有浓淡之分外，宋代妇女又喜欢用檀色。如秦观《南歌子》词："揉蓝衫子淡黄裙，独倚玉栏无语点檀唇。"

宋代妇女的脸部化妆有额黄、红妆、素妆、佛妆等种。所谓额黄，就是在额部涂抹黄色的颜料。这种妆式最初始自宫中，故又称"宫黄"。如周邦彦《瑞龙吟》词："侵晨浅约宫黄，障风映袖，盈盈笑语。"张先《汉宫春》词："红粉苔墙，透新春消息……额涂黄，何人斗巧。"红妆则是在颊间施以红粉，唇点口脂。这一妆法深受仕女的喜爱，如欧阳修《浣溪沙》词："红粉佳人白玉

▲ 宋佚名《仁宗皇后像》

杯，木兰船稳棹歌催，绿荷风里笑声来。"张先《醉垂鞭》词："双蝶绣罗裙，东池宴，初相见。朱粉不深匀，闲花淡淡春。"晏几道《临江仙》词："靓妆眉沁绿，羞艳粉生红。"薄妆又称淡妆，是在脸部施以淡淡的粉，以显得雅致。如王铚《追和周昉琴阮美人图》诗："髻重发根急，薄妆无意添。"素妆就是在脸部涂以白色的铅粉或米粉。这种妆法在当时颇为少见，被时人视为服妖。泪妆以白粉抹颊或点染眼角，因其状如啼哭，故名。如《宋史·五行志三》载：理宗时，宫妃"粉点眼角，名泪妆"。檀晕妆也是一种素雅的妆式，其法是：先以浅赭铅粉打底，然后施以檀粉，面颊中部微红，并逐渐向四周晕染。苏轼《次韵杨公济奉议梅花》诗有"蛟绡剪碎玉簪轻，檀晕妆成雪月明"之句（《苏轼诗集》卷33）。陆游《和谭德称送牡丹》诗："洛阳春色擅中州，檀晕鞓红总胜流。"（《剑南诗稿》卷3）慵来妆，简称"慵妆"。这种妆式始自汉武帝时，至宋犹存。其妆式是：薄傅红粉，浅画双眉，鬓发蓬松而卷曲，给人以慵困、倦怠之感。梅妆是指妇女在眉额上点画或粘贴梅花形花钿，又称梅额、落梅妆、梅妆额、花额、额妆、寿阳妆等。吴文英《玉楼春·京市舞女》词："茸茸狸帽遮梅额，金蝉罗翦胡衫窄。"吴则礼《满庭芳·立春》词："钗头燕，妆台弄粉，梅额故相夸。"佛妆流行于燕地。庄绰《鸡肋编》卷上载："冬月以括蒌涂

▲ 南宋景德镇窑青白釉印花粉盒

面，谓之佛妆，但加傅而不洗，至春暖方涤去，久不为风日所侵，故洁白如玉也。其异于南方如此。”

对手部的化妆，宋代妇女也颇为讲究，往往不惜时间修饰指甲，以增加女性的魅力。当时风俗以凤仙花染甲，称为“金凤染指”。周密《癸辛杂识》续集上《金凤染甲》详细地记载了这种方法：“凤仙花，红者用叶捣碎，入明矾少许在内，先洗净指甲，然后以此敷甲上，用片帛缠定过夜。初染色淡，连染三五次，其色若胭脂，洗涤不去，可经旬，直至退甲，方渐去之。或云此守宫之法，非也（今老妇七八旬者亦染甲）。今回回妇人多喜此，或以染手并猫狗为戏。”

值得注意的是，在宋代的南部边疆，一些少数民族妇女还有绣面的习俗。所谓绣面，就是用针在脸部扎刺出花纹，上面填以颜色，使其经久不变。周去非《岭外代答》卷2《海外黎蛮》载：“猺人执黎弓，垂剪筒。……其妇人高髻绣面，耳带铜环，垂坠至肩。”又，同书卷10《绣面》载：“海南黎女以绣面为饰，盖黎女多美，昔尝为外人所窃，黎女有节者，涅面以砺俗，至今慕而效之。其绣面也，犹中州之笄也。女年及笄，置酒会亲旧女伴，自施针笔，为极细花卉飞蛾之形，绚之以遍地淡粟纹。有晰白而绣文翠青，花纹晓了，工致极佳者。唯其婢不绣。”

（二）发式

宋代妇女的发式，大体上沿袭唐代，通称有髻、鬟两种。不过她们对发式的装潢上要比唐代进步，非常讲究。其时妇女的发式甚多，有云髻、芭蕉髻、龙蕊髻、大盘髻、小盘髻、堕马髻、高髻、假髻、特髻等称。在这些名目繁多的式样中，有的沿袭前代，有的则是宋代妇女的创造。从时代来看，北宋初年流行的发髻有前代流传下来的堕马髻、盘鸦髻、闹扫髻等及宋人自创的云髻、芭蕉髻、龙蕊髻、大盘髻、小盘髻等。高髻早在汉代就已经大行于世，至宋仍然沿袭不衰，时有朝天髻、同心髻、流苏髻等发型。

朝天髻在北宋极为盛行，尊卑皆用。其编制方法是：将发梳至额顶分为两束，挽成两个圆柱，由后朝前反搭，伸向前额。为使发髻朝上高高耸立，宋人还另在髻下衬以首饰。《宋史·五行志三》载："建隆初，蜀孟昶末年，妇女竞治发为高髻，号朝天髻。"又，周密《齐东野语》卷13《优语》载："宣和中，童贯用兵燕蓟，败而窜。一日内宴，教坊进伎为三四婢，首饰皆不

▲ 宋苏汉臣《对镜仕女图》

同。其一当额为髻，曰蔡太师家人也；其二曰偏坠，曰郑太宰家人也；又一人满头为髻如小儿，曰童大王家人也。问其故，蔡氏曰：'太师觐清光，此名朝天髻。'郑氏者曰：'吾太宰奉祠就第，此懒梳髻。'至童氏者曰：'大王方用兵，此三十六髻也。'"梳挽朝天髻的妇女形象，在山西太原晋祠圣母殿北宋彩塑像中有生动的

▲ 宋佚名《女孝经图卷》中梳盘福髻、发插白角梳的妇女　▲ 宋佚名《女孝经图卷》中梳垂螺髻的妇女　▲ 宋佚名《女孝经图卷》中梳双垂髻的宫女　▲ 宋刘松年《博古图》中梳小盘髻的高级女佣

反映。

懒梳髻亦称懒梳头、懒梳妆。始自北宋末年，这从上述周密《齐东野语》卷13《优语》所载中可以看出。其发髻通常以假发制成，因其使用时无须梳掠，只要套在头上即可，故名。流行于青年妇女。其髻式是：梳发于顶，分成数绺，盘挽成髻。

罗髻多行于民间妇女，其髻式是由发盘辫而成。晁补之《下水船·廖明略妓田氏》词："困倚妆台，盈盈正解罗髻。"

流苏髻集发于顶，编挽为髻，髻根用带系扎，带梢下垂于肩。其发式见于宋人绘画作品《半闲秋兴图》。

同心髻在宋代尊卑皆用，大行于世。江西景德镇宋墓就曾出土过这种同心髻瓷俑。但在鄂西地区，这种同心髻只限于未婚女性使用。陆游《入蜀记》第六载该地未婚女子头上"率为同心髻，高二尺，插银钗至六只，后插大象牙梳如手大"。

危髻也是一种高耸的发髻。孟元老《东京梦华录》卷2《饮食果子》："更有街坊妇人，腰系青花布手巾，绾危髻，为酒客换汤

▲ 宋佚名《维摩居士　▲ 宋佚名《倚松赏月图》　▲ 宋刘宗古《瑶台步月图》　▲ 宋刘宗古《瑶台步月
图》中的贵妇头饰　　中的妇女头饰　　　　中的元宝冠　　　　　图》中的芭蕉髻

斟酒。"

鸾髻同样是一种高髻，因其形似鸾鸟而得名；也有的盘发为髻，发上插鸾形首饰者。《宣和遗事》："（李师师）弯眉鸾髻垂云碧，眼入明眸秋水溢。"这种发髻在宋人绘画作品中也有表现，如《八十七神仙》图中就有一位梳鸾髻的仕女的形象。

螺髻因髻式如螺壳而得名，自唐以来一直为成年妇女所采用，宋代亦然。周煇《清波杂志》卷9《下水船词》："（田氏）困倚妆台，盈盈正解螺髻，凤钗坠……"

堕马髻是宋代最为通行的一种发式，自汉代流传以来一直盛行不衰。张先《中吕调·菊花新》词："堕髻慵妆来日暮，家在柳桥堤下住。"

内家髻，首出于宫中，后民间竞相仿效。张先《醉落魄》词："云轻柳弱，内家髻子新梳掠，生香真色人难学。"

云髻也是北宋初年最为常见的髻式，金盈之《醉翁谈录》有"云髻慵邀阿母梳"的诗句。

▲ 宋王诜《绣枕晓镜图》中的侍女服饰：右者头上为双蟠髻，髻上加珠饰；左为双螺髻

▲ 宋佚名《女孝经图》中头梳双螺髻、身着袍、腰束革带、围有腰上黄的宫女

▲ 宋刘宗古《瑶台步月图》中梳芭蕉髻的侍女

▲ 宋画中少女的双鬟髻

芭蕉髻形如椭圆，髻四周环以绿翠，艳如芭蕉，娇而多姿。

仙人髻为宋代歌妓舞女流行的一种发式。孟元老《东京梦华录》卷9《宰执亲王宗室百官入内上寿》载："第七盏御酒，慢曲子，宰臣酒……勾女童队入场，女童皆选两军妙龄容艳过人者四百余人，或戴花冠，或仙人髻，鸦霞之服，或卷曲花脚幞头，四契红黄生色销金锦绣之衣，结束不常，莫不一时新妆。"

一窝丝多行于已婚及老年妇女。其发式是将头发聚集在后面，盘成一个圆髻，上面再插簪、钗等首饰。《清平山堂话本·简帖和尚》："回转头来看时，恰是一个婆婆，生得：眉分两道雪，髻挽一窝丝。"

杭州缵盛行于南宋都城临安，该发髻由一窝丝发式演变而来，直接将头发聚集在后面，盘成一个圆髻，给人以一种鬓发蓬松、妩媚多情之感。为防止发髻散乱滑落，还用一种特制的网罩罩住。明代小说《金瓶梅词话》第五十九回对此有详细而生动的描述："郑

▼（左）宋刘松年《天女献花图》中头发饰满珠饰的少女
◀ 宋苏汉臣《妆靓仕女图》中对镜梳妆打扮的贵妇
▼（中）山西太原晋祠中包髻的宋代妇女塑像
▼（右）山西太原晋祠梳朝天髻的宋代妇女塑像

爱月儿出来，不戴鬏髻，头上挽着一窝丝杭州攒，梳的黑鬒鬒、光油油的乌云，云鬓堆鸦，犹若轻烟密雾。都用飞金巧贴，带着翠梅花钿儿，周围金累丝簪儿，齐插后鬓。"

双髻是指在梳结时，由头顶正中分发，将头发分成左右两股，先在头顶两侧各扎一结，然后将余发弯成环状，并将发梢编入耳后发内。这种发髻以少女最为常见，如洪迈《夷坚支志丁》卷2《小陈留旅舍女》载："黄寅，字清之，建安人。政和二年试京师，未到六十里，抵小陈留旅舍寓宿。夜将二鼓，观书且读，闻人扣户声，其音娇婉，出视之，乃双髻女子。"

凤髻又称凤凰髻，为一种高髻，其式如凤鸟之状，高高翘起。欧阳修《南歌子》词："凤髻金泥带，龙纹玉掌梳。"

大盘髻又名抛髻，共五围紧紧扎实，上面插以金钗，并用丝网固定，贵族豪富之家妇女多尚之（以上诸名并见《徐氏笔精》卷3）。小盘髻为三围，不用网固。此髻的形象在《妃子浴儿图》中可见。

北宋崇宁、大观年间，又创有一种名叫"盘福龙"的发髻。据徐大焯《烬余录》乙编所载，盘福龙髻又名便眠觉，"发髻大而扁"。其形象可见于《孝经图》。

丫髻为妇女的一种发髻，集发为上，编为小髻，直竖于头顶，因其形似树枝之叉，故名。陆游《浣花女》诗："江头女儿双髻丫，常随阿母供桑麻。"（《剑南诗稿》卷8）

鸦鬟在宋代又称为丫鬟，多行于民间未婚的青年女子。其发式是：梳挽时将头发分成两缕，编成环结，左右各一个，或贴于双鬓，或垂于两肩。

蝉鬓，简称"蝉"。始于三国初年，相传为魏文帝宫人莫琼树所创，至宋犹存。其发式是：以膏沐掠鬓，使其色黑光润，并将鬓发整理成薄如蝉翼之状，故亦称蝉翼鬓。洪迈《踏莎行》词："钗凤斜敧，鬓蝉不整。"（《绝妙好词笺》卷1）

▲ 宋佚名仿周昉《戏婴图》(局部)

　　雾鬓因其发式蓬松稀疏，轻如云雾，故名。其制作方式是：以膏沐掠鬓，将鬓发整理成薄片之状。苏轼《题毛女真》诗有"雾鬓风鬟木叶衣，山川良是昔人非"之句（《苏轼诗集》卷37）。

　　大鬓、云尖巧额、方额等，都是宋代妇女的鬓发妆饰之一。袁裹《枫窗小牍》卷上载："汴京闺阁，妆抹凡数变。崇宁间，少尝记忆，作大鬓方额；政宣之际，又尚急把垂肩。宣和以后，多梳云尖巧额，鬓撑金凤。小家至为剪纸衬发。"其制作方法是：在梳掠时要将鬓发和周围的头发连成一片，使双鬓部位呈现出宽阔状。方额也流行于崇宁年间，其发式是将额发修剪成一字形，横列于眉上，因其额角之发平齐方正，故名。宋人所绘《瑶台步月图》中有其发式。云尖巧额是将额发盘成朵云之状，横列于眉上；云朵之数多少不等，两鬓以钗钿固定。此发式在南宋李嵩《听阮

图》中可见。

　　此外，见于宋代文献及绘画等资料的尚有龙心髻、双蟠髻、双螺髻、双鬟髻、三鬟髻、包髻、宝髻等。

　　以高为美的发式风俗，直至南宋末年犹存。如理宗时，宫妃梳高髻于顶，束以彩缯，曰"不走落"（《铁围山丛谈》卷1；《宋史·五行志三》）。这种发式是宫中妇女发明的，属高髻之一。

　　值得注意的是，供妇人装饰用的假发也因省时、美观在宋代大行于世，其发式和名称甚多，如义髻、赝髻、特髻、云鬟凤髻、云鬟髻等。特髻、义髻等在宋代都是假髻的代称。这些名目繁多的假髻，其使用者当以妓女居多。如云鬟髻、云鬟凤髻就是宋代宫廷歌舞妓所戴的一种假髻。《宋史·乐志十七》载："女弟子凡一百五十三人……六曰采莲队，衣红罗生色绰子，系晕裙，戴云鬟髻，乘彩船，执莲花。七曰凤迎乐队，衣红仙砌衣，戴云鬟凤髻。"当然，假髻在其他妇女阶层中也有使用。如程大昌《演繁露》卷12载：侍郎秦埙言其姐姐出嫁时，"德寿使人押赐冠帔，亦止是珠子、鬖花特髻，无有所谓冠也"。

　　受社会风气的影响，北宋初年的妇女竟用一种非常高大的假

髻，甚至有的假髻高至五寸以上。庞元英《文昌杂录》引徐度龙《靓行词》："朱楼逢靓女，假髻鬟……红颜黛眉，高髻接格妆楼外。"当时宫中也受到影响，内官中便有顶"龙儿特髻"的。蔡絛《铁围山丛谈》卷1载："御侍顶龙儿特髻，衣襜。"一些商人也紧紧抓住时机，在东京城内出售"特髻"。但始行不久便遭到统治者的禁止，端拱二年（989），太宗下诏："自今高不得过二寸五分，妇人假髻并宜禁断，仍不得作高髻及高冠。"（《宋史·舆服志五》）

令人难以置信的是，宋代的僧侣也有使用假髻的现象。他们所戴的假髻，时人称为赝髻。如南宋叶梦得《避暑录话》卷下载："和尚置梳篦，亦俚语，言必无用也。崇宁中……（僧）皆为赝髻以簪其冠。公戏之曰：'今当遂梳篦乎？'不觉哄堂大笑，冠有坠地者。"

宋代儿童的发式比较简单，时有勃角、髽鬓、总髻等几种。勃角又称婆焦、博焦、跋蕉。《宋史·五行志三》载："理宗朝……剃削童发，必留大钱许于顶左，名偏顶；或留之顶前，束以彩缯，宛若博焦之状，或曰鹁角。"从文献记载中我们可以看出，这种发式是留前发及两面侧发，其余全部剃去，且前发下垂至额，两侧之发绾结成辫，下搭于肩。髽鬓为幼儿发式。按古代风俗，幼儿出生

▲ 宋王居正《纺车图》中包头巾的老年村妇

▲ 宋王居正《纺车图》中的村妇发式

满三个月时，要举行剃发之礼。届时剃除环发，仅留少量头发于顶，名鬌鬌。宋人苏汉臣《秋庭戏婴图》中便绘有这种发式。总髻是将头发集中到顶部，编为小髻，左右各一，形似双角。如朱熹《训学斋规》："男子有三紧，谓头紧、腰紧、脚紧。头谓头巾，未冠者总髻。"

（三）首饰

宋代的首饰，从制作用料来说，则有金、银、翡翠、玉石、骨及竹、木等。

金、银和翡翠首饰在宋代仅限于贵族命妇使用。如景祐三年诏："凡命妇许以金为首饰……非命妇之家得以真珠装缀为首饰。"（《宋史·舆服志二》）又《宋史·舆服志五》载："其销金、泥金、真珠、装缀衣服，除命妇外，余人并禁。""绍兴五年，高宗谓辅臣曰：'金翠为妇人服饰，不惟靡货害物，而侈靡之习，实关风化，已戒中外，及下令不许入宫门；今无一人犯者，尚恐士民之家，

▲（左）湖南临湘陆城南宋墓出土的金帘梳
▲（中）浙江庆元南宋胡纮妻吴氏墓出土的金帔坠
▲（右）湖北黄石河口镇凤凰山南宋吕氏墓出土的镂空双鱼纹金帔坠。鲤鱼为宋代婚俗的吉祥物

▲ 宋人绘《徽宗皇后像》

▲ 宋人绘《钦宗皇后像》

未能尽革，宜申严禁。仍定销金及采捕金翠罪常格"。由于宋代统治者禁止民间使用金、银、翡翠首饰，因此琉璃首饰在民间大行其道。《宋史·五行志三》载：绍兴元年（1131），都城临安的民妇以琉璃为首饰。咸淳五年（1269），又以碾玉为首饰。时人有诗："京师禁珠翠，天下都琉璃。"

普通的玉制首饰允许平民使用，但其使用者也以贵妇和富家女子居多。其品种有玉簪、玉钗、玉钏、玉珥、玉步摇等。玉簪在宋代见于记载的玉龙簪，李廌《师友谈记·孙敬之言禁中礼数》："今年上元，吕丞相夫人禁中侍宴……御宴惟五人，上居中，宝慈在东，长乐在西，皆南向，太妃暨中宫皆西向。宝慈暨长乐皆白角团冠，前后惟白玉龙簪而已，衣黄背子衣，无华彩。太妃暨中宫皆镂金云月冠，前后亦白玉龙簪，而饰以北珠。珠甚

大，衣红背子，皆用珠为饰。中宫虽预坐，而妇礼甚谨。"玉钗中著名的有玉燕钗，宋徽宗《题芭蕉仕女图》诗："罗袜生香踏软纱，钗横玉燕鬓松鸦。"玉钏，徐仲山《眼儿媚词》有"玉钏挂步摇"之句。玉步摇的形制沿袭前代，宋人多贯以珍珠，玉钏下垂。妇女们戴上后，莲步轻摇，更显得婀娜多姿。

水晶首饰同样为富家大族妇女所拥有。如周密《癸辛杂识》后集《济王致祸》载："济王夫人吴氏，恭圣太后之侄孙也，性极妒忌。王有宠妃数人，殊不能容，每入禁中，必察之杨后，具言王之短，无所不至。一日内宴后，以水精双莲花一枝，命王亲为夫人簪之，且戒其夫妇和睦。"

竹、木制的首饰有木钗、竹钗等。《朱子家礼》："斩衰，妇人用……竹钗。"

从装饰的部位来看，可以分为发饰、颈饰、面饰、耳饰、手饰等，其品种主要有簪、钗、梳、篦等。

头部饰物有发簪、发钗及布带等。钗是发饰中最为常见的一种首饰，如《京本通俗小说·西山一窟鬼》："金莲着弓弓扣绣鞋儿，螺髻插短短紫金

▲ 江西德安出土的南宋丫形双股金发钗

▲ 四川彭山正华村北宋石墓出土金耳饰

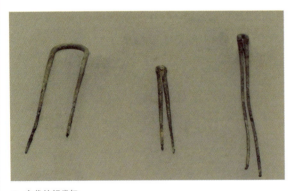

▲ 宋代的银发钗

钗子。"钗以凤凰形的最为常见，时人所称的凤钗、钗头凤、钗上凤、凤头钗等都属于这一类。如欧阳修《应天长》词："一弯初月临鸾镜，云鬟凤钗慵不整。"此外，又有燕钗、鸾钗等。燕钗在宋代又称为"钗头燕""钗上燕"，是一种比较轻巧的首饰，妇女戴上后显得轻盈欲飞，媚态倍增，因此颇受妇女们的青睐。叶廷珪《海录碎事》卷5《钗珥门》："多羞钗上燕，真愧镜中鸾。"翠钗以翠绿色宝石或翠鸟羽毛装饰而成。贺铸《绿头鸭》词："翠钗分银笺封泪，舞鞋从此生尘。"鸾钗因形似鸾鸟而得名，胡仔《水龙吟·以李长吉美人梳头歌填》词："兰膏匀渍，冷光欲溜，鸾钗易坠。"

胜由金片、玉片、宝石等材料雕琢而成。时有金胜、银胜、玉胜、宝胜、罗胜、织胜、人胜等品种。宝胜，顾名思义就是由宝石雕制而成。吴则礼《满庭芳·立春》词："又喜椒觞到手，宝胜里，仍剪金花。"玉胜则由玉石制成，《岁时广记》载立春之俗曰："彩鸡缕燕，珠幡玉胜，并归钗鬓。"银胜、罗胜分别由银和罗制成。《宋史·礼志十八》:"(诸王纳妃)定礼,羊、酒、彩各加十……果盘、花粉、花幂、眠羊卧鹿花饼、银胜、小色金银钱等物。纳财,用金器百两、彩千匹、钱五十万,锦绮、绫、罗、绢各三百匹……花粉、花幂、果盘、银胜、罗胜等物。"

篦,陶穀《清异录》卷下《眉匠》说:"篦,诚琐物也,然丈夫整鬓、妇人作眉,舍此无以代之。余名之曰鬓师眉匠。"在宋代,篦是人们束发的必备之物。米芾《画史》载:"士子国初皆顶鹿皮冠,弁遗制也。更无头巾、掠子,必带篦,所以裹帽则必用篦子约发。……其后方有丝绢作掠子,掠起发顶帽,出入不敢使尊者见。既归,于门背取下掠子,篦约发讫,乃敢入,恐尊者令免帽见之为大不谨也。"周去非《岭外代答》卷 2 载海南黎族妇女:"黎装椎髻徒跣裸袒,而腰缭吉贝,首珥银钗,或铜或锡,首或以绛帛彩帛包髻,或带小花笠,或加鸡尾,而皆簪银篦二枝。"

在当时,妇女们还使用一种兼带挖耳杓的发簪。这种发簪名叫一丈青,又俗称为"耳挖子",其形状是:一头尖锐,另一头凿有一个小杓,供人挖耳用。1974 年浙江衢州一宋墓中有实物出土。

梳在宋代也往往用作妇女首饰。如陆游《入蜀记》卷 6 载:蜀地妇女未嫁者率戴二尺高的同心髻,插银钗多至六只,后插大象牙梳,如手大。蓬沓是一种大型的银制梳子,宋代妇女喜欢插在发际以为装饰。苏轼《於潜令刁同年野翁亭》诗:"山人醉后铁冠落,溪女笑时银栉低。"并自注云:"於潜女皆插大银栉,长尺许,谓之蓬沓。"(《苏轼诗集》卷 9)这种首饰的实物,在江西彭泽宋代易氏墓中有出土。该蓬沓的背脊作半圆形,长 11 厘米,器身镂刻有双狮戏球及缠枝花纹,并刻有"江州打造""周小四记"等铭文。

▲ 江西彭泽北宋易氏墓
出土的半月形卷草狮
子纹银梳

▲ 江西德安南宋周氏墓出土的梳子

宋代的冠梳颇具特色。所谓冠梳，就是用漆纱、金银及珠玉等制成各种两鬓垂肩的高冠，并在冠上插以数把长长的白角长梳。由于梳子较为长大，左右两边又要插很多，故人在上轿进门时，只能侧首而入，相当不便。但由于其形状较为华贵典雅，故深受女性的欢迎，并迅速从宫中传到民间，蔚为风尚。周煇《清波杂志》卷8《垂肩冠》便记载了它的变化过程："先是，宫中尚白角冠，人争效之，号'内样冠'，名曰'垂肩''等肩'，至有长三尺者，登车檐皆侧首而入，梳长亦逾尺。议者以为服妖。"为此，在皇祐元年（1049）十月，仁宗下诏予以禁止："诏禁中外不得以角为冠梳，冠广不得过一尺，长不得过四寸；梳长不得过四寸。"但在仁宗死后，这种冠梳习俗愈演愈烈，奢侈之风盛行，"冠不特白角，又易以鱼枕；梳不特白角，又易以象牙、玳瑁矣"（王栐《燕翼诒谋录》卷4）。直至宋亡，其风才渐趋消失。

宋代冠梳的形状，在敦煌壁画中有比较生动而具体的反映：一般在冠的两侧，垂以舌状的饰物，以掩住双耳及鬓发，其长度

▶ 宋李嵩《市担婴戏图》

大多及颈，也有下垂至肩的。冠的顶部又缀有金饰的朱雀，四周还插以数支簪、钗。梳子的安插部位，通常在额间，多则六把，少者四把；插时上下结合，左右对称。

　　灯球等物也是宋代妇女头上比较常见的饰品。它是用珍珠或料珠串在铁丝或竹篾上的一种首饰。从陈元靓《事林广记》所载来看，这种风尚在都城仕女中颇为流行，南宋李嵩《市担婴戏图》中就绘有戴灯球的妇女形象。

　　布带在少数民族地区也被用作头部饰物。朱辅《溪蛮丛笑》载："不阑带：蛮女以织带束发，状如经带。不阑者，斑也，盖反切语。俚俗谓团为突栾，孔为窟窿，亦此意也。"

　　需要说明的是，宋人还根据不同的季节使用不同的首饰。陆游《老学庵笔记》卷2就载："靖康初，京师织帛及妇人首饰衣服，皆备四时。如节物则春幡、灯球、竞渡、艾虎、云月之类。"如在立春，妇女们就流行佩戴玉燕，以示迎春之意。另据周密《武林旧事》卷2《立春》载："是日赐百官春幡胜……及分赐贵邸宰臣巨珰，翠缕红丝，金鸡玉燕，备极精巧，每盘直万钱。"此外，皇帝还赐文武大臣像生花。于是从宰相以下官员，都将皇帝赐的金银幡胜悬于幞头上，浩浩荡荡地行走在街上（王巩《闻见近录》;《梦粱录》卷1《立春》）。而孟春之月，京城中则盛行"闹妆"，儿女

宋刘松年《宫女图》（局部）

多用金银丝或金银箔制成花或蛱蝶、草虫之类形状的首饰，戴在头上作为装饰，称为"闹蛾"，又称"闹鹅""闹嚷嚷"，"即古所谓闹装也"（清沈自南《艺林汇考·服饰篇》辑宋人余氏《辨林》）。杨无咎《人月圆》词："闹蛾斜插，轻衫乍试，闲趁尖耍。百年三万六千夜，愿长如今夜。"玉梅（雪梅）、闹蛾、花蝶、雪柳、灯球等首饰，都是妇女们在元宵节时头上所戴的首饰。《宣和遗事·亨集》载："京师民有似云浪，尽头上戴着玉梅、雪柳、闹蛾儿，直到鳌山上看灯。"《东京梦华录》卷6《十六日》："市人卖玉梅、夜蛾、蜂儿、雪柳、菩提叶、科头圆子。"《武林旧事》卷2《元夕》载："元夕节物，妇人皆戴珠翠、闹蛾、玉梅、雪柳、菩提叶、灯球。"花蝶是以罗绢或纸制成的蝴蝶形首饰，插在鬓发上，妇女行走起来摇颤不停，媚态顿生。玉梅亦称雪梅，以白绢或白纸制作而成，因状如梅花得名。雪柳也由罗绢或金银箔剪制而成，因其形似柳叶状而得名。菩提叶一般由绢制成，因其状如菩提树叶得名。灯球以珍珠或料珠制成，因其形似灯笼得名。金盈之《醉翁谈录》卷3《京城风俗记》载："（正月）妇人又为灯球、灯笼，大如枣栗，加珠翠之饰，合城妇女竞戴之。又插雪梅，凡雪梅皆绘楮为之。"

又，陈元靓《岁时广记》卷 11 载："（上元）都城仕女有插戴灯球灯笼，大如枣栗，如珠茸之类。"李嵩《市担婴戏图》中有其形象。钗头符为端午日妇女所戴的饰物。这种发饰以五彩缯帛剪成，其日将其插戴在发髻上以辟不祥。刘克庄《贺新郎·端午》词："儿女纷纷夸结束，新样钗符艾虎。"

面部装饰物有花钿、靥钿等种。花钿又称花子，是一种由金银制作成花卉状的首饰，有的甚至还在上面镶嵌珠宝。常插于发际以为装饰，宫花就是其中之一。所谓宫花，一是指宫廷妇女佩戴的花钿头饰。如张先《减字木兰花·赠妓》词："文鸳绣履，去似风流尘不起。舞彻《梁州》，头上宫花颤未休。"另外，宋代会考中试的士人在皇帝赐宴时也往往在巾帽两侧簪以宫花，河南偃师宋墓画像砖中就出土有这种佩戴宫花的形象。李宗谔《绝句》描述道："戴了宫花赋了诗，不容重见赭黄衣。"而靥钿则是在靥颊部位用丹青或胭脂施以黑点或绿点。宋人张邦基在所著《墨庄漫录》卷 8 中说："钿，金花也，是以金银制成花形以作鬓饰。"鬓边花是插在双鬓上的花饰。杨皇后《宫词》："一朵榴花插鬓鸦，君王长得笑时夸。"翠钿是一种以翠鸟羽毛剪制成的面饰品，常黏在额

▲ 河南偃师出土的宋画像砖（拓片）

头眉间。王珪《宫词》："翠钿贴靥轻如笑，玉凤雕钗袅欲飞。"辟寒钿以辟寒金制成。《李师师外传》："宣和二年，帝……即日赐师师辟寒金钿、映月珠环、舞鸾青镜、金虬香鼎。"钿窠是以金银珠宝制成的一种名贵首饰，在宋代往往装饰在冠带、衣履之上。《宋史·舆服志三》载："（天子之服）红蔽膝，升龙二，并织成，间以云朵，饰以金钑花钿窠，装以真珠、琥珀、杂宝玉。"梅钿是一种梅花形的妇女面饰饰物。李彭老《生查子》词："深院落梅钿，寒峭收灯后。"

▲ 浙江东阳南宋厉简墓出土的蟠螭纹　　▲ 江西德安出土的南宋二郎款变形如意银粉盒
　　葵花铜镜

▲ 南宋银丝盒（选自王宣艳主编《中兴纪胜》）　　▲ 浙江湖州三天门南宋墓出土的银盖罐

宋代妇女流行花饼作面饰。这种花饼以金箔等材料制成，表面镂画有各种图案。《宋史·礼志十八》载："诸王纳妃，（定礼）……锦绣绫罗三百匹，果盘、花粉、花幂、眠羊卧鹿花饼、银胜、小色金银钱等物。"此外，北宋淳化三年（992），京师里巷妇人，竞剪黑光纸团靥，又装缕鱼腮中骨，号"鱼媚子"，以此饰面。皆花子之类（《宋史·五行志三》；顾起元《说略》卷21）。

耳部饰物主要有耳坠、耳环等饰物。宋代妇女穿耳戴环之风极为盛行，如《湖海新闻夷坚续志·前集》卷1《假女取财》载："宝庆己未，赵制干雇一厨娘，乃男子王千一也。盖幼时父将男子形躯假妆女子，与之穿耳缠足，搽画一如女子，习学女工饮食。"这种耳环在宋墓中曾有出土，如江西彭泽宋墓就曾出土过金耳环。该耳环是由一根粗细不等的金丝打制而成的，整件器物呈"S"型。一端为尖锐状，另一端被锤成薄片状，在这块金薄片上，还浮雕出花卉图案。江苏无锡宋墓也出土有一对非常典型的金耳环，它由两爿金片相合而成，金片上压印着十分繁缛的纹饰：中间为两个对称的瓜果，瓜果上下均以枝叶蔓藤缠绕，用以穿耳的金丝也制作成枝杆状，与金片上的纹饰浑然一体，充分反映出设计者的工心匠思。除内地外，这种穿耳环的风尚还在一些少数民族地区流行，朱辅《溪蛮丛笑》

▶ 宋代凤鸟形金耳环

载："筒环：仡佬妻女年十五六，敲去右边上一齿，以竹围五寸长
三寸裹锡，穿之两耳，名筒环。"又，范成大《桂海虞衡志·志
蛮》载："黎……蛮皆椎髻跣足，插银铜锡钗，妇人加铜环，耳坠
垂肩。"

　　宋代的手部饰物有手钏等物，如缠臂金、约臂条脱、腕钏、
腕环、指环等。缠臂金，为一种金制的妇女臂饰。苏轼《寒具》
诗："夜来春睡浓于酒，压褊佳人缠臂金。"（《苏轼诗集》卷32）
又称金缠，《夷坚支志戊》卷6《天台士子》载："同时有巨室一处女，
其家既没，独坐于浴斛，泛泛垂死，逢鱼艇过其旁，呼之曰：'我
是某坊某家女，能活我，当以臂间两金缠谢汝。'"约臂是套在手
臂上的镯钏，邹登龙《梅花》诗："约臂金寒拓绮疏，搔头玉重压
香酥。"条脱也是妇女套于手臂上的一种环饰，用黄金制成。这种
饰物的形象在河南偃师酒流沟宋墓出土的画像砖中有生动的反映。
腕钏是妇女戴在手腕部的钏。其形象在河南偃师酒流沟宋墓出土
的厨娘画像砖中有生动的反映。手镯即过去的腕环，宋人简称为
"镯"或"镯子"。其形象在宋人绘画作品中多有表现，如李嵩《货

郎图》中就有戴手镯的村姑形象。

十一、缠足风尚

缠足又称束足、裹脚等，是中国封建社会特有的一种妇女妆饰陋习。它用一块狭长的布条将脚踝紧紧扎缚起来，从而使脚形变得纤小屈曲，以符合当时人的审美情趣。

▲ 浙江衢州南宋史绳祖墓出土的"罗双双"铭银鞋

缠足起源于何时，学术界歧说纷异，但缠足在宋代已经流行当无疑义。南宋张邦基《墨庄漫录》卷8便载："妇人之缠足，起于近世，前世书传皆无所自。《南史》：齐东昏侯为潘贵妃凿金为莲花以帖地，令妃行其上，曰：'此步步生莲花。'然亦不言其弓小也。如《古乐府》《玉台新咏》，皆六朝词人纤艳之言，类多体状美人容色之姝丽。又言妆饰之华，眉、目、唇、口、腰肢、手指之类，无一言称缠足者。如唐之杜牧、李白、李商隐之徒，作诗多言闺帏之事，亦无及之者。惟韩偓《香奁集》有《咏屟子》诗云：'六寸肤围光致致。'唐尺短，以今校之，亦自小也，而不言其弓。"

从时间来看，宋代的缠足之风，有一个逐步发展的过程。大致来说，缠足之风在北宋时已有一定程度的发展，这从当时文人的文学作品中可以看出。如苏轼曾作《菩萨蛮·咏足》词："涂香莫惜莲承步，长愁罗袜凌波去。只见舞回风，都无行处踪。　　偷

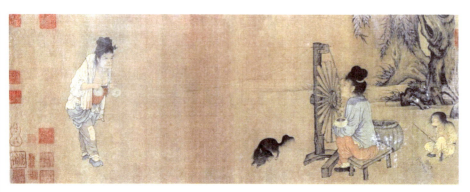

▲ 宋王居正《纺车图》，从此图看，下层劳动妇女都是大脚

穿宫样稳，并立双趺困。纤妙说应难，须从掌上看。"然而，这种缠足现象，从其流行的地区来说，也多见于城市中；从社会阶层来说，仅局限于贵族妇女和妓女，下层劳动妇女缠足的现象颇为罕见。如传为王居正所绘的《纺车图》中的两名妇女，就都穿平底大鞋。宋室南渡以后，缠足之风更盛。沈自南《艺林汇考·服饰篇》卷8《履舄上》载："南渡后，妓女窄袜弓鞋如良人，故当时有'苏州头，杭州脚'之谚。"又《宋史·五行志三》载："理宗朝，宫妃……束足纤直，名快上马。"

▲ 江西德安南宋周氏墓出土的弓鞋

由于缠足的关系，宋代女子流行穿小头鞋履。弓鞋（或称弓样鞋、小头鞋）就是当时缠足妇女所穿的一种小头鞋子，时人多有描述，如侯君素《旌异记》："湖州南门外一妇人，颜色洁白，着皂

弓鞋，踽踽独行。"辛弃疾《菩萨蛮》词："淡黄弓样鞋儿小，腰肢只怕风吹倒。"因其鞋子实在太小，时人又冠之以"金莲"的美称。如李元膺《十忆诗·忆行》："屏帐腰支出洞房，花枝窣地领巾长。裙边遮定鸳鸯小，只有金莲步步香。"又因其多由罗绮绣成，故又名"绣罗弓"。翁元龙《江城子》词："玉腐翠

▲ 宋徽宗摹张萱《捣练图》中脚穿弓鞋的女性

钿无半点，空湿湿，绣罗弓。"这种以罗绮为面料的彩绣弓鞋在考古中也有实物出土，如福建福州南宋黄昇墓出土六双，其中一双穿在墓主人的脚上，另五双置于包袱内，大小形制都相同，均作翘头式，尖头外缝缀以一簇丝带，挽成蝴蝶结状；后跟系以丝带，用以结；鞋面为花罗，底用麻布，长 13.3—14 厘米，宽 4.5—4.8 厘米，高 4.5—4.8 厘米。

对于缠足陋习，宋人车若水早就提出了反对意见，他在《脚气集》中说："妇人缠足，不知起于何时，小儿未四五岁，无罪无辜，而使之受无限之苦。缠得小束，不知何用？"这是有史记载以来反对缠足的最早呼声。在数百年前，车若水能有此认识，真是难能可贵。

食

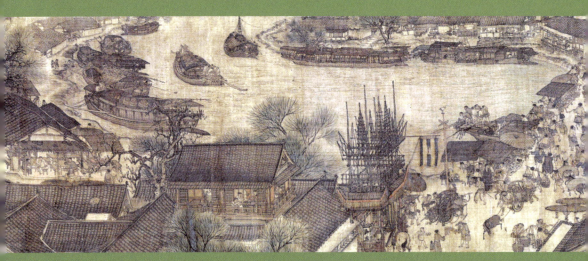

宋张择端《清明上河图》中街道两边的酒馆和小吃摊

宋代是中国饮食文化繁荣的时期，在中国饮食发展史上占有举足轻重的地位。在这一时期，饮食原料进一步扩大，加工和制作技术也更加成熟。特别是在食品烹饪方面，取得了令人瞩目的成就，从菜肴的用料方面来说，比较突出的是海味菜和鱼菜的兴起以及菜点艺术化倾向的出现。后世出现的几大菜系，在宋代都已具雏形。饮食业在这一时期打破了坊市分隔的界限，出现了前所未有的繁荣景象，酒楼、茶坊、食店等饮食店肆遍布城乡各地，并流行全日制经营，其经营特色也更加显著。茶文化与酒文化，在南宋也有不俗的表现，尤其是茶文化在唐代的基础上又有了进一步的发展，成为一种高雅的文化活动。毫无疑义，这是文明进步的结果。

一、饮食上的奢侈之风

宋代的饮食风尚，可用两个字来概括，这就是"奢侈"。

以宫廷饮食来说，则以穷奢极欲著称于世。如皇帝，一次平常的用膳便达百品（邵博《邵氏闻见后录》卷1）。有时半夜传餐，更是多达千数（毕仲游《西台集》卷16《丞相文简公行状》）。至于宴会，更是奢侈到了惊人的程度。如宋神宗，晚年沉溺于深宫

▲ 北宋徽宗赵佶《文会图》中的宫廷宴饮

宴饮享乐，往往一次宴游的费用要到一万多（李焘《续资治通鉴长编》卷210）。史载，宋仁宗有一次内宴，"十阁分各进馔"，仅新蟹一品即达二十八枚。当时新蟹一枚价值一千，这样仁宗感到一下箸就要二十八千，有点太侈靡，于是不食了（邵博《邵氏闻见后录》卷1）。到了北宋末年，宋徽宗在"丰亨豫大"思想的作祟下，饮食生活上更是追求奢侈豪华，尽情享受，挥霍民脂民膏。政和二年（1112），宋徽宗在太清楼宴请蔡京等9名大臣，他命宦官拿出了内府珍藏的酒尊、宝器、琉璃、玛瑙、水精、玻璃、翡翠、玉等类名贵食具，说："以此加爵。"致四方美味，又"出螺蛤虾鳜白、南海琼枝、东陵玉蕊与海物惟错"，以至宴席上山珍海味堆积如山，说："以此加笾。"真是令人瞠目结舌（王明清《挥麈录·余话》卷1）。

▲ 宋马远《华灯侍宴图》

▲ 宋佚名《唐宫乞巧图》描绘的宫廷七夕节排办大型宴会情景

　　宋代司膳内人所写的《玉食批》一书，也充分反映了宫廷穷奢极欲的饮食生活。宋代陈世崇《随隐漫录》卷2载："偶败箧中，得上每日赐太子《玉食批》数纸，司膳内人所书也。如酒醋白腰子、三鲜笋炒鹌子、烙润鸠子、燠石首鱼、土步辣羹、海盐蛇鲊、煎三色鲊、煎卧乌、焐湖鱼糊、炒田鸡、鸡人字焙腰子糊、燠鲇鱼、蝤蛑签、鹿脯及浮助酒蟹、江姚、青虾、辣羹、燕鱼干、燠鲥鱼、酒醋蹄酥片、生豆腐、百宜羹、燥子、爆白腰子、酒煎羊、二牲醋脑子、清汁杂、炰胡鱼、肚儿辣羹、酒炊淮白鱼之类。呜呼！受天下之奉，必先天下之忧。不然，素餐有愧，不特是贵家之暴殄。略举一二，如羊头签，止取两翼；土步鱼，止取两腮；以蝤蛑为签，为馄饨，为枨瓷，止取两螯，余悉弃之地。谓非贵人食有取之，则曰'若辈真狗子也'。噫，其可一日不知菜味哉！"

与宫中相比，达官贵人的饮食也毫不逊色。司马光说："宗戚贵臣之家，第宅园圃，服食器用，往往穷天下之珍怪，极一时之鲜明。惟意所致，无复分限。以豪华相尚，以俭陋相訾。愈厌而好新，月异而岁殊。"（司马光《温国文正公文集》卷23《论财利疏》）。宋真宗时，宰相吕蒙正喜食鸡舌汤，每朝必用，以至家里鸡毛堆积成山。仁宗时，宰相宋庠的弟弟宋祁好客，"会饮于广厦中，外设重幕，内列宝炬，歌舞相继，坐客忘疲，但觉漏长，启幕视之，已是二昼，名曰不晓天"（以上参见丁传靖《宋人轶事

▲ 宋佚名《夜宴图卷》（局部）

汇编》卷 3《储王宗室》、卷 4《吕蒙正》、卷 7《二宋》）。北宋中期的吕夷简，曾任宰相多年，家中积累了大量的财产，因此生活非常奢侈。连宫廷中也很难弄到的名贵食品——淮白糟鱼，他的夫人一下子竟能以 10 筐相送。到了北宋末年，权臣之家的饮食生活更是豪华侈靡，甚至连宫廷也无法与之相比。如权相蔡京，享用侈靡，他喜食新鲜的鹌子，当天烹杀，往往一羹要烹杀数百只，即使是这样他还不满足。传说蔡京有一天晚上梦见数千百只鹌鸟在他面前诉苦，其中有一只鹌鸟上前致辞说："食君廪中粟，作君羹中肉。一羹数百命，下箸犹未足。羹肉何足论，生死犹转毂。劝君宜

▲ 宋佚名《锦鸡竹雀图》

▲ 宋佚名《蓼龟图》

勿食，祸福相倚伏。"（陈岩肖《庚溪诗话》卷上）据元佚名《东南纪闻》卷 1 载，蔡京有一天召集僚属开会，会后留下宴饮，其中单蟹黄馒头一味，就费钱 1300 余缗，其他未计。又曾在家中召集宾客饮酒，命库吏"取江西官员所送咸豉来"，吏以 10 瓶呈进，大家一看，乃是当时的稀罕名贵食品"黄雀脯"，不禁惊异。蔡京问库吏："还有多少？"库吏回答说："还有八十多瓶。"（曾敏行《独醒杂志》卷 9）蔡京既败，籍没家产，从其家的仓库中"点检蜂儿见在数目，得三十七秤；黄雀鲊自地积至栋者满三楹，他物称是"（周煇《清波杂志》卷 5《蜂儿》）。蔡京为了享用天下美

▲ 宋佚名《夜宴图》(局部)

食，家中还配备了大批厨师高手，且分工极细。连制作包子，厨中缕葱丝者也都自有专人（罗大经《鹤林玉露》卷6《缕葱丝》）。此外，王黼、童贯、梁师成等权臣之家的饮食生活也是如此。如王黼，"凡入目之色，适口之味，难致之瑰，违时之物，毕萃于燕私……"（王偁《东都事略》卷106《王黼传》）据赵溍《养疴漫笔》载，王黼宅与一寺院为邻。有一僧每天从王黼家中的旁沟中漉取流出的雪色饭，将其洗净晒干，数年积成一囷。靖康城破，王黼家中缺少粮食，这名僧人即用所积的干饭，再用水浸，蒸熟后送给人吃，王黼家中的老幼全靠此饭，才没有出现饿死的现象。又如童贯，其家饮食也可与宫廷媲美，史载其败后，抄没家产，金银财宝无数，其中"得剂成理中圆几千斤"（《东都事略》卷121《童贯传》;《清波杂志》卷5《蜂儿》）。

至南宋时，贵族大臣在饮食生活上的奢侈风更盛。以奸相秦桧为例，史载秦桧大权独揽时，其家人一二百千钱物方过得一天，家宴的费用要超过宋高宗举办的宫内宴会的十多倍，足可证明其奢侈的程度。而宋高宗赵构在清河郡王张俊家所享受的豪华供享，更是统治

▲ 宋马远《华灯侍宴图》中为宴会助兴执灯起舞的宫女

▲ 宋佚名《春宴图卷》

阶级穷奢极侈饮食生活的典型。绍兴二十一年（1151）十月，宋高宗赵构亲临清河郡王张俊府第，张俊设宴招待高宗一行，宴席的丰盛到了无以复加的程度。据周密《武林旧事》卷9《高宗幸张府节次略》所载，供进御筵节次如下：

绣花高饤一行八果垒：香圆、真柑、石榴、枨子、鹅梨、乳梨、榠楂、花木瓜。

乐仙干果子叉袋儿一行：荔枝、圆眼、香莲、榧子、榛子、松子、银杏、梨肉、枣圈、莲子肉、林檎旋、大蒸枣。

缕金香药一行：脑子花儿、甘草花儿、朱砂圆子、木香丁香、水龙脑、史君子、缩砂花儿、官桂花儿、白术人参、橄榄花儿。

雕花蜜煎一行：雕花梅球儿、红消花儿、雕花笋、蜜冬瓜鱼儿、雕花红团花、木瓜大段儿、雕花金橘、青梅荷叶儿、雕花姜、蜜笋花儿、雕花枨子、木瓜方花儿。

砌香咸酸一行：香药木瓜、椒梅、香药藤花、砌香樱桃、紫苏柰香、砌香萱花柳儿、砌香葡萄、甘草花儿、姜丝梅、梅肉饼儿、水红姜、杂丝梅饼儿。

脯腊一行：肉线条子（陈刻"线肉"）、皂角铤子、云梦犯儿、虾腊、肉腊、奶房、旋鲊、金山咸豉、酒醋肉、肉瓜齑。

　　垂手八盘子：拣蜂儿、番葡萄、香莲事件念珠、巴榄子、大金橘、新椰子象牙板、小橄榄、榆柑子。

　　再坐

　　切时果一行：春藕、鹅梨饼子、甘蔗、乳梨月儿、红柿子、切栟子、切绿橘、生藕铤子。

　　时新果子一行：金橘、葳杨梅、新罗葛、切蜜蕈、切脆栟、榆柑子、新椰子、切宜母子、藕铤儿、甘蔗奈香、新柑子、梨五花子。

　　雕花蜜煎一行：同前。

　　砌香咸酸一行：同前。

　　珑缠果子一行：荔枝甘露饼、荔枝蓼花、荔枝好郎君、珑缠桃条、酥胡桃、缠枣圈、缠梨肉、香莲事件、香药葡萄、缠松子、糖霜玉蜂儿、白缠桃条。

　　脯腊一行：同前。

　　下酒十五盏：

　　　第一盏：花炊鹌子、荔枝白腰子。

　　　第二盏：奶房签、三脆羹。

　　　第三盏：羊舌签、萌芽肚胘。

第四盏：肫掌签、鹌子羹。

第五盏：肚胘脍、鸳鸯炸肚。

第六盏：沙鱼脍、炒沙鱼衬汤。

第七盏：鳝鱼炒鲎、鹅肫掌汤齑。

第八盏：螃蟹酿枨、奶房玉蕊羹。

第九盏：鲜虾蹄子脍、南炒鳝。

第十盏：洗手蟹、鯚鱼假蛤蜊。

第十一盏：五珍脍、螃蟹清羹。

第十二盏：鹌子水晶脍、猪肚假江瑶。

第十三盏：虾枨脍、虾鱼汤齑。

第十四盏：水母脍、二色茧儿羹。

第十五盏：蛤蜊生、血粉羹。

插食：炒白腰子、炙肚胘、炙鹌子脯、润鸡、润兔、炙炊饼、炙炊饼脔骨。

劝酒果子库十番：砌香果子、雕花蜜煎、时新果子、独装巴榄子、咸酸蜜煎、装大金橘小橄榄、独装新椰子、四时果四色、对装拣松番葡萄、对装春藕陈公梨。

厨劝酒十味：江瑶炸肚、江瑶生、蝤蛑签、姜醋生螺（陈刻“香螺”）、香螺炸肚、姜酷假公权、煨牡蛎、牡蛎炸肚、假公权炸肚、蟑蚷炸肚。

准备上细垒四卓。

又次细垒二卓：内蜜煎熬酸时新脯腊等件。

对食十盏二十分：莲花鸭签、茧儿羹、三珍脍、南炒鳝、水母脍、鹌子羹、鯚鱼脍、三脆羹、洗手蟹、炸肚胘。

对展每分时果子盘儿：知省、御带、御药、直殿官、门司。

晚食五十分各件：二色蛋儿、肚子羹、笑厣儿、小头羹饭、脯腊鸡、脯鸭。

直殿官大碟下酒：鸭签、水母脍、鲜虾蹄子羹、糟蟹、野鸭、红生水晶脍、鲟鱼脍、七宝脍、洗手蟹、五珍脍、蛤蜊羹。

▲ 宋佚名《春宴图卷》（局部）

直殿官合子食：脯鸡、油包儿、野鸭、二色姜豉、杂燠、入糙鸡、麻脯鸡脏、瘰鱼、炙鱼、片羊头、菜羹一葫芦。

直殿官果子：时果十隔碟。

准备：薛方瓠羹。

备办外官食次：

第一等（簇送）：太师、尚书左仆射、同中书门下平章事秦桧：烧羊一口、滴粥、烧饼、食十味、大碗百味羹、糕儿盘劝、簇五十馒头（血羹）、烧羊头（双下）、杂簇从食五十事、肚羹、羊舌托胎羹、双下大、三脆羹、铺羊粉饭、大簇钉、鲊糕鹌子、蜜煎三十碟、时果一合（切榨十碟）、酒三十瓶。少保、观文殿大学士秦熺：烧羊一口、滴粥、烧饼、食十味、蜜煎一合、时果一合（切榨）、酒十瓶。

第二等：参知政事余若水、签书枢密巫伋、少师恭国公殿帅

▲ 宋佚名《春宴图卷》中准备茶、酒的情景

杨存中、太尉两府吴益、普安郡王、恩平郡王：各食十味、蜜煎一合、切榨一合、烧羊一盘、酒六瓶。

其中仅皇帝席上的菜肴就达二百多道，且数十道是名菜，如花炊鹌子、荔枝白腰子、奶房签、三脆羹、羊舌签、萌芽肚胘、肫掌签、鹌子羹、肚胘脍、鸳鸯作肚、沙鱼脍、炒沙鱼衬汤、鳝鱼炒鲞、鹅肫掌汤齑、螃蟹酿枨、房玉蕊羹、鲜虾蹄子脍、南炒鳝、洗手蟹、鲊鱼假蛤蜊、五珍脍、螃蟹清羹、鹌子水晶脍、猪肚假江瑶、虾枨脍、虾鱼汤齑、水母脍、二色茧儿羹、蛤蜊生血粉羹等。此外，还包括数十道果品和蜜饯、糕饼之类的食品，令人眼花缭乱，垂涎不已。

不仅宗戚大臣如此，普通官员也竞相以此为尚。庆历五年

（1045），北宋司马光描述道："近岁风俗，尤为侈靡：走卒类士服，农夫蹑丝履。吾记天圣中，先公为群牧判官，客至，未尝不置酒，或三行、五行，多不过七行。酒酤于市，果止于梨、栗、枣、柿之类，肴止于脯、醢、菜羹，器用瓷、漆。当时士大夫家皆然，人不相非也。会数而礼勤，物薄而情厚。近日士大夫家，酒非内法，果、肴非远方珍异，食非多品，器皿非满案，不敢会宾友；常数月营聚，然后敢发书。苟或不然，人争非之，以为鄙吝。故不随俗靡者盖鲜矣。嗟乎！风俗颓弊如是，居位者虽不能禁，忍助之乎！"（宋司马光《传家集》卷67《训俭示康》）南宋洪迈《夷坚志》一书就记载了这样一个故事：绍兴二十三年（1153），镇江有一名酒官，

▲ 宋徽宗《芙蓉锦鸡图》

▲ 宋玉螭耳杯

愚呆成性，他没有一天不会客，饮食极于精腆。同僚家中虽设盛宴招待他，他亦不轻易下筷，饮酒器具必要自己家中带来才吃，其实他是想以此夸多斗靡，务以豪侈胜人。他曾令工匠造了十桌酒具，因嫌其漆色与其要求有一点点的差距，就持斧将它们全部击碎了重造。啖羊肉，唯嚼汁，其余全部吐掉，其他肉类同样如此。他们在官场的应酬送迎上，出手极为阔绰。即使是一名小官，也是相习成风。或一延客，酒不饮正数，而饮劝杯；食不食正味，而食从羹。果肴菜蔬，虽堆列于前，也不曾下箸，而待泛供。酒都要求是名酒，食品必须是山珍海味，以至器皿之类也务必要求高档的金银器具和名贵的瓷器。因此每举行一次宴会，往往要花费二万钱。如果上级官吏光临，则请"客就馆用大牲，小则刲羊刺豕，折俎充庭，号曰献茶饭。令拱手立堂下，三跪进酒上食，客露顶跌坐，必醉饱喜动颜色，无不满上马去"。程卓指责说："罄中人十家之产，不足供一馈之需；极细民终身之奉，不足当一燕之侈。"（程卓《论诸州公帑妄非费奏》，《全宋文》第287册第289页，上海辞书出版社、安徽教育出版社2006年版）王迈也说："今天下之风俗侈矣……士夫一饮之费，至靡十金之产；不惟素官为之，而初仕亦效其尤矣。"（王迈《臞轩集》卷12《丁丑廷对策》）

在他们的影响下，这些官二代、官三代也是穷奢极欲。他们极力追求食品的丰盛，讲究精美可口，"食不肯蔬食、菜羹、粗粝、豆麦、黍稷、菲薄、清淡，必欲精凿稻粱、三蒸九折、鲜白软媚，肉必要珍馐嘉旨、脍炙蒸炮、爽口快意，水陆之品，人为之巧，缕簋雕盘，方丈罗列"（阳枋《字溪集》卷9《杂著·辨惑》）。

豪强地主的饮食生活，不亚于贵族富商。沈括《梦溪笔谈》

卷9《人事一》记载了这样一个故事：石曼卿居蔡河下曲，其家邻居中有一豪家，每天要举行各种宴庆活动。土豪家中有佣人数十名，经常路过石曼卿的家门口。有一天，石曼卿好奇地呼叫其中的一名佣人，打听其家的主人是谁。佣人回答说："主人姓李，刚刚二十岁，家中并无兄弟，但其妻妾有数十人。"石曼卿

▲ 白沙宋墓壁画中夫妇宴饮场景

想见其主人，请这名佣人帮忙，佣人回答说：我家主人一向没有接待过士大夫，他人必不肯见。然他喜欢饮酒，我听人家说您也能饮酒，我想他或许会见您，待我试问他一下。有一天，这位土豪果然派人来请石曼卿参加酒会。于是，石曼卿立即戴着帽子去见他。到了土豪家，石曼卿并没有见到这名土豪，只得坐于堂上。过了好久，这名土豪才出来见客。只见他着头巾，系勒帛，穿着便衣来见曼卿，全然不知主客之礼。土豪带石曼卿来到了另一个院子，只见里面陈设着供宴会用的帷帐、用具和饮食等物。石曼卿在供帐中坐了好长一段时间后，才见有二名丫鬟或者是妾，各持一小盘到曼卿前面，上面有十余枚红色的牙牌。其一盘是酒，

共有十余种品牌，让石曼卿择一牌；其一盘为肴馔名，让石曼卿选择五品。既而二鬟离去，接着有十余名妓女各自拿着菜肴、果品和乐器进来，服饰、化妆和相貌都可以说是艳丽灿然。一妓酌酒以进，酒罢乐作。群妓执果肴者萃立在石曼卿前面，等到石曼卿吃好，则分列在他的左右，京师人称为"软盘"。就这样，石曼卿喝了五行，群妓才全部退出。最后，主人翩然而入，丝毫不向客人拱手为礼。石曼卿见状，便独自离开了土豪家。事后，石曼卿与友人谈及此事，说这名土豪看起来有点愚笨，智商不高，也分不清五谷，但其家中富有，生活极其奢侈，真是奇怪。

达官贵人和富豪们时常要举办各种名目繁多的宴会，差不多每个月里都要举行一二次宴饮活动。据周密《武林旧事》卷10《张约斋赏心乐事》所载，出身权贵之家的张镃，其家一年四季的饮食活动如下：

正月孟春：岁节家宴，立春日迎春春盘，人日煎饼会。

二月仲春：社日社饭，南湖挑菜。

三月季春：生朝家宴，曲水流觞，花院尝煮酒，经寮斗新茶。

四月孟夏：初八日亦庵早斋，随诣南湖旋生、食糕糜，玉照堂尝青梅。

五月仲夏：听莺亭摘
瓜，安闲堂解粽，重午节
泛蒲家宴，夏至日鹅脔，
清夏堂赏杨梅，艳香馆赏
林檎，摘星轩赏枇杷。

六月季夏：现乐堂尝
花白酒，霞川食桃，清夏堂赏新荔枝。

七月孟秋：丛奎阁上乞巧家宴，立秋日秋叶宴，应铉斋东赏
葡萄，珍林剥枣。

八月仲秋：社日糕会，中秋摘星楼赏月家宴。

九月季秋：重九家宴，珍林赏时果，景全轩赏金橘，满霜亭
赏巨螯香橙，杏花庄笃新酒。

十月孟冬：旦日开炉家宴，立冬日家宴，满霜亭赏蜜橘，杏
花庄挑荠。

十一月仲冬：冬至日家宴，绘幅楼食馄饨，绘幅楼削雪煎茶。

十二月季冬：家宴试灯，二十四夜饧果食，除夜守岁家宴。

至于缔姻、赛社、会亲、送葬、经会、献神、仕宦、恩赏等
活动，更是要操办丰盛的宴会，极尽铺张之能事。特别是南宋都
城临安（今浙江杭州），更是谚有"销金锅儿"的称号（《武林旧
事》卷3《西湖游幸（都人游赏）》）。

达官贵人的这种奢侈性饮食消费，还具体体现在他们对时鲜
食品的追求上。宋代皇亲贵戚于二月一日"中和节"后的次日有
挑菜的风俗。如《武林旧事》卷2《挑菜》载：

▲ 宋芙蓉花瓣纹金碗

▲ 宋芙蓉花瓣纹金碗

▲ 宋金葵花盏

▲ 福建邵武故县银器窖出土的宋银鎏金菊花盘盏

▲ 江苏金坛尧塘西榭村宋银器窖藏出土的鎏金金花纹高足杯

▲ 浙江义乌宋代窖藏出土的银酒台

▲ 宋《枇杷山鸟图页》（局部）

▲ 宋佚名《香实垂金图》，画柑橘两枚，硕壮之极

　　二月一日，谓之"中和节"。……二日，宫中排办挑菜御宴。先是，内苑预备朱绿花斛，下以罗帛作小卷，书品目于上，系以红丝，上植生菜、荠花诸品。侯宴酬乐作，自中殿以次，各以金篦挑之。后妃、皇子、贵主、婕妤及都知等，皆有赏无罚。以次每斛十号，五红字为赏，五黑字为罚。上赏则成号真珠、玉杯、金器、北珠、篦环、珠翠、领抹，次亦铤银、酒器、冠镯、翠花、段帛、龙涎、御扇、笔墨、官窑、定器之类。罚则舞唱、吟诗、念佛、饮冷水、吃生姜之类。用此以资戏笑。王宫贵邸，亦多效之。

而达官贵人同样如此，"凡饮食珍味，时新下饭，奇细蔬菜，品件不缺"，购买这种稀缺的无价时新蔬菜，"不较其值，惟得享时新耳"（《梦粱录》卷8《大内》）。

　　宋代饮食所体现出来的奢侈性特点，不仅与当时社会的物质生产和生活条件的演变有着密不可分的联系，而且同人们的文化生活、审美情趣的变化息息相关，对当时社会的政治、经济和文化的发展，有着不可低估的作用和影响。它不仅有力地冲击了中国传统社会那种以不违背礼制为基本标准的崇俭抑奢的传统消费观念，而且亦促使宋代社会习俗日趋文明开化，大大提高了人们的审美意识，从而在一定程度上孕育和培植了资本主义社会早期的生活方式和消费观念，为日后中国传统社会中资本主义萌芽因素的出现创造了良好的条件。

需要指出的是，宋代饮食的"奢侈性"，主要是针对统治阶级而言，占人口绝大多数的下层百姓，由于受到统治阶级的残酷剥削，因此在饮食生活上非常艰难，时常是吃了上顿没下顿。正如司马光所说，"幸而收成，则公私之债交争互夺，谷未离场，帛未下机，已非己有矣。农夫蚕妇，所食者糠籺而不足，所衣者绨褐而不完"（司马光《司马温公文集》卷48《乞省览农民封事札子》）。在此情况下，他们的不少日子是靠野菜、草根等维生。洪迈《送杨简迁国子博士》诗中便记载了这种现象："饥殍千百辈，上山争采薇。"（洪迈《野处类稿·附集外诗》，载宋陈思编、元陈世隆补《两宋名贤小集》卷157）但这些野草、野菜等物实在难以

▲ 宋徽宗《柳鸦芦雁图》

下咽，须用水佐饮，有大量贫民因过量饮用生冷水，肚子膨胀而死。幸而未膨胀死，终也难逃一死，饥民饿死的现象，在宋代大量存在。乾道元年（1165）五月二十五日，洪适上札子说："城外饥民死者盈川，群目所视。"另有札子说："小民艰食，或有携妻子赴井同死者；或有聚众强籴而相杀伤者；或有逢县尉而持刃拒抗，致宪司传以为贼，而出兵掩捕者。"（洪适《盘洲文集》卷48《再檄韩彦古札子》、卷46《奏旱灾札子》）这种现象在京师及其附近地区也同样存在，袁燮说："近而京辇，米斗千钱，民无可籴之资，何所得食？固有饿而死者，有一家而数人毙者。远而两淮、荆襄，米斗数千，强者急而为盗，弱者无以自活，官给之粥，幸而存者，而无衣无褐，不堪隆冬，或以冻死。"（袁燮《絜斋集》卷1《轮对陈人君宜达民隐札子》）在有些地区，更是"县无完村，村无全户"；或"阖门饥死，相率投江"（《宋史》卷407《杜范传》）；或"闭门绝食，枕藉而死，不可胜数。甚者路旁亦多倒毙，弃子于道，莫有顾者"（《宋会要辑稿》食货六十八之一〇六）。

二、烹饪技艺的进步

宋代饮食上"奢侈"之风，有力地推动了烹饪技艺的提高和发展。这具体表现在以下几个方面：一是专业分工的精细化；二是烹饪方法的变化多端；三是调味品的充分利用；四是食品菜肴造型技艺的提高。

（一）厨事专业分工的精细化

宋代厨事中的专业分工非常明确，这在贵族家庭及大型饮食店肆中尤其如此。在当时，洗碗、洗菜、烧菜等都有专人负责。这种厨房中的专业分工，在宋人饮食活动中的其他方面也可见到。如宋代都城中出现的"四司八局"，就充分反映了这一点。孟元老《东京梦华录》卷4《筵会假赁》载："凡民间吉凶筵会，椅桌陈设、器皿盒盘、酒檐〔担〕动使之类，自有茶酒司管赁；吃食下酒，自有厨司；以至托盘、下请书、安排坐次、尊前执事、歌说劝酒，谓之白席人，总谓之四司人。欲就园馆、亭榭、寺院游赏命客之类，举意便办，亦各有地分，承揽排备，自有则例，亦不敢过越取钱，虽百十分，厅馆整肃，主人只出钱而已，不用费力。"耐得翁《都城纪胜》"四司六局"载："官府贵家置四司六局，各有所掌，故筵席排当，凡事整齐，都下街市亦有之。常时人户，每遇礼席，以钱倩之，皆可

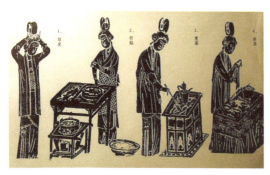

▲ 宋代厨娘砖雕

河南郑州下庄河宋墓壁画《庖厨图》

办也。帐设司，专掌仰尘、缴壁、桌帏、搭席、帘幕、罘罳、屏风、绣额、书画、簇子之类。厨司，专掌打料、批切、烹炮、下食、调和节次。茶酒司，专掌宾客茶汤、暖烫筛酒、请坐咨席、闲盏歇坐、喝揖迎送、应干节次。台盘司，专掌托盘、打送、赏擎、劝酒、出食、接盏等事。果子局，专掌装簇、钉盘、看果、时果、准备劝酒。蜜煎局，专掌糖蜜花果、咸酸劝酒之属。菜蔬局，专掌瓯钉、菜蔬、糟藏之属。油烛局，专掌灯火照耀、立台剪烛、壁灯烛笼、装香簇炭之类。香药局，专掌药楪、香球、火箱、香饼、听候索唤、诸般奇香及醒酒汤药之类。排办局，专掌挂画、插花、扫洒、打渲、拭抹、供过之事。凡四司六局人祗应惯熟，便省宾主一半力，故常谚曰：烧香点茶，挂画插花，四般闲事，不许戾家。若其失忘支节，皆是祗应等人不学之过。只如结席喝犒，亦合依次第，先厨子，次茶酒，三乐人。"

"鲙匠"和供贵家雇佣的厨娘

▲ 河南登封黑山沟宋墓壁画《备宴图》

的出现，是宋代烹饪技艺发展的产物。何薳《春渚纪闻》卷4《梦鲙》载："吴兴溪鱼之美，冠于他郡。而郡人会集，必以斫鲙为勤，其操刀者名之鲙匠。"由此可见，鲙匠是一种专业的厨师。"京都厨娘"同样如此。洪巽《旸谷漫录》对此有非常详细的记载：京都中等收入人家，不重生男，而重生女。每当妻子生女，则对女儿爱护如捧璧擎珠。刚等其长大，便根据其相貌和智力，教给她相应的才艺技能，以供今后有钱的士大夫选去服侍他们。所取的名目不同，有所谓身边人（即贴身服务，负责起居生活的）、本事人（主持一些外事，跑个腿送个信，办点小事儿的人）、供过人（类似今天的采买）、针线人（做女红的人，类似裁缝）、堂前

▲ 宋代厨娘剖鱼画像砖

▲ 宋代厨娘剖鱼画像砖拓片

人（来客引领，负责招待的人）、杂剧人（插科打诨、分管娱乐的人）、拆洗人（负责衣物、被褥拆洗的人）、琴童棋童（懂得琴、棋、书、画一类技艺的人，类似书童）、厨娘（负责饮食的人）等级，她们之间的等级并不相同，自然待遇也完全不同。其身份介之于妾媵与婢女之间，都属于家妓。她们不仅为主人提供性服务，并且被主人随意买卖和转让。其中厨娘最为下色，然而也是大富大贵之家才用得起。洪巽就讲了一个厨娘的故事：宝祐年间他寓居江陵时，曾闻当时有一

▲ 河南洛阳关林宋墓出土《备宴图》雕砖

位州官曾置厨娘，对其事非常了解。这位州官出身贫寒，但当他做过一二任地方官，家中积累了一些资产后，开始厌烦原先粗茶淡饭的淡泊生活，也想像达官贵人一样享受一下。想起了曾经在某官处吃晚饭，其家便有一个京都厨娘，做菜调羹极其可口，给他留下了深刻的印象。适好有一朋友到京城办事，他便托其物色一个京都厨娘，价不屑较。不久，受托人回信说："人已经找到了。这位京师厨娘年纪二十多岁，相貌和才艺都很好，能算能书，做得一手好饭菜。很快便可到府上服务您了。"不到一二月，这位京师厨娘果然来了。但其派头十足，待其快到主人家时，先派一个

▲ 北宋宋四郎墓壁画《备宴图》

脚夫送来书信。州官看厨娘写的书信，乃其亲笔，字画端楷。从信的内容来看，这位厨娘也懂得礼仪，文化素质较高。但在信中千嘱咐、万嘱咐，一定要求主人派轿子来接，让其有点面子。总之，信中词语写得非常委曲，殆非庸碌女子所可及。于是，州官派人抬轿子去接。等这位身着红衫、翠裙的厨娘一进门，州官抬头一看，果然漂亮，容止娴雅，大大超过州官原先的期望。于是，这位州官准备小范围请一些亲朋好友举杯为贺。厨娘到后积极性也很高，急于展示她高超的烹饪技艺。州官说："不要急，明天先具常食五杯五分就好了。"于是，这位厨娘请州官把要她做的食品、菜品告诉她，州官也一一在纸上写好交给她。从食单上看，食品第一为羊头签，菜品第一为葱韭，其余都是平常容易做的菜。厨娘看了州官给她列的食单，也非常认真地用笔砚写出了制作食品所需的物料，其中：内羊头签五分，合用羊头十个；葱蒜五碟，合用葱五斤；其他物品也一一列出。州官看了厨娘列出的物料单，有点怀疑其是否写错，因为这些物料的用量，明显超出了平常厨师所需要的量。然而他当时并不指出，以免厨娘说其小气，暂且同意，而偷偷观察其使用情况。第二天早上，厨师告诉厨娘物料

▲ 河南登封宋墓壁画《备宴图》

▲ 宋佚名《三羊图》

已经备齐。于是，厨娘拿出她的工具箱，取出锅、铫、盂、勺、汤盘之类的工具，令小婢先捧到厨房。这些厨具璀璨耀目，皆为白银制成，大约需要五十七两。其他如刀砧杂器，亦一一精致。旁观者看后，啧啧赞赏。厨娘在众人好奇的眼光下，也是利索地穿上围袄、围裙，银索攀膊，甩动胳膊，连头也不回，走进厨房，踞坐在胡床上。然后慢慢地切抹批劙，惯熟条理，真有运斤成风之势。她治羊头，先将其漉置在桌几上，然后剔留脸肉，其余全部掷之地上不要。众人问其原因，厨娘回答说："羊头除脸肉外，其余皆非贵人可以吃的。"众人觉得厨娘这样做，实在是天大的浪费，因为羊肉是宋代的大补品，普通人家一年也难得吃上一次。于是，将厨娘丢掉的羊肉拾起来放到其他的地方。厨娘看后，讥笑道："你们这些人真是狗子！"众人听后大怒，但也无法批驳她，只好不答。她治葱齑也是如此，取葱彻微过汤沸，便全部去掉须叶，然后视碟子大小，分寸而裁截之；又除去其外面的数层，只取其似韭黄一样的条心，用淡酒、醋浸喷，其余的也是丢弃在地上，毫不可惜。但她所烹制的菜肴，果然是色、香、味俱全，馨香脆美，济楚细腻，难以用语言来表述。吃的人都是抢着吃，桌上的菜一扫而光。吃后，大家赞不绝口，都说好吃。

等到撤席，厨娘整理了一下服装，向州官说：今天试厨，得到了大家的称赞，希望您能按惯例支付赏金。州官从来没有碰到过这种事，因此听后有点不高兴，正在犹豫之中。厨娘看后，又说：您是否想了解一下人家过去的惯例呢？于是，她从囊中取出了数幅纸，呈给州官说：这是我在某官处所得的支赐判单。州官拿过来一看，其例每展会支赐或至千券数匹，如果是嫁娶办酒宴，则要到三二百千双匹，没有一次不付的。州官平常悭吝，见人家如此，他只得勉强拿出钱财给厨娘。但事后私下对友人说：我等家底单薄，此等筵宴不宜经常举办，此等厨娘也不宜常用。不到两个月，他就觉得负担不起她了，便以其他的借口将这位惯于操办奢侈宴会的厨娘打发走了。

从这个故事中我们可以看出，"京师厨娘"从小便经过了非常严格的专业化职业培养，并形成了响当当的品牌。她们有专门的厨房用具，制作精良。烧起菜来，更是专业化十足。当然，她们对制作菜品的原材料也是要求很高，"其治葱韭也，取葱彻微过汤沸，悉去须叶，视碟之大小分寸而裁截之；又除其外数重，取条心之似韭黄者，以淡酒醋浸喷；余弃置了不惜"。如此专业的厨娘，如此好的设备，如此精选的原材料，烧制出来的菜肴自然也是非常美味可口，"凡所供备，馨香脆美，济楚细腻，难以尽其形容。食者举箸无赢余，相顾称好"。当然食客付出的成本也是惊人的，以至位居州官的人家也无法供养，只能感叹：我等家中财力有限，这样的筵宴不宜常举，这样的厨娘也不宜常用。

食品的制作同样如此，据南宋罗大经《鹤林玉露·丙编》卷6《缕葱丝》载：有官员曾在京师买了一妾，自言是太师蔡京府包子厨房中的厨娘。有一天，这名官员令其做包子，她回答说不会做。这名官员责问道："你既是包子厨中的人，怎么能不会做包子呢？"厨娘回答说："我只是包子厨中负责缕葱丝的工作，怎么会做包子呢！"从这条史料中我们不难看出，当时达官贵人家中即使是包子这样的小食品，同样有专人、专职负责制作。

宋代达官贵人不仅对菜肴和食品的制作有非常高的要求，在饮酒上同样要求专业化的服务。即使是温酒这样小的工作，贵族家庭中也都有专人负责。元陶宗仪《辍耕录》卷7《奚奴温酒》就记载了这样一个故事：宋朝末年，参政相公季铉翁于京城杭州寻找一位容貌才艺兼全的妾，但经十多天的寻找未能惬意。忽然有一天，一名叫奚奴的人闻讯上门，此人姿色非常漂亮，季铉翁问其有什么才艺，则回答说："只会温酒。"季铉翁左右的人听了都忍不住大笑，季铉翁却不在意，让她留在身边慢慢观察。等到季铉翁饮酒时，奚奴开始做事，起初酒甚热，第二次时略寒，第三次时已经微温，此时她才将酒递给季铉翁饮。此后，她每天像前面一样，将酒温控制得很好，让季铉翁喝起来很舒服。季铉翁开始喜欢上她，就把她带回家，将其纳为妾。季铉翁死后，其家中的财产均为奚奴所有，成为一名拥有巨额财产的富婆，人称"奚娘子"。

（二）烹饪方法变化多端

宋代烹饪技法变化多端，仅从菜肴食品名称中观之，就有炸、炒、炙、煮、蒸、烤、煎、煨、熬、烧、爦、焐、焊、焙、燠、烛、撺等二三十种之多。

（三）调味品的充分利用

宋人对调味品的使用已经十分普遍，在食品烹饪中往往利用酒、盐、酱、醋、糖及各种香料等，使食品菜肴五味调和，形成味道更加鲜美可口、丰富多彩的复合味。

酒在调味品中的作用非常显著，仅以酒命名的菜肴就有盐酒腰子、酒蒸鸡、酒蒸羊、酒烧香螺、酒掇蛎、生烧酒蛎、姜酒决明、酒蒸石首、酒蒸白鱼、酒蒸鲫鱼、酒法白虾、五味酒酱蟹、酒焐鲜蛤、酒香螺、酒江瑶、酒蛎等数十种。在上述数十种菜肴中，酒在调味品中无疑起到了非常重要的作用。至于一般菜肴中使用酒为调味品的，则更是不胜枚举了。如林洪《山家清供》中所载的拨霞供、蟹酿橙、莲房鱼包等，都使用酒为调味品。

醋在陶穀《清异录》卷下《八珍主人》中被誉为"食总管也"，在调味品中的地位不亚于酒。如宋代菜肴名称中，就有醋赤蟹、醋白蟹、枨醋洗手蟹、枨醋蚶、五辣醋蚶子、五辣醋羊、醋鲞等。

为了使食品菜肴形成丰

▲ 宋佚名《春溪水族图》

富全面的复合味，更加鲜美可口，宋人往往是将多种调味品混合使用。如肉生法："用精肉切细薄片子，酱油洗净，入火烧红锅爆炒，去血水，微白即好。取出切成丝，再加酱瓜、糟萝卜、大蒜、砂仁、草果、花椒、桔丝、香油伴炒肉丝。临食加醋和匀，食之甚美。""鱼酱法：用鱼一斤，切碎洗净后，炒盐三两，花椒一钱，茴香一钱，干姜一钱，神曲二钱，红曲五钱，加酒和匀，拌鱼肉，入瓷瓶封好，十日可用。吃时，加葱花少许"（《吴氏中馈录》）。

从当时菜谱所载的烹饪调味过程来看，大体上分三步进行：首先是基本调味。以油品熬制或浸渍食物原料，以保鲜润色；然后是辅助调味。利用茴香、花椒、姜末、胡椒等除腥去膻，增香助味；最后是定型调味。加入盐、醋、葱、酒等，使食品菜肴达到五味调和的美食境界（以上参见陈伟明《唐宋饮食文化初探》，中国商业出版社 1993 年版，第 23 页）。

（四）食品菜肴中色彩的合理配置和运用

食品菜肴中色彩的合理配置与运用，对于美食是必不可少的重要内容之一。在两宋时期的众多食品菜肴之中，不少正是以其合理的色彩搭配给人以深刻的印象。如宋人吴自牧《梦粱录》中就有诸如十色头羹、三色肚丝羹、二色水龙粉、生脍十色事件、三色水晶丝、下饭二色炙、十色蜜煎蚫螺等佳肴。

食品菜肴的色彩，有的是利用食物原料的天然色彩调制，即利用蔬、果、肉等食物原料本身所具有的天然色彩进行烹制。如陶毂《清异录》卷下中的"缕子脍"："广陵法曹宋龟造缕子脍，其法用鲫鱼肉、鲤鱼子，以碧笋或菊苗为胎骨。"碧笋，是指碧绿的竹笋；菊苗，为菊之幼苗，用以作垫托菜肴的底子菜，其清绿之

▲ 山东莱州北宋墓壁画中的彩色食物

色使人有明媚鲜活之感。以不同颜色的原料配合烹制，而引起菜肴的色感变化，说明了宋代的烹饪十分注重讲究食物原料本身的色彩搭配与和谐。

有的是利用食物色素调色，即在烹饪制作过程中外加若干可食的有色物质为菜肴增色。宋代所用食物色素的主要原料及成分目前尚不得而知，但当时菜肴制作中较为普遍地应用食物色素应是事实。宋人吴自牧《梦粱录》卷16《分茶酒店》中的一道菜肴"沙鳝乳齑淘"，在元人的著作《居家必用事类全集·庚集》中载有其烹制之法："切细面，煮熟过水，用面筋同豆粉洒颜色水搜和，捍饼薄切，焯熟，如鳝鱼色，加乳合齑汁烧而供。"由此可知，这是利用食物色素进行调色。也有的利用食物在加热过程中的颜色变化来调制色彩。这在很大程度上是决定于厨师烹制技术之巧妙。如林洪《山家清供》载："笋出鲜嫩者，以料物和薄面拖油煎煿，如黄金色，甘脆可爱。"又"煮芋有数法，独酥黄独世罕得之。熟芋截片研榧子、杏仁和酱拖面煎之，且白侈为甚"。这种方法多以煎、炸、炙等烹制形式进行。

尽管食品菜肴的色彩调制方法各异，但

▲ 河南禹州白沙 2 号宋墓壁画中的墓主夫妇宴饮图

目的都是通过合理的配料与加色，使盘中之馔肴色彩调和，美观悦目，以进一步引起食者的食欲，提高其饮食意趣。

（五）食品菜肴造型技艺的提高

食品菜肴之所谓形，一方面是指食品菜肴的造型艺术，另一方面是指食物原料经过烹饪后的形状。所以食肴形美实际上是现实生活的艺术化，是人们生活水平提高的形象标志。食肴形状之美，不仅能使人赏心悦目，增加食欲，而且使人产生一种美的联想、美的享受。因此追求食肴形美，对于烹饪技艺的发展提高，进一步丰富饮食的花式品种，无疑起了重要的推动作用。

据陈伟明研究，宋代食品菜肴的构形，大致上可以划分为若干类型：

其一，是以食物原料的自然形状构成。如整鸡、整鸭、鱼虾等，无不具有令人喜爱的形状。利用食物原料的自然形态构成的食肴，较能体现原料本身的面貌特色，具有质朴自然之美。这类菜肴的形状基本上没有经过人工的雕琢，显得朴素大方。

其二，是将食物原料解体割切构成。即将食物原料解体分档之后，根据需要再加工成块、片、条、丝、丁、粒、末等一般形状与花式形状，并以此为单位再组成菜肴整体。这一类的食肴制作，则需要配合娴熟的刀工技巧。宋代食肴中有不少以刀工细切而成的荤菜品，如"算条巴子""银丝羹"等，都是以刀工技巧的变化构成美观细致的菜品形状。

其三，则是通过对食物原料进行装配雕刻而成。这类食肴是属于与造型雕刻结合具有艺术特色的象形菜。其形状或为人物，或为花果，或为动物等。宋代食肴的造型雕刻颇具水平，如《东京梦华录》卷2《东角楼街巷》载北宋东京市场上有"蜜煎雕花之类"出售。又，同书卷8《七夕》中又载市上"以瓜雕刻成花样，谓之花瓜。又以油面糖蜜造为笑靥儿，谓之果食。花样奇巧百端，如捻香方胜之类"。又，《李师师外传》载："帝见所供肴馔皆龙凤形，或镂或绘，悉如宫中式。因问之，知出自尚食房厨夫手。"至南宋，这种食肴的造型雕刻技巧则更高了。临安王公贵族的宴席上就设有蜜煎食雕之品，如雕花梅球儿、红消花、雕花笋、蜜冬瓜鱼儿、雕花红团花、木瓜大段儿、雕花金橘、青梅荷叶儿、雕花姜、蜜笋花儿、雕花柑子、木瓜方花儿，原材料有笋、冬瓜、金橘、青梅、姜、木瓜等蔬果，雕刻的花样则有花球、花果、鱼、荷叶等。有的菜肴甚至以形状取名。南宋临安名菜"两熟鱼"，据元人著作《居家必用事类全集·庚集》记载，是以"熟山药二斤、乳团一个，各研烂，陈皮三斤、生姜二两，各剁碎，姜末半钱、盐少许，豆粉半斤调糊，一处拌，再加干豆粉调稠作馅。每粉皮一个，粉丝抹湿，入馅折掩，捏鱼样，油炸熟，再入蘑菇汁内煮"。这实际上就是一种以鱼为造型的素食菜肴。

总之，宋代的工艺造型菜，构思新颖奇巧，形象优美高雅，既可观赏，又可供食用，对后世中国象形菜的发展方向产生了重要的影响（以上参见陈伟明《唐宋饮食文化初探》第二章《唐宋时期的美馔佳肴》，中国商业出版社 1993 年版）。

三、主食、菜肴与点心

（一）主食

宋代人的主食，主要可分为饭、粥、面条、饼、馒头、包子、饺子等类。

饭，是宋人最普通的主食。其制作方法，通常由蒸、煮而成。从饭食的种类来看，有麦饭、粟饭、米饭、黍饭、高粱饭等；从饮食炊制时的放料来看，又可分为两种：一是以单一谷物炊制而成。例如紫米炊一升，可得饭一斗。又洪迈《夷坚丙志》卷8《谢七嫂》载，信州玉山县塘南七里店民谢七妻，不孝于姑，每天让她吃麦饭，又不让她吃饱，而自己则食白粳饭。一为多种原料搭配合制而成。如用石髓、大骨等和米合煮成石髓饭、大骨饭、淅米饭、麦笋素羹饭等，犹如今天的八宝饭、杂锦饭之类。青精饭，即人们立夏吃的乌米饭，又名旱莲饭。其法是采枝叶，捣汁，浸上白好粳米，不拘多少，候一二时，蒸饭。曝干，坚而碧色，收贮。如用时，先用滚水量以米数，煮一滚，即成饭。用水不可多，亦不可少。久服，延年益颜。蟠桃饭，即用桃肉与米合煮的饭。林洪《山家清供》卷上载其制法云："采山桃，用米泔煮熟，漉置水中。去核，候饭涌，同煮顷之，如盒饭法。"金饭，因以金黄色正菊花合米共煮而成。林洪《山家清供》卷下载其法曰："采紫茎黄色正菊英，以甘草汤和盐少许焯过。候饭少熟，投之同煮。久食可以明目延年。"玉井饭，以削成小块的嫩白藕、去掉皮心的新鲜莲子合米煮成的饭。其制法，据林洪《山家清供》卷下云："削嫩白藕作块，采新莲子去皮心，候饭少沸投之，如意饭法。盖取'太华峰头玉井莲，花开十丈藕如船'之句。"这种饭香美异常，令人赞不绝口。盘游饭，为一种以煎角虾、鸡鹅肉块、猪羊灌肠、蕉子、姜等和米杂煮而成的饭食，早在北宋时就流行于江南、岭南一带。苏轼《仇池笔记》卷下《盘游饭谷董羹》载："江南人好作盘游饭，鲊脯脍炙无不有，埋在饭中，里谚曰：'掘得窖子。'"又作团油饭，陆游《老学庵笔记》卷2引《北户录》："岭南俗家富者，妇产三日或足月，洗儿，作团油饭，以煎鱼虾、鸡鹅、猪羊灌肠、蕉子、姜、桂、盐豉为之。"据此，陆游认为团油饭"即东坡先生所记盘游饭也。二字语相近，必传者之误"。蓬饭，为民间流行的一种以鲜嫩白蓬草合米面杂合煮成的饭食。林洪《山家清供》卷下《蓬糕》载其法："候饭沸，以蓬拌面煮，名蓬饭。"

宋代饭食的方法较多，其中常见的有泡饭、盘游饭、川饭、衢州饭等。泡饭是宋代比较流行的一种饭食方法。这种泡饭用开水浸泡而成，类似于今天的方便面，在食店中有售。如《都城纪胜·食店》载："都城食店……凡点索食次，大要及时。如欲速饱，则前重后轻；如欲迟饱，则前轻后重。"关于川饭，乃是南方人饭食方法的总称，以四川风味为主。"衢州饭"在《都城纪胜·食店》中有载："衢州饭店又谓之闷饭店，盖卖盦饭也，专卖家常虾鱼、

▲ 宋张择端《清明上河图》中的饮食店

粉羹、鱼面、蝴蝶之属。欲求粗饱者可往，惟不宜尊贵人。"盒是古代一种盛食物的器皿。盒饭就是将米饭放在盒里，加上水，然后按烧干饭的方法焖熟，是一种比较粗劣的饭食方法。此外，宋代还有一些特殊意义的饭类，如社饭。社饭是社祭时用作祭祀供品的饭。孟元老《东京梦华录》卷8《秋社》载："八月秋社……贵戚宫院以猪羊肉、腰子、奶房、肚肺、鸭饼、瓜姜之属，切作棋子片样，滋味调和，铺于饭上，谓之社饭，请客供养。"

粥类是宋代常见的主食之一，一般以水煮而成。在当时，粥的品种也较多，仅周密《武林旧事》卷6《粥》中所载的就有七宝素粥、五味粥、粟米粥、糖豆粥、糖粥、糕粥、馓子粥、绿豆粥、肉盦饭等。此外，林洪《山家清供》中尚载有荼蘼粥、梅粥、真君粥、河祗粥、豆粥等。人们食用粥往往出于两个目的：一是为了节约粮食。出于这种目的的多为贫民，如南宋赵汝适《诸蕃志》卷下载：海南地多荒田，所种的粳稻，产量低，无法满足当时居民的粮食需要，只得用当地出产的一种薯芋杂米烧粥糜，以填饱肚子。二是为了养生益寿。张耒《粥记赠邠老》曾说：张安定每天早晨起来，食粥一大碗。他认为，空腹胃虚，谷气便作，所补不细，又极柔腻，与肠腑相得，这是最好的饮食良方。妙齐和尚说山中的僧人，每天清晨前吃一碗粥，对身体较好。如果哪天清晨前不吃，则终日觉得脏腑燥渴。其实，粥能够起到畅胃气、生津液的好处。陆游《食粥》诗也说："世人个个学长年，不悟长年在目前。我得宛丘平易法，只将食粥致神仙。"（《剑南诗稿》卷38）

宋代面条的名称较多，除简称"面"外，又称为"汤饼""索饼"，在当时得到了充分的发展，成为饭粥之外最重要的主食，品

▲ 宋张择端《清明上河图》中的临街食店

种当在近百种左右。从烹饪方法来看，可分为煎面、炒面、熝面、浇头面；从制作方法而论，有拨刀面、大熝面等之分；从辅料来分，有荤面、素面；从地方风味来分，北食有罨生软羊面、桐皮面、冷淘棋子等，川食有插肉面、大熝面，等等。其中，酪面为一种流行于北方的食品，因以乳酪和面制成。冷淘，即我们今天所称的凉面，多见于炎热的夏天，可以说是一种消暑用的面食，因面在热锅中煮熟后捞出，在凉开水中浸泡一下，以使面迅速冷却，然后加上配料食用，故名。宋室南渡后，这种油腻爽口的面条也传到了临安。中原来的厨师根据当地的特点，形成了南北交融的新风味，品种更加繁多，时有荤素之分，名目有肉淘面、银丝冷淘、笋燥齑淘、丝鸡淘、抹肉淘、冷淘、肉齑淘、齑淘、沫肉瀣淘等。此外，疙瘩面、三鲜棋子、虾燥棋子、虾鱼棋子、丝鸡棋子等也属面条。这些面条既有热面，也有冷面，辣、鲜、香等五味俱全，可以适应不同层次、不同口味的顾客食用。

馒头是指用发酵面团做成半球形蒸制而成的面食，无馅。包子在宋代又称为包儿、馒头等，是用麦粉和水揉面做剂子，以甜、咸、荤、素、

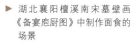
► 湖北襄阳檀溪南宋墓壁画《备宴庖厨图》中制作面食的场景

香、辣诸种食物配制成各种各样的馅，夹在面剂子中间，收口做成个子较小的扁圆之状，蒸熟后便食用。两者在南宋时往往混称，但馒头大多指包子，如朱熹曾以此作例："如吃馒头，只吃些皮，元不曾吃馅，谓之知馒头之味，可乎？"（《朱子语类》卷32《论语》）

饼在宋代一般为面制食品的统称。如黄朝英《靖康缃素杂记》卷2《汤饼》说："凡以面为食具者，皆谓之饼。故火烧而食者，呼为烧饼；水瀹而食者，呼为汤饼；笼蒸而食者，呼为蒸饼，而馒头谓之笼饼。"由此可见，宋人已按饼成熟方法的不同而划分为三大类，这是宋代面饼制作发展的一大标志。其种类除前面所述的面条（又称汤饼、索饼）、馒头（笼饼）外，尚有许多名目。如司马光《书仪》卷10载祭祀时的面食有薄饼、油饼、胡饼、蒸饼、环饼等；《东京梦华录》载都城东京市面上出售的饼有油饼、蒸饼、宿蒸饼、油蜜蒸饼、糖饼、胡饼、茸割肉胡饼、白肉胡饼、肉饼、莲花肉饼、环饼、髓饼、天花饼等十余种；《梦粱录》《武林旧事》等书中载有金银炙焦牡丹饼、枣箍荷叶饼、芙蓉饼、菊花饼、月饼、梅花饼、开炉饼、甘露饼、肉油饼、炊饼、乳饼、油酥饼儿、糖蜜酥皮烧饼、春饼、芥饼、辣菜饼、熟肉饼、鲜虾肉团饼、羊脂韭饼、旋饼、胡饼、猪胰胡饼、七色烧饼、焦蒸饼、风糖饼、天花饼、秤锤蒸饼、金花饼、睡蒸饼、炙饮饼、菜饼、韭饼、糖饼、髓饼、宽焦饼、蜂糖饼等三四十种。

酸馅为一种与馒头形状极其相似的面食，有学者认为酸馅即"今日的素馅包子"。欧阳修《归田录》卷下载："京师食店卖酸馅者，皆大出牌榜于通衢。而俚俗昧于字法，转酸从食，馅从臽。有滑稽子谓人曰:'彼家所卖馄饨,不知为何物也。'饮食四方异宜,而名号亦随时俗言语不同,至或传者转失其本。"酸馅有肉、素两种。肉酸馅见于《梦粱录》卷16《荤素从食店》中。素类酸馅有七宝酸馅等。

宋代的包子是一种有馅、发面或半发面的蒸制面食。制作方法与馒头相同,但形状有异,故吴自牧在《梦粱录》卷16《荤素从食店》中分别述之。它在北宋时已成为朝野流行的一种面食。据王栐《燕翼诒谋录》卷3载:大中祥符八年(1015)二月丁酉,值仁宗皇帝诞生之日,真宗皇帝喜甚,宰臣以下称贺,宫中出包子以赐臣下,其中皆金珠也。由此可见,当时宫中已流行食用包子。而一些权贵富豪之家,更是将包子视为美食,精心制作。而软羊诸色包子、猪羊荷包等,在民间更是成为市肆名食。《东京梦华录》卷3《大内西右掖门外街巷》载汴京城内的"王楼山洞梅花包子"为"在京第一";另外,鹿家包子也很著名。到了南宋,包子更成为一种大众食品,品种已经比较繁多,人们以甜、咸、荤、素、香、辣诸种辅料食物制成各种各样的馅心包子,其中仅吴自牧《梦粱录》、周密《武林旧事》等书中就载有大包子、鹅鸭包子、薄皮春茧包子、虾肉包子、细馅大包子、水晶包儿、笋肉包儿、江鱼包儿、蟹肉包儿、野味包子等十余种。

(二)菜肴

宋代菜肴的种类甚多,大致上可以划分为肉禽类菜肴、水产类菜肴、蔬菜类菜肴、羹类菜肴、腌腊类菜肴五大类。

肉禽类菜肴又可细分为羊肉、鸡肉、猪肉、鹅鸭肉、牛肉、马肉、驴肉、狗肉、野禽肉等类菜肴。

▲ 宋陈居中《四羊图》

羊肉被宋人视为贵重食品。如唐慎微《重修政和经史证类备用本草》卷17《羖羊角》所载："羊肉，味甘，大热，无毒。主缓中，字乳余疾，及头脑大风汗出，虚劳寒冷，补中益气，安心止惊。"此外，羊髓、羊肺、羊心、羊肾、羊骨等也被宋人用作食疗、食补的物品。这种观念在宋人著述中颇为常见，如朱彧《萍洲可谈》卷2称乳羊肉大补嬴；范成大《桂海虞衡志·志兽·乳羊》则称英州"出仙茅，羊食茅，举体悉化为肪，不复有血肉，食之宜人"。有鉴于此，人们普遍流行食用羊肉补身，如同今日的甲鱼，以至在举行订婚大礼时，亦将羊列为必备的礼品之一。据《东京梦华录》《梦粱录》等书所载，宋代以羊肉为主要原料制成的菜肴有：排炽羊、入炉羊、煎羊白肠、羊杂碎、山煮羊等四十余种。其中，山煮羊的制法在林洪《山家清供》卷下中有载："羊作脔，置砂锅内，除葱、椒外，有一秘法：只用槌真杏仁数枚，活水煮之，至骨糜烂。"

鸡在禽肉中的地位要次于羊肉，据《梦粱录》《西湖老人繁胜录》等文献记载，菜肴有麻饮小鸡头、汁小鸡、焙鸡、煎小鸡、豉汁鸡、炒鸡、白炸鸡等三十多种。

猪肉因其价廉物美，在宋代深受平民百姓的喜爱。其菜肴有烧肉、煎肉、煎肝、冻肉、杂熬蹄爪事件、红白熬肉等数十种。猪内脏的烹制方法也较多，仅猪腰子一项就有焙腰子、盐酒腰子、脂蒸腰子、酿腰子、荔枝腰子、腰子假炒肺等许多品目。东坡肉相传为苏轼创制。据文献记载，苏轼性嗜猪肉，贬至僻陋之地黄州做官时，因这里猪、牛、獐、鹿遍地都是，非常普遍，不值钱；鱼蟹、稻米、薪炭同样不值钱，价贱，因此惊喜不已，天天以猪肉为肴。在食肉的过程中，他逐渐掌握了烧肉的经验，即"慢着火，少着水，火候足时他自美"，被四川人称为"东坡烧肉十三字诀"。至今黄州民间还流传着苏轼的《猪肉颂》："净洗锅，少著水，柴头罨烟焰不起。待它自熟莫催他，火候足时他自美。黄州好猪

▲ 宋佚名《子母鸡图》

▲ 重庆大足南宋农家养鸡石刻

肉，价贱如泥土。富人不肯吃，贫人不解煮。早晨起来打两碗，饱得自家君莫管。"（《苏轼文集》卷20）元祐四年（1089），苏轼又至杭州任职，组织民工疏浚西湖。工程完成后，他如法烹制猪肉来慰劳民工，大家食后，感到此肉酥香味美、肥而不腻，遂尊称为"东坡肉"。从此以后，"东坡肉"成为杭州的一大名菜。

宋代以鹅、鸭肉为主料制成的菜肴也较多，见诸文献的有熬鸭、八糙鹅鸭、白炸春鹅、炙鹅、糟鹅事件、鲜鹅鲊、煎鹅事件、煎鸭子、炙鸭、熬鹅、盐鸭子、五味杏酪鹅、间笋蒸鹅、鹅排、小鸡假炙鸭等。

牛肉类菜肴，见于宋人文献记载的有牛脯、煮牛肉等。洪迈《夷坚支丁》卷3《郑行婆》中对其烹制方法有所披露：合州城内有一人名叫郑行婆，自幼不饮酒、不吃荤，只是默诵《金刚经》，未

▲ 传宋赵佶《鸭图》

▲ 宋马远《梅石溪凫图》

尝少辍。绍兴年间有一年春天，她因往报恩光孝寺听悟长老说法，中间路过屠夫的家门，只见屠夫在切割牛肉，她遂对同行的人戏语说："以此肉切生，用盐醋浇泼，想见甘美。"

鹿与羊一样，同样被宋人视作食补的佳品。除鹿茸用作药物外，宋人还往往食用鹿肉和鹿血等。苏颂《本草图经》卷13《兽禽部·鹿茸》载："近世有服鹿血酒，云得于射生者，因采捕入山失道，数日饥渴，将委顿，惟获一生鹿，刺血数升饮之，饥渴顿除。及归，遂觉血气充盛异常。人有效其服饵，刺鹿头角间血，酒和饮之，更佳。其肉自九月

▲ 宋佚名《丹枫呦鹿图》

以后，正月以前，宜食。他月不可食。"又，周辉《清波杂志》卷3《乳羊》载："士大夫求恣嗜欲，有养巨鹿，日刺其血，和酒以饮，其残物命如此。"

食

▲ 宋崔白《寒雀图》

▲ 宋崔白《双喜图》

以飞禽走兽制成的野味亦非常丰富，菜谱中常见的有清撺鹌子、红熬鸠子、八糙鹌子、黄雀、辣熬野味、清供野味、清撺鹿肉、黄羊、獐肉、润熬獐肉炙、獐豝、鹿脯等二十种左右。

拨霞供是南宋时流传于江南地区的一道以兔肉为主料的风味菜肴。野兔肉被宋人视为上等的名贵食品，如苏颂《本草图经·兽禽部》卷13载："兔，旧不著所出州土，今处处有之。为食品之上味……肉补中益气。然性冷，多食损元气，不可合鸡肉食之。"在宋代以前，它多被制成兔羹、兔酱、兔脯等食用；至南宋时，人们又创制了"涮"的烹调方法。据林洪《山家清供》卷上载：从前去武夷六曲游览，拜访止止师，正好遇上下雪天，在路上获得一只野兔，但没有厨师烹制。止止师说：按我们山里的吃法，是将兔肉薄批成片，用酒、酱、花椒浸润一下，然后将风炉安放到桌上，烧上半锅水，等水开一滚之后，再将筷子分给每个人，让他们自己箝夹兔肉浸到滚水中摆动氽熟，吃时按每个人的口味蘸佐料汁。于是，大家就按止止师说的这个方法做了。食后，大家都觉得这个方法不但简便易行，而且还营造了一个团聚欢快的气氛。回京以后，大家又将这种食法扩展到猪肉、羊肉。有学者认为，后世盛行的"涮羊肉"当渊源于此。

蛙肉是宋人喜爱的野味之一。蛙，民间俗称虾蟆、田鸡、石撞等。朱彧《萍洲可谈》卷2载福建、浙江、湖南、四川、广东等地的南方人喜欢吃蛙肉，由此遭到来自中原地区的人的讥笑。而在南方地区，尤以杭州人食蛙最为知名。据彭乘《墨客挥犀》卷6记载，沈遘在杭州为官时，以蛙能食庄稼中的害虫，因此严禁大家捕杀，但从此蛙也不复生。等到沈遘离开杭州，当地人又像过去一样食蛙，而蛙的生育也因此愈加茂盛。以至有人认为，这是天生给人吃的。南宋时，宋高宗亦曾申严禁止，但都人实在喜欢吃蛙肉，其风无法刹住。有一些不法商人，甚至将冬瓜剖开，将蛙肉放到里面，然后送到食蛙者的家中，时称为"送冬瓜"。由于市场的需求量较大，因此一些城郊的市民以捕蛙为业，获利颇丰。成都人同样如此，以为珍味，每年夏天，山里人夜持火炬，入深溪或洞间，捕捉大虾蟆，称其为"凤蛤"。用各种佐料和酒炙之，称"炙蟾"。亲朋好友更相馈送（张世南《游宦纪闻》卷2）。

蛇肉为南方人喜爱的野味之一，广南地区更是如此。朱彧《萍洲可谈》卷2载有这样一个故事：广东岭南地区的居民喜欢吃蛇肉，饮食店中常有蛇羹出售。又，邵博《邵氏闻见后录》卷29

载:"广西人喜食巨蟒,每见之,即诵'红娘子'三字,蟒辄不动,且诵且以藤蔓击其首于木,刺杀之。"大文学家苏轼贬官惠州,曾派老兵到市中买蛇羹给妾朝云吃,骗她说是海鲜,后朝云得知自己吃的是蛇肉,立即反胃,恶心得大吐,结果病了数月,最后由此病死。

▲(上)宋刘窠《落花游鱼图》
▲(下)宋佚名《跃鱼图》

水产类菜肴在宋代素肴中占有非常重要的地位,在南方特别是东南沿海地区尤其如此。如李公端说:"(杭)人善食鲜,多细碎水类,日不下千万。"(宋李之仪《姑溪居士后集》卷19《故朝请郎直秘阁淮南江浙荆湖制置发运副使赠徽猷阁待制胡公行状》)据初步统计,宋代有名可查的水产食品种类当在120种以上,约占人们日常菜单中的一半。

鱼类菜肴为水产系的大类,主要有赤鱼分明、姜燥子赤鱼、鱼鳔二色脍、海鲜脍、鲈鱼脍、鲤鱼脍、鲫鱼脍、群鲜脍、燥子沙鱼丝儿、清供沙鱼拂儿、清汁鳗鳔、酥骨鱼、酿鱼、两熟鲫鱼、酒蒸石首、酒蒸白鱼、酒蒸鲥鱼、酒吹鯗鱼、春鱼、油炸春鱼、油炸鲂鱼、油炸石首、油炸鮏鳜、石首玉叶羹、石首桐皮、石首鲤鱼、炒鳝、石首鳝生、莲房鱼包、银鱼炒鳝、撺鲈鱼清羹、鮏鳜假清羹、鮏鳜满盒鳅、江鱼假蛤、荤素水龙白鱼、水龙江鱼、冻石首、冻白鱼、冻鮏鳜、大鱼鲊、鱼头酱、炙鳅、炙鳗、炙鱼粉、鳅粉、犯儿江鱼脍等。

蟹在宋代被视为"食品之佳味"。如湖州有一位医生的母亲非常喜欢吃蟹，每年蟹盛时，每天要到市场上买数十只置放在大瓮中，与儿孙环视，想要食时，便从大瓮中挑选螃蟹，放在锅中蒸。宋孝宗也喜食湖蟹，并因过量食用致病。蟹菜在水产菜肴中的地位仅次于鱼菜，主要有醋赤蟹、白蟹辣羹、炒蟹、渫蟹、洗手蟹、酒蟹、蝤蛑签、蝤蛑辣羹、溪蟹、柰香盒蟹、签糊齑蟹、枨酿蟹、五味酒酱蟹、糟蟹、蟹鲊、炒螃蟹、蟹酿橙、赤蟹、辣羹蟹、枨醋洗手蟹等二十多种。蟹的烹饪方法也日趋多样、精致，有蒸、炒、酿、糟等。

▲ 宋佚名《荷蟹图》中的螃蟹

▲ 宋法常《水墨写生图卷》中的河虾和螃蟹

▲ 宋王希孟《千里江山图》中的打鱼场景

　　螺类菜肴在以前的基础上有了进一步的发展，有撺香螺、酒烧香螺、香螺脍、熬螺蛳、姜醋生螺、香螺炸肚等多种。这些菜肴深受人们的喜爱，一些人亦专门以此为业。如南宋都城临安荐桥门外太平桥北小民张四一家，从祖上起便以经销海蛳为业。每当有从浙东来的海船到京，一定要买大量的海蛳存放在家中，每天根据居民的需要，入盐烹炒后出售，深受市民的欢迎（洪迈《夷坚支丁》卷3《张四海蛳》）。

　　虾菜品种多达二三十个，其中深受宋人欢迎的有撺望潮青虾、酒法青虾、青虾辣羹、虾鱼肚儿羹、酒法白虾、紫苏虾、水荷虾儿、虾包儿、虾玉鳝辣羹、虾蒸假奶、查虾鱼、水龙虾鱼、虾元子、麻饮鸡虾粉、芥辣虾、虾茸、姜虾米、鲜虾蹄子脍、虾柽脍等。如酒腌虾，浦江吴氏《中馈录》载其制法："用大虾，不见水洗，剪去须尾。每斤用盐五钱，腌半日，沥干，入瓶中。虾一层，放椒三十粒，以椒多为妙。或用椒拌虾，装入瓶中，亦妙。装完，每斤用盐三两，好酒化开，浇开瓶内，封好泥头。春秋，五七日即好吃。冬月，十日方好。"其特点是肉味鲜美无比。

此外，还有许多由江瑶、蛎、决明、蚶子、蛤蜊、蚌等为原料制成的水产菜，如江瑶清羹、酒浇江瑶、生丝江瑶、蟑蚳、酒掇蛎、生烧酒蛎、姜酒决明、五羹决明、蛏酱、三陈羹决明、签决明、四鲜羹、生蚶子、炸肚燥子蚶、枨醋蚶、五辣醋蚶子、蚶子明芽肚、蚶子朘、酒烧蚶子、蚶子辣羹、酒焐鲜蛤、蛤蜊淡菜、冻蛤蟵、蛤蜊肉等，品种达二十多种。

宋代蔬菜的烹制达到了较高的技术水平。这体现在以下几个方面：第一，同一种类的蔬菜，可以根据不同节令食用不同的部分；第二，用蔬菜制作的菜肴，品种极其繁多；第三，调味品在蔬食中广泛运用；第四，出现了以素托荤、荤素结合的新型风味菜式，使蔬菜更富滋味。据统计，宋代蔬菜菜肴的品种当在一百余种以上，其中仅周密在《武林旧事》卷6《菜蔬》中就列有姜油多、薤花茄儿、辣瓜儿、藕鲊、冬瓜鲊、笋鲊、茭白鲊、皮酱、糟琼枝、莼菜笋、糟黄芽、糟瓜齑、淡盐齑、鲊菜、醋姜、脂麻辣菜、拌生菜、诸般糟腌、盐芥等二十余道素菜食品。林洪《山家清供》所载104种食品，绝大多数也是蔬菜食品。此外，陈达叟所编的《本心斋蔬食谱》载有民间常用的蔬菜20种。

需要说明的是，豆腐的食用在宋代已很普遍。这体现在两个方面：一是文献记载大量出现；二是豆腐菜肴的品种增多。

▲ 宋法常《水墨写生图卷》中的蔬菜

食

从文献记载来看，我国目前已知的"豆腐"名称最早出现在宋初陶谷的《清异录》中，该书卷上载："时戢为青阳丞，洁己勤民，肉味不给，日市豆腐数个。邑人呼豆腐为'小宰羊'。"南宋时，著名诗人杨万里在《豆卢子柔传》中还以拟人的笔法介绍了豆腐的身世："腐，谐音鲋；豆卢子，名腐（鲋）之，世居外黄县，由黄豆作成，色洁白粹美，味有古大羹玄酒之风。曾隐居滁山，在汉末出现，至后魏始有听说。"当时豆腐的名称较多，主要有"乳脂""犁祁""黎祁""盐酪"等。如苏轼有"煮豆为乳脂为酥"的诗句，其自注："谓豆腐也。"陆游《山庖》诗有"旋压犁祁软胜酥"之句，并自注"犁祁"为四川人对豆腐的称呼。又因豆腐由豆浆加盐卤后凝结而成，故人们也称盐酪。时人对豆腐的营养作用也有了进一步的认识，将其与羊肉媲美，标其为"小宰羊"。而苏颂《本草图经》、寇宗奭《本草衍义》、唐慎微《证类本草》等还记载了它的药性，用它做药品了。由于豆腐价廉物美、营养丰富，因此深受人们喜爱，以至民间出现了专门的豆腐羹店，以满足人们的需要。如陆游《老学庵笔记》卷1载："嘉兴人闻人茂德，名滋，老儒也。喜留客食，然不过蔬豆而已。郡人求馆客者，多就谋之。又多蓄书，喜借人。自言作门客牙，充书籍行，开豆腐羹店。"一些商人和农户，更是将制作豆腐当作一门容易获利的行业或手段。朱熹《豆腐诗》："种豆豆苗稀，力竭心已腐。早知淮南术，安坐获帛布。"洪迈《夷坚支庚》卷2《浮梁二士》中就载有"村民售豆

腐者"。

宋代豆腐制作的菜肴，品种较多，其中主要有东坡豆腐、豆腐羹、蜜渍豆腐、雪霞羹、煎豆腐。东坡豆腐，相传为苏轼（东坡）所创，林洪《山家清供》卷下载其制作方法："豆腐，葱油煎，用研榧子一二十枚和酱料同煮。又方，纯以酒煮。俱有益也。"由此可见其制法有两种：一是将豆腐用葱油煎后，再取一二十只香榧炒焦研成粉末，加上酱料，然后同豆腐一起煮；另一种方法，是纯用酒煮油煎过的豆腐。雪霞羹，是用豆腐和芙蓉花烧制而成的菜肴，由于豆腐洁白似雪，芙蓉花色红如霞。林洪《山家清供》卷下载其制法："采芙蓉花，去心、蒂，汤焯之，同豆腐煮。红白交错，恍如雪霁之霞，名雪霞羹。加胡椒、姜，亦可也。"蜜渍豆腐，即以豆腐渍蜜而食。陆游《老学庵笔记》卷7载："（仲殊长老）豆腐、面筋、牛乳之类，皆渍蜜食之，客多不能下箸。惟东坡性亦酷嗜蜜，能与之共饱。"煎豆腐，即用食用油煎制豆腐。北宋《物类相感志》："豆油煎豆腐，有味。"豆腐羹，即豆浆之类。南宋吴自牧《梦粱录》卷16《酒肆》载："更有酒店兼卖血脏、豆腐羹。"豆浆在宋代又称"菽浆"，北宋末年出版的《李师师传》载李师师出生后，其母即死，她父亲以豆腐浆代乳喂她，使其得以不死。

除豆腐外，羹菜在宋代得到了迅猛的发展，异军突起。据《梦粱录》《都城纪胜》等书所载，羹类菜肴主要有：鹌子羹、螃蟹清羹、莲子头羹、百味韵羹、杂彩羹、群鲜羹、豆腐羹、江瑶清羹、青虾辣羹、虾鱼肚儿羹、虾玉鳝辣羹、小鸡元鱼羹、三鲜大熬骨头羹、笋辣羹、杂辣羹、撺肉羹、骨头羹、鸭羹、蹄子清羹、黄鱼羹、肚儿辣羹、土步辣羹、百宜羹、鱼辣羹、鸡羹、耍鱼辣羹、猪大骨清羹、杂合羹、南北羹、蛤蜊米脯羹等六十多种。这些名目繁多的羹菜，表明它在当时已经占有非常重要的地位，成为人们日常饮食中不可或缺的菜肴。甚至宫廷御宴上也少不了它，如宋理宗谢皇后做寿，酒宴上就有肚羹、缕肉羹、索粉羹等。

脯腊与腌菜是我国传统菜肴中的重要组成部分。在宋代，它与新兴的冷冻、生食鱼脍等成为冷盘菜肴的重要组成部分。据《梦粱录》记载，南宋都城临安脯腊菜肴主要有野味腊、海腊、糟脆筋、诸色姜豉、波丝姜豉、姜虾、鲜鹅鲊、大鱼鲊、鲜鳇鲊、寸金鲊、筋子鲊、鱼头酱、银鱼脯、白鱼干、金鱼干、梅鱼干、鲚鱼干、银鱼干、紫鱼蟛蜅丝等，许多已成为筵席上的珍品食物。如绍兴二十一年（1151）十月，宋高宗赵构巡幸清河郡王张俊府第，张俊设宴招待，筵席上就置有肉线条子、皂角铤子、云梦犯儿、虾腊、肉腊、奶房、旋鲊、金山咸豉、酒醋肉、肉瓜齑这十味脯腊。与此同时，冷冻菜肴在宋代也迅速推广开来，品种主要有冻蛤蜊、冻鸡、冻三鲜、冻石首、三色水晶丝、冻三色炙、冻鱼、冻鲞、冻肉等十多种，极大地丰富了人们的饮食生活。

(三) 点心小吃

"点心"一词出现于唐代。南宋吴曾《能改斋漫录》卷2《事始·点心》曰："世俗例以早晨小食为点心，自唐时已有此语。"据该书所载，唐代有一官员，其家中佣人准备夫人早晨点心，夫人对其弟弟说："我还在化妆，现在还不能吃早餐，你可先吃点点心。"

至宋代，吃"点心"之风已经非常流行，点心小吃的食品更是名目繁多。灌园耐得翁《都城纪胜·食店》载："市食点心，凉暖之月，大概多卖猪羊鸡煎煤、饹划子、四色馒头、灌肺、灌

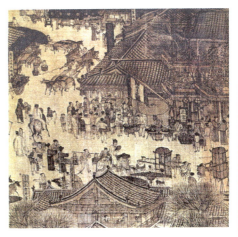

肠、红燠姜豉、蹄子肘件之属。夜间顶盘挑架者，如鹌鹑馉饳儿、焦锤、羊脂韭饼、饼饺、春饼、旋饼、澄沙团子、宜利少、献餈糕、炙犯子之类。"计 17 种左右。而吴自牧《梦粱录》卷 16《荤素从食店》所载的点心小吃，更是多达一百余种。

四、饮酒风尚

宋代社会上饮酒之风盛行。周辉《清波杂志》卷 6 说："今祭祀、宴飨、馈遗，非酒不行。田亩种秋，三之一供酿财曲蘖，犹不充用。"这种现象的存在并非偶然，而是有它深厚的社会基础。

▲ 宋张择端《清明上河图》中北宋京城开封的大型酒楼

众所周知，宋代开国史上有"杯酒释兵权"的动人故事。建隆二年（961）七月，宋太祖赵匡胤为了加强专制中央集权，遂与大臣赵普一起策划了迫使各地禁军将领交出兵权的历史事件。先由宋太祖在宫中设置盛大酒宴，款待石守信、王审琦等一批高级将领。然后在他们酒兴正浓之时，赵匡胤屏退左右，

▲ 元夏永所绘南宋都城临安的大型酒楼丰乐楼

给他们讲了一段自己的苦衷：我不是大家帮忙出力，坐不上皇位。因此，我对大家的功劳铭记在心。然而当天子亦不容易，还不如当一方诸侯的节度使快乐。说句心里话，我没有一个晚上能够踏踏实实地安枕而卧的。大将石守信等忙问其原因，赵匡胤解释说：其实是不难理解的，谁不想做皇帝呢！石守信等人听了赵匡胤的这话，都极度惶恐不安，急忙跪下叩头说：陛下为什么还要说这话？今天命已定，谁还敢有异心？赵匡胤回答道：有的。你们虽无异心，但谁能保证你手下的人想要荣华富贵，一旦以黄袍加你们身上，你虽不想造反，但能做到吗？！于是，赴宴的几位高级将领只好向赵匡胤请求"可生之途"。赵匡胤安慰大家说：人生如白驹过隙，所为好富贵者，不过是想多积一点金钱，能够过上幸福快乐的生活，使子孙后代不至于贫穷。你们何不释去兵权，到地方上去做大官，或者买一些好的田地、房子，为子孙立永远不可动之业，家中多置歌儿舞女，天天饮酒相欢，以终天年！我现在与大家约为婚姻，从此君臣之间可以做到两无猜疑，上下相安，这不是一件好事吗！"就这样，赵匡胤在酒宴上不费血刃就将各位高级将领的兵权全部集中到自己手中（《续资治通鉴长编》卷2）。此外，赵宋统治者为了增加财政收入，攫取丰厚的酒利，也极力鼓励人们饮酒取乐，于是饮酒之风大行于世。

　　宋人的饮酒方式和方法五花八门，有所谓因饮、巢饮、鳖饮、了饮、鹤饮、鬼饮、牛饮，又有对饮、豪饮、夜饮、晨饮、轰饮、剧饮、痛饮、昼夜酗饮等等名目。大臣石延年磊落奇才，知名当世，气貌雄伟，饮酒过人。他特别喜欢豪饮，并与嗜酒的平民百姓刘潜结为知心的朋友，时常在一起比赛酒量，可谓棋逢对手，

食

▲（左）宋马和之《幽风图》中的饮酒观舞场面
▲（右）宋佚名《柳荫醉归图》中的醉汉
◀ 宋刘履中《田峻醉归图卷》（局部）
▼（左）宋刘履中《田峻醉归图》（局部）
▼（右）宋刘松年《醉僧图》（局部）

不相上下。闻京师沙行王氏新开酒楼，遂与刘潜一起去饮酒。两人对饮终日，不说一句话。酒楼老板王氏可以说是见多识广，见过的酒鬼可以说是成千上万，但他觉得这两人的酒量非常人可比，是有特异功能的人，因此另眼看待，令上献上好菜、水果，换上更好的酒。两人见后，还是饮啖自若，傲然不顾。到了晚上，两人还没有喝醉，相揖而去。第二天，京城喧传王氏酒楼昨天有二位酒仙光临。过了很长一段时间，人们才知这两位"酒仙"是石、刘。他通判海州时，刘潜曾去看望，石延年早早在石闼堰的地方迎接，然后与其剧饮，喝到半夜，带去的酒也快要喝光了，他看到船中还有醋斗余，于是将其倾入酒中一并饮。到了第二天早晨，带去的酒和醋都被他们两人喝光了。石延年饮酒时还时常别出花样，史载他每与客人痛饮，披着头发，赤着脚，戴着刑具而坐，自称为"囚饮"。关在木杪里饮，称为"巢饮"。以草把自己捆起来，把头颈伸出来饮，饮好后再将头颈

▲ 宋刘松年《曲水流觞图》(局部)

▲ 宋刘松年《曲水流觞图》(局部)

缩回去，称为"鳖饮"。总之，他饮酒花样百出，没有一天不醉的。仁宗皇帝爱惜他的才能，曾对大臣们说，希望他能戒掉酒瘾。石延年知道后，因此不饮，竟成疾而死（以上参见沈括《梦溪笔谈》卷9《人事一》、欧阳修《归田录》卷2）。

宋人饮酒非常讲究环境的选择，良辰美景、歌舞音乐等都是酒徒们极力追求的。燕王（即宋太祖次子赵德昭）喜欢坐马桶，坐上了以后则久久不起来，肚皮饥了，就在马桶上饮食，往往乘兴让乐师在他面前奏乐，酣饮终日（欧阳修《归田录》卷2）。江邻几喜欢饮酒、鼓琴、围棋，他通判庐州时，有酒官善琴，因工作的原因不得外出，于是江邻几天天上门去请他一起饮酒（《宋人轶事汇编》卷9引《诗话总龟》）。刘改之得一妾，非常喜欢。史载他赴京考试，在道上曾赋《天仙子》，每夜饮，辄使小童歌唱。至建昌，游麻姑山，也是多次唱这首歌，以至听得落泪。二更后，有美人执拍板来，愿唱一曲劝酒，即赓前韵说："别酒未斟心已醉，

▲ 宋马远《月下把杯图》（局部）

▲ 重庆大足宋代男女侍酒石刻

忽听阳关辞故里。扬鞭勒马到皇都，三题尽，当际会，稳跳龙门
三汲水。天意命吾先送喜，不审君侯知得未？蔡邕博识爨桐声，
君抱负，却如是，酒满金杯来劝你。"刘改之听后大喜，遂带着
她一起赴京，结果高中榜第，被任命为荆门教授。至于利用妓女
陪酒的现象，在宋代极为普遍，这在文人士大夫阶层中尤其如此。
周密《齐东野语》卷2《张功甫豪侈》就对此做了详细的记载：张
镃字功甫，号约斋，为循忠烈王诸孙，擅长写诗，一时名士大夫
无不与其交游。他家的园林、声妓、服玩之丽甲天下，曾于南湖
园作驾霄亭于四枝古松之间，上面用非常粗大的铁索联结在一起，

▲ 宋刘松年《十八学士图卷》中的文人饮酒听曲情景

▲（左）宋佚名《女孝经图卷》中的饮酒歌舞场景
▲（右）宋佚名《春宴图卷》中的饮酒听曲情景

空悬在松树的半身。每当风月清夜，他便与客人自梯子爬上去，飘摇云表，真有一点挟飞仙、溯紫清的味道。王简卿侍郎曾赴其牡丹会，回来后对大家描述此会的情景：众位来宾到齐后，坐在一个虚堂中，里面寂无所有。突然之间，有人问左右说："香已发未？"回答说："已发。"于是命把帘卷起来，异香从里面传出，郁然满座。接着，数位女妓捧着酒肴、吹着笛子，次第而至。别有十位穿着白衣的名姬，凡首饰、衣领皆是牡丹图案，头上插着照殿红一枝，执板奏歌侑觞。歌罢，乐作乃退。于是再将帘子垂下，大家纷纷谈论着刚才的感受，不久，香再起，再像前面一样卷帘。有另外十名妓女易服与花而出，大抵簪白花的则衣紫、紫花则衣鹅黄、黄花则衣红。这样大家饮了十杯酒，妓女们的衣服和花也换了十次。她们所唱的歌，均是前辈牡丹名词。等到宴会结束，上百名唱歌和弹乐的妓女一起列行送客。烛光香雾，歌吹杂作，使客人都有一种恍然仙游的感觉，美不可言，终身难忘。

五、饮茶风尚及其技艺
（一）宋代的饮茶风尚和习俗

宋代的饮茶之风非常流行，在民间，茶等同于米、盐，一天也不能缺少。上自官府，

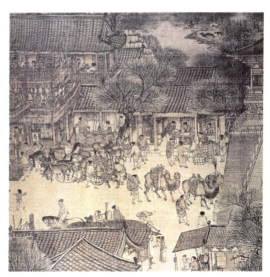

▲ 宋张择端《清明上河图》中的茶楼

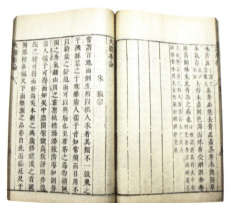

▲ 宋徽宗赵佶《大观茶论》书影

▲ 宋佚名《饮茶图》

下至民间，不可或缺。李觏说：茶，"君子小人靡不嗜也，富贵贫贱靡不用也"（《李觏集》卷16《富国策第十》）。人们都以茶作为生活的必需品。特别是到了北宋末年，饮茶之风更是达到了高峰。宋徽宗《大观茶论》说："本朝之兴，岁修建溪之贡，龙团凤饼名冠天下，而婺源之品亦自此而盛，延及于今，百废俱举，海内晏然，垂拱密勿，幸致无为。缙绅之士，韦布之流，沐浴膏泽，熏陶德化，盛以高雅相推从事茗饮。故近岁以来，采择之精，制作之工，品第之胜，烹点之妙，莫不盛造其极。"

斗茶习俗就是随着当时的饮茶风尚而产生的。所谓斗茶，即审评茶叶质量和比试点茶技艺高下的一种茶事活动。这种茶事活动是在唐代"煎茶"饮法的基础上形成的，具有比较浓厚的审美趣味。因此，它一经产生以来便成为人们（尤其是文人士大夫阶层中）一种高雅的文化娱乐活动，被称之为"盛世之清尚"。据文献记载，斗茶最初流行于建州（今福建建阳），此后才向全国各地扩展，并从民间流入宫廷之中。
蔡襄《茶录·点茶》载："建
安斗试，以水痕先者为负，
耐久者为胜，故较胜负之说，
曰：'相去一水两水。'"

▲ 中国茶叶博物馆展厅内的宋代斗茶蜡像

三嗅，是宋代斗茶的第
一道程序。所谓"三嗅"，即
在烹点前对茶品进行嗅香、尝
味、鉴色，观看其色、香、
味、形。这一活动大多在清晨
进行，宋人认为这一时间人的
嗅觉、味觉器官特别灵敏。

斗茶对用水非常讲究。
宋人江邻幾记载了当时这样
一个斗茶故事：苏轼与蔡襄
斗茶，蔡襄用的茶叶好，故
此选用惠山泉；而苏轼用的
茶叶差，只得改用竹沥水煎，
遂能取胜，以此足见水在斗
茶中的重要作用。斗茶使用

▲ 宋刘松年《撵茶图》中的煮茶场景

的茶品，自然品质要高。"斗品"是宋代斗茶活动中所用的极品名
茶，黄儒《品茶要录·白合盗叶》载："茶之精绝者曰斗，曰亚斗，
其次拣芽、茶芽。斗品虽最上，园户或止一株，盖天材间有特异，
非能皆然也。……其造一火曰斗，二火曰亚斗，不过十数铸而已。

▲ 宋鎏金银汤瓶

▲ 宋天蓝釉盏托

▲ 宋曜变黑釉盏

▲ 宋影青刻花葵口茶盏

▲ 宋建窑兔毫盏

▲ 宋吉州窑剪纸贴花龙凤纹茶盏

▲ 宋建窑曜变黑釉盏

▲ 宋临汝窑印花缠枝葡萄纹盏

▲ 蔡襄画像

▲ 宋蔡襄《茶录》（局部）

▲ 宋蔡襄《茶录》（局部）

拣芽则不然，遍园陇中择其精英者耳。"斗茶用的茶盏，有一些比较特殊的要求，据《大观茶论·盏》所说："盏色贵青黑，玉毫条达者为上，取其燠发茶采色也。底必差深而微宽。底深则茶宜立而易以取乳；宽则运筅旋彻，不碍击拂。然须度茶之多少，用盏之小大。盏高茶少，则掩蔽茶色；茶多盏小，则受汤不尽。盏惟热，则茶发立耐久。"建州窑所出的建盏，是宋代最好的斗茶用盏。蔡襄《茶录·论茶器》说："茶盏：茶色白，宜黑盏。建安所造者绀黑，纹如兔毫，其杯微厚，熁之久热难冷，最为要用。出他处者，或薄或色紫，皆不及也。其青白盏，斗试家自不用。"

在宋代盛行的斗茶活动中，出现了许多名家高手，宋徽宗赵佶就是其中的佼佼者。据蔡京《延福宫曲宴记》载：宣和二年（1120）十二月癸巳，宋徽宗召集文武大臣和亲王等于延福宫举行茶宴，他命近侍取来茶具，亲手注汤击拂。一会儿，便见白乳浮出盏面，如同疏星淡月。宋徽宗回头对大家说：可以饮了。大家饮毕，都一致称赞，感谢皇上能够让大家饮到这样好的茶。由此可见，宋徽宗的点茶技艺已达到了极高的水准。深受宋徽宗宠爱的道士张继先也是一名斗茶高手，孟宗宝《洞霄诗集》载其《恒甫以新茶战胜因咏歌之》诗："人言青白胜黄白，子有新茶赛旧芽。龙舌急收金鼎火，羽底争认雪瓯花。蓬瀛高驾应须发，蔡君须入陆生家。"而王庭珪

▲ 宋刘松年《斗茶图》

则沉湎于斗茶而不能自拔，其《刘端行自建溪归，数来斗茶，大小数十战；予惧其坚壁不出，为作斗茶诗一首，且挑之使战也》："乱云碾破苍龙璧，自言鏖战无劲敌。一朝倒垒空壁来，似觉人马俱辟易。我家文开如此儿，客欲造门忧水厄。酒兵先已下愁城，破睡论功如破贼。唯君盛气敢争衡，重看鸣鼍斗春色。"（《卢溪文集》卷4）而祖无择《斋中即事》诗中"宾欢为斗茶"（《御选宋诗》卷36）一语，则道破了宋人斗茶的游戏和娱乐性质。

宋代文人对当时的斗茶风尚多有描述，其中范仲淹《和章岷以事斗茶歌》是传颂千古的名作，诗中说："北苑将期献天子，林下雄豪先斗美。鼎磨云外首山铜，瓶携江上中泠水。黄金碾畔绿尘飞，紫玉瓯心翠涛起。斗余味兮轻醍醐，斗余香兮薄兰芷。其间品第胡能欺，十目视而十手指。胜若登仙不可攀，输同降将无穷耻……"此外，南宋画家刘松年的《茗园赌市图》也描绘有市井小民斗茶的情形。

▲ 陕西西安宋墓出土的珍贵白茶

（二）宋代的茶艺

在空前浓厚的饮茶氛围中，宋代的茶艺也达到了前所未有的水平。据一些学者的研究，宋代的茶艺主要为点茶、分茶等。

点茶是宋代最为风行的一种技艺，包括炙茶、碾茶、罗茶、烘盏、

▲ 宋刘松年《茗园赌市图》

候汤、击拂、烹试等一整套程序。所谓炙茶，就是将陈茶置微火上烘烤，以收取香浓、色鲜、味醇之效。碾茶，即将干茶块放入茶碾槽中碾成粉面。罗茶即用茶罗对碾碎的茶叶进行筛选，粗细适中，以保证点茶的效果和质量。候汤是点茶的重要技能之一，蔡襄《茶录·论茶》说："候汤最难，未熟则沫浮，过熟则茶沉。前世谓之蟹眼者，过熟汤也。沉瓶中煮之不可辨，故曰候汤最难。"熁盏，即以火煎迫茶盏使其温热。蔡襄《茶录·论茶》曰："凡欲点茶，先须熁盏令热，冷则茶不浮。"点茶是点茶道的最重要技能，也是关键所在。其要诀：一是要掌握好茶和汤的比例；二是击拂；三是面色要鲜白，着盏无水痕。蔡襄《茶录·点茶》对此有详细阐述。在这三个要点中，又以

▲ 宋代铁茶碾

▲ 宋代黑釉茶臼

击拂最为重要。宋徽宗《大观茶论·点》中说："点茶不一，而调膏继刻。以汤注之，手重筅轻，无粟文蟹眼者，谓之静面点。盖击拂无力，茶不发立，水乳未浃，又复增汤，色泽不尽，英华沦散，茶无立作矣。有随汤击拂，手筅俱重，立文泛泛，谓之一发点。盖用汤已故，指腕不圆，粥面未凝，茶力已尽，雾云虽泛，

水脚易生。妙于此者，量茶受汤，调如融胶。环注盏畔，勿使浸茶。势不欲猛，先须搅动茶膏，渐加击拂，手轻筅重，指绕腕旋，上下透彻如酵糵之起面，疏星皎月，灿然而生，则茶之根本立矣。第二汤自茶面注之，周回一线，急注急上，茶面不动，击拂既力，色泽渐开，珠玑磊落。三汤多置。如前击拂，渐贵轻匀，同环旋复，表里洞彻，粟文蟹眼，泛结杂起，茶之色十已得其六七。四汤尚啬。筅欲转稍宽而勿速，其清真华彩既已焕发，云雾渐生。五汤乃可少纵，筅欲轻匀而透达。如发立未尽，则击以作之；发立已过，则拂以敛之。结浚霭，结凝雪，香气尽矣。六汤以观立作，乳点勃结，则以筅著，居缓绕拂动而已。七汤以分轻清重浊，相稀稠得中，可欲则止。乳雾汹涌，溢盏而起，周回凝而不动，谓之咬盏。宜匀其轻清浮合者饮之。《桐君录》曰：'茗有饽，饮之宜人，虽多不为过也。'"在这里，宋徽宗赵佶对点茶的方法做了深刻而透彻的阐述，完备而精辟，

▶ 宋钱选《卢仝煮茶图》

食

▲ 福建邵武故县银器窖出土的南宋镂空银茶匙

充分反映了宋代茶道技艺之高超。

分茶也是宋代盛行的一种茶艺，又称"茶百戏""汤戏"或"幻茶"。始行于宋初，陶穀《清异录》卷下《茗荈门·茶百戏》载："茶至唐始盛，近世有下汤运匕，别施妙诀，使汤纹水脉成物象者。禽兽虫鱼花草之属，纤巧如画，但须臾即就散灭。此茶之变也，时人谓之茶百戏。"又，同书《生成盏》曰："馔茶而幻出物象于汤面者，茶匠通神之艺也。沙门福全生于金乡，长于茶海，能注汤幻茶成一句诗，并点四瓯共一绝句，泛乎汤表。小小物类，唾手办耳。檀越日造门求观汤戏，全自咏曰：'生成盏里水丹青，巧画功夫学不成。却笑当时陆鸿渐，煎茶赢得好名声。'"曾几、陆游、陆子约、李清照、史浩等都是宋代的分茶高手（方健《唐宋艺茶述论》，《农业考古》1997年第4期）。

当然，色香味的统一也是宋代茶艺极力追求的目标。茶白是宋人斗茶中

▲ 福建邵武故县南宋银器窖藏出土银鎏金梅梢月纹盘盏

宋代衣食住行

208

崇尚的艺术境界。所谓白茶，即是指斗茶时出现的汤花，必须色泽洁白，有所谓"淳淳光泽"，民间称为"冷粥面"，意即汤花如米粥冷后稍有凝结时的情景（参见刘昭瑞《宋代的"斗茶"艺术》，《文史》第32辑）。宋代曾慥《高斋漫录》中所载的司马光与苏轼的一段玩笑话，便从一个侧面反映了宋人崇尚茶白的倾向。司马光曾问苏轼："茶与墨正相反。茶欲白，墨欲黑；茶欲重，墨欲轻；茶欲新，墨欲陈。君何以爱此二物？"苏轼回答说："奇茶妙墨俱香，公以为然否？茶可于口，墨可于目。奇茶妙墨俱香，是其德同也；皆坚，是其操一也。"

真香、真味，又是宋代茶艺注重的目标。宋代民间的饮茶法大多承袭唐代，有以姜、盐、桂、椒等杂物入茶同煎饮用的习惯。如苏辙《和子瞻煎茶》诗："年来病懒百不堪，未废饮食求芳甘。煎茶旧法出西蜀，水声火候犹能谙。相传煎茶只煎水，茶性仍存偏有味。君不见闽中茶品天下高，倾身事茶不知劳。又不见北方俚人茗饮无不有，盐酪椒姜夸满口。我今倦游思故乡，不学南方与北方。铜铛得火蚯蚓叫，匙脚旋转秋萤光。何时茅檐归去炙背读文字，遣儿折取枯竹

▲ 宋画中的煮茶情景

女煎汤。"（《栾城集》卷4）此外，宋人尚有用葱、梅、鸡苏、胡麻等与茶同煎的。如李之仪《访瑶上人值吃葱茶》诗："葱茶未必能留坐，为爱高人手自提。"（《姑溪居士前集》卷11）然而，这种饮茶方法深为宋代茶艺所深恶痛绝。蔡襄《茶录·茶论》便说："茶有真香，而入贡者微以龙脑和膏，欲助其香。建安民间试茶，皆不入香，恐夺其真。若烹点之际，又杂珍果香草，其夺益甚，正当不用。"宋徽宗《大观茶论·香》曰："茶有真香，非龙麝可拟。要须蒸及熟而压之，及干而研，研细而造，则和美具足，入盏则馨香四达，秋爽洒然。或蒸气如桃人夹杂，则其气酸烈而恶。"

宋代茶艺还追求高雅的艺术氛围，吟诗、听琴、观画、赏花、闻香等成为茶艺活动中常见的项目。如梅尧臣《依韵和邵不疑以雨止烹茶观书听琴之会》云："弹琴阅古画，煮茗仍有期。"（《宛陵集》卷46）张耒《游武昌》诗："看画烹茶每醉饱，还家闭门空寂历。"（《柯山集》卷10）宋徽宗赵佶的《文会图》，便生动地描

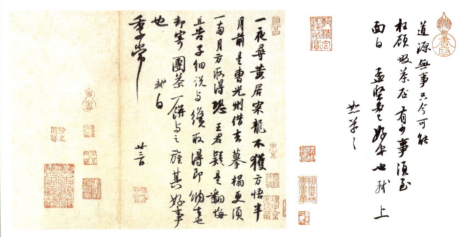

▲ 宋苏轼《啜茶帖》　　　　　　　　　　▲ 宋苏轼《一夜帖》

绘了宋人将茶、酒、花、香、琴、画等相融合的情景。

宋代茶道中所极力追求的艺术氛围，在茶肆中也得到了淋漓尽致的发挥。据吴自牧《梦粱录》卷16《茶肆》载："杭城茶肆……插四时花，挂名人画，装点店面。……向绍兴年间，卖梅花酒之肆，以鼓乐吹《梅花引》曲破卖之。……今之茶肆，列花架，安顿奇松异桧等物于其上，装饰店面，敲打响盏歌卖。"民间百姓也竞相仿效，附庸风雅，以至民间俗谚称"烧香、点茶、挂画、插花"为"四般闲事"。

六、汤、乳酪和果汁

汤饮在北宋风行一时，时人往往将其与茶合称为"茶汤"，而喝牛奶之俗也自北而南，在江南广大地区推广开来。

(一) 汤的种类及其饮用习俗

汤在宋代是第三大饮料，其地位仅次于酒和茶。它是一种用药物配制的饮料，取药材甘香者屑之，或温或凉，未有不用甘草者，此俗遍天下。甘草，一名蜜甘，一名美草，一名蜜草，一名蕗草，生河西川谷积沙山及上郡。二月、八月除日采根，曝干十天即成。其品种不一，以坚实断理者为佳；其轻虚纵理及细韧者最差，这种货只卖给商家制汤所用。其性味甘平，无毒，长久服用，可以起到轻身延年的功用。因此，有人认为"客至设汤，是饮人以药也"。但也有不用甘草的，如武臣杨应诚家，每当有客人至，多以蜜渍橙、木瓜之类为汤，让客人饮用（以上参见唐慎微《证类本草》卷6、苏颂《本草图经》卷4、佚名《南窗纪谈》）。其时，汤的品种甚多，仅陈元靓《事林广记·别集》卷7《诸品

▲ 宋林椿《果熟来禽图》

▲ 宋鲁宗贵《橘子、葡萄、石榴图》

▲ 宋佚名《荔枝图》

▲ 宋马麟《橘绿图》

汤》就列有干木瓜汤、缩砂汤、无尘汤、荔枝汤、木犀汤、香苏汤、橙汤、桂花汤、湿木瓜汤、乌梅汤等十余种汤品，并附有配方、服法。又，赵希鹄《调燮类编》卷2《清饮》中也载有诸般汤品，如橘汤、暗香汤、天香汤、茉莉汤、柏叶汤、橙汤等。陆游《家世旧闻》卷上载有"菉豆粉山药汤"。陈直《养老奉亲书》载有姜汤、姜桔皮汤、杏汤等。如："食治老人饮食不下或呕逆虚弱，生姜汤方：生姜二两去皮，细切；浆水一升。右和少盐煎取七合，空心常作开胃进食。""食治老人冷气、心痛，姜桔皮汤方：

▶ 宋李嵩《卖浆图》（局部）

生姜一两，切；陈桔皮一两，炙为末。右以水一升，煎取七合，去滓，空心食之，日三两服尤益"。"老人可常服杏汤：杏仁板儿炒熟。麻子芝麻子作汤服之，亦能通利"。

　　啜汤之俗在北宋极为盛行，"先茶后汤"是当时特定的一种待客食俗。据宋代朱彧《萍洲可谈》卷1所载：北宋时习俗，客到则啜茶，欲去则啜汤。此俗不知起于何时。然至北宋时，上自官府，下至闾里，都流行这一风俗。如在宫廷，一天真宗与知制诰晏殊谈话，坐下便赐茶，谈话完毕，"真宗点汤既起"。仁宗在宫内讲读时，讲读官讲读前先"赐坐饮茶"，讲读毕复坐，"饮汤乃退"。上行而下效。文人士大夫纷纷仿效这种先茶后汤的习俗。据晁以道《晁氏客语》载：范纯夫每当"进讲"这天的前夕，往往要在家中预讲，其弟子皆来听讲，讲毕"煮汤而退"。民间更是如此，如《东京梦华录》卷5《民俗》载："或有从外新来，邻左居住，则相借措动使，献遗汤茶。"据薛瑞兆研究，客罢点汤，其缘起或如宋佚名著《南窗纪谈》所说："客坐既久，恐其语多伤气。"实际上，这种彬彬礼节的背后，却明白无误地表示：或客至稍久，欲结束会晤；或恶客临门，不愿接待，以点汤示意其速去。但至南

▲ 贵州遵义南宋杨价夫人墓室出土金台盏

宋，这种先茶后汤的习俗已趋于消失。袁文《瓮牖闲评》卷6就载："古人客来点茶，茶罢点汤，此常礼也。近世则不然，客至点茶与汤，客主皆虚盏，已极好笑。而公厅之上，主人则有少汤，客边尽是空盏，本欲行礼而反失礼，此尤可笑者也。"但汤仍是待客之饮料。如乾道六年陆游到四川时，曾游青山李太白祠堂，途中，"有两道人持汤饮迎劳于松石间"（以上参见薛瑞兆《元杂剧中的"点汤"》，载《文史》第21辑，中华书局1983年版）。

（二）乳奶与鹿血

乳奶是宋人常常饮用的饮料之一。这种饮食习惯的盛行，当与时人对其营养价值的充分认识有关。如唐慎微《重修政和经史证类备用本草》卷17引陶隐居说："牛乳、羊乳实为补润，故北人皆多肥健。"又说：羊乳"温，补寒冷虚乏"；马乳"味甘，治热，性冷

▲ 宋李公麟临韦偃《牧放图》（局部）

利"，"饮之止渴"。苏颂《本草图经》卷13载："水牛、犛牛、黄牛取乳及造酥、酪、醍醐等，然性亦不同，水牛乳凉，犛牛乳温，其肉皆寒也。……马乳、驴乳、羊乳，大抵功用相近。而驴、马乳冷利，羊乳温补，马乳作酪弥佳耳。"由此可见，宋人饮用的动物乳奶有牛奶、马奶、驴奶、羊奶数种，其中尤以牛奶最为普遍。

牛奶不仅为北方人经常饮用的乳品，而且也深受南方人的喜爱。如张仲文《白獭髓》就载：浙江人以牛乳为素食。当时人们往往将其作为老人的食补之物。陈直《养老奉亲书·老人益气牛乳方》就载："牛乳最宜老人，平补血脉，益气长肌肉，令人身体康强润泽，面目光悦，志不衰，故为人子者，常须供之以为常食，或为乳饼，或作断乳等，恒使恣意充足为度，此物胜肉远矣。"

鹿血是宋代贵族士大夫盛行的一种食补饮料。据周辉《清波杂志》卷3《乳羊》所载：士大夫为了健身养体，无所不用其极，甚至有人在家中蓄养巨鹿，每天刺其血，和酒以饮。

（三）果汁与凉水

凉水是指冷的饮料，宋代有豆儿水、沆瀣浆、漉梨浆、卤梅水、姜蜜水、绿豆水、椰子水、甘蔗汁、木瓜汁、沉香水、大顺

▲ 宋佚名《葡萄草虫图》

▲ 宋赵昌画作中的桃子

▲ 宋赵令穰《橙黄橘绿图》

散、荔枝膏水（一名荔枝浆）、苦水、金橘团、白水、雪泡缩皮饮
（一作缩脾饮）、杨梅渴水、香糖渴水、木瓜渴水、五味渴水、香
薷饮、五苓大顺散、紫苏饮、乳糖真雪、甘豆饧（又称甘豆汤）、
杏酥饮等数十种。这些"凉水"主要是供夏天饮用，配方在《事
林广记》别集卷 7 中有详细记载。

▲ 宋佚名《扑枣图》

▲ 宋刘松年《十八学士图》中侍者准备饮料的情景

住

宋张择端《清明上河图》(局部)

一、宫殿

宋代宫殿宏大壮丽，金碧辉煌，代表了当时住居建造的最高水平。据周密《癸辛杂识》别集下《汴京宫殿》载：京师开封有八卦殿，此殿有八门，门外各有树木，筑有假山，无一相同。假山石皆嵌空，石座亦穿空，与石窍相通。皇上欲有所往，与所幸美人自一门出，"宫人仙衣，壮士扶轮，一声水辟历，则仙乐竞奏，云霄间，石窍间脑麝烟起如雾"。大门省玉虚馆阶前以玉石建造，殿上橡柱一色，皆用金饰，炫耀夺目。而宋真宗营造玉清昭应宫，更是广集天下名木、奇石、颜料、漆等建筑材料，据载每日动用役使的工匠就达三四万人。洪迈《容斋三笔》卷11

▲ 宋赵伯驹《汉宫图》

▶ 宋李嵩《汉宫乞巧图》

《宫室土木》对此进行了详细描述：大中祥符年间，奸佞之臣欺骗真宗以为符瑞，大兴建筑，以为道宫。其中，玉清昭应宫的建造，便是其中的一项主要工程。在这一工程的建造中，权臣丁谓任修宫使，每天指挥三四万工匠，日夜不停地建造。所用的建筑材料，几乎涉及境内的所有地区。有来自秦、陇、岐、同的松树，岚、

▲ 宋佚名《蓬莱仙馆图》

▲ 宋佚名《九成宫避暑图》

石、汾、阴的柏树，潭、衡、道、永、鼎、吉的栋、楠、楮树，温、台、衢、吉的梓树，永、沣、处的槐、樟树，潭、柳、明、越的杉树，郑、淄的青石，衡州的碧石，莱州的白石，绛州的斑石，吴越地区的奇石，洛水的石卵，桂州的丹砂，河南的赭土，衢州的朱土，梓、信的石青、石绿，磁、相的黛，秦、阶的雌黄，广州的藤黄，孟、泽的槐华，虔州的铅丹，信州的土黄，河南的胡粉，卫州的白垩，郓州的蚌粉，兖、泽的墨，归、歙的漆，莱芜、兴国的铁。又于京师置局，化铜为鍮、冶金薄、锻铁，以供应工程所需。这一工程自经始及告成，总共花费了14年的时间。其中，从大中祥符二年四月开始营建，至大中祥符七年十一月建成的玉清宫，规模极大，凡东西三百一十步，南北百四十三

步，总二千六百一十区。田况《儒林公议》卷上称"其宏大瑰丽，不可名似。远而望之，但见碧瓦凌空，耸耀京国。每曦光上浮，翠彩照射，则不可正视。其中诸天殿外，二十八宿亦各一殿。……朱碧藻绣，工色巧绝，甍栱栾楹，全以金饰。入见惊恍褫魄，迷其方向。所费巨亿万，虽用金之数，亦不能会计。天下珍树怪石，内府奇宝异物，充牣囊积，穷极侈大。余材始及景灵、会灵二宫观，然亦足冠古今之壮丽矣。议者以为玉清之盛，开辟以来未始有也，阿房、建章固虚语尔。"又，《宣和遗事·前集》载："九月丙午，葆和殿成，上饰纯绿，下漆以朱，无文藻绘画五彩，垣墉无粉泽；浅墨作寒林平远禽竹而已。前种松、竹、木、犀、梅、桐、橙、橘、兰、蕙，有岁寒、秋香、洞庭、吴会之趣。后列太湖之石，引沧浪之水，陂池连绵，若起若伏，支流派别，萦纡清泚；有瀛洲、方壶、长江、远渚之兴，可以放怀适情，游心玩

▲ 宋佚名《蓬莱仙馆图》（局部）

▲ 宋佚名《九成宫避暑图》（局部）

▲ 宋代绘画中的宫殿建筑

▲ 宋马远《华灯侍宴图》中的宫廷建筑

▲ 宋徽宗赵佶《瑞鹤图卷》

▲ 宋佚名《唐宫乞巧图》

思而已。""秋九月，宴蔡京父子于保和新殿……于是由临华殿门入，侍班东曲水，朝于玉华殿；上步至西曲，循荼蘼洞，至太宁阁，登层峦、琳霄、襄风、垂云亭至保和。屋三楹，时落成于八月，而高竹崇桧，已森阴蓊郁；中楹置御榻，东西二间列宝玩与古鼎、彝、玉芝"。张知甫《可书》载："宣和末，都城起建园囿，殆无虚日，土木之工，盛冠古今。如撷芳园、山庄、锦庄、筠庄、寿岳、辋川、华子冈、鹿寨、鹅笼、曲江、秋香谷、檀栾馆、菊坡、万花冈、清风楼等处不可举，皆极奢侈，为一时之壮观。""元符初，后苑修造所，言内中殿宇修造，用金箔一十六万余片"。对此，连素以侈靡著称的宋徽宗也看不过去，说："用金箔以饰土木，靡坏不可复收，甚无谓也。请支金箔内臣，令内侍省按治。"（周辉《清波杂志》卷上）

南宋都城临安的宫殿亦然，《马可·波罗行纪》描述说："蛮子

▲ 宋佚名《江山殿阁图》表现的南宋临安宫殿建筑　　　▲ 宋佚名《太清观书图》

国王之宫殿，是为世界最大之宫，周围广有十哩，环以具有雉堞之高墙，内有世界最美丽而最堪娱乐之园囿，世界良果充满其中，并有喷泉及湖沼，湖中充满鱼类。中央有最壮丽之宫室，计有大而美之殿二十所，其中最大者，多人可以会食。全饰以金，其天花板及四壁，除金色外无他色，灿烂华丽，至堪娱目。并应知者，此宫有房室千所，皆甚壮丽，皆饰以金及种种颜色。"（冯承钧译《马可·波罗行纪》第 2 卷第 151 章《蛮子国都行在城》）

二、贵族官僚等的第宅

关于臣民的住居，宋朝政府有严格的等级规定。据《宋史·舆服志六》记载："私居，执政、亲王曰府，余官曰宅，庶民曰家。诸道府公门得施戟，若私门则爵位穹显经恩赐者，许之。……六品以上宅舍，许作乌头门。父祖舍宅有者，子孙许仍之。凡民庶家，不得施重栱、藻井及五色文采为饰，仍不得四铺飞檐。庶人舍屋，许五架，门一间两厦而已。"

景德四年（1007）九月，真宗下诏："自今皇城内外、亲王宫

▲ 传宋萧照《胡笳十八拍图卷》中的豪宅

▲ 宋佚名《寒林楼观图》（局部）

▲ 宋赵大亨《荔院闲眠图》中的富家小院

◀ 宋佚名《桐荫玩月图》中描绘的富家园林别墅

宅、寺观、祠庙用石灰泥，诸司库务、营舍、厅堂、门屋用破灰泥，自余止麦糠细泥。营舍、厅堂、门屋用赤色装，如自备泥饰者听。"（宋真宗《诸色房屋用泥饰诏》，《宋会要辑稿》食货五十五之三）大中祥符元年（1008）六月丁酉，真宗又诏：上至宫殿苑囿，下至皇亲臣庶的第宅，不得以五彩为饰（《续资治通鉴长编》卷69，大中祥符元年六月丁酉条）。仁宗天圣七年（1029），诏令士庶、僧道不得以朱漆饰床榻。九年，禁止京城制作朱红器皿（《宋史·舆服志五》）。景祐三年（1036）八月，又诏：天下士庶之家，屋宇如果不是旅馆店铺，或者楼阁临近街市，不得为四铺作及斗八；非品官，不得起门屋。非宫室、寺观，不得彩绘栋宇及间朱黑漆梁柱

窗牖、雕镂柱础。凡器用，不得表里用朱漆、金漆，下面也不得衬朱。非三品以上官员及宗室、戚里的家庭，不得用金扣器具；如果是用银扣的，不得涂金。非宫禁，不能用玳瑁酒食器；如果是纯金器，且是皇帝赏赐的，允许使用。……凡帷幔、帟幕、帘旌、床褥，不得纯用锦绣。宗室、戚里茶檐、食盒，不得覆以绯红（《续资治通鉴长编》卷119，景祐三年八月己酉条）。南宋宁宗嘉泰初，以风俗侈靡，诏令官民营建办公用房和住宅，一定要遵守政府的规定，务从俭朴。

然而，上述这些规定在宋代并无多大的约束力，有钱的达官贵人和富室往往是一掷千金，营造自己的宅第和园林，并进行豪华装修。对此，北宋时的司马光就批评说："宗戚贵臣之家，第宅园圃、服食器用，往往穷天下之珍怪，极一时之鲜明。惟意所致，无复分限。以豪华相尚，以俭陋相訾。愈厌常而好新，月异而岁殊。"（司马光《温国文正公文集》卷23《论财利疏》）张大经更是一针见血地指出："近习甲第名园，越法逾制，别墅列肆，在在有之，非赂遗何以济欲？"（《宋史·张大经传》）

与唐代的浑朴雄阔相比，宋代贵族等的第宅，极尽精饬妍丽。周辉《清波杂志》卷8《垂肩冠》说："大抵前辈治器物、盖屋宇，皆务高大，后渐从狭小。"这句话反映了宋代住宅从高大宏伟到

▲ 宋夏圭《雪堂客话图》的富家建筑

小巧精致的发展趋势。赵普、王拱辰、陈升、蔡京、秦桧、王继先等人的住宅就是其中的代表，这些住宅均是金钉珠户，碧瓦盈檐。四边红粉泥墙，两下雕栏玉砌，如同神仙洞府、王者之宫。赵普为北宋初年的宰相，他的府第"外门皆柴荆，不设正寝。始入门，小厅事三间。堂中位七间，左右分子舍三间；南北各七位，与堂相差。每位东西庑凿三井。后苑亭榭，制作雄丽"，宋太祖赵匡胤见之，也以为过于奢侈（《宋稗类钞》卷2《奢汰》）。张融"自密直守蜀，归为枢密副使，建第差壮丽"（李心传《旧闻证误》卷1）。王拱辰的宅第高大雄壮，时有"巢居"之讥。欧阳修《寿楼》诗咏道："碧瓦照日生青烟，谁家高楼当道边？昨日丁丁斤且斫，今朝朱栏横翠幕。主人起楼何太高，欲夸富力压群豪。"（欧阳修《居士外集》卷4）"北京留守王宣徽洛中园宅尤胜，中堂七间，上起高楼，更为华侈"（庞元英《文昌杂录》）。宰相陈升之"治第于润州，极为宏壮，池馆绵亘数百步"（沈括《梦溪笔谈》卷25《杂志二》）。北宋奸相蔡京的府第同样如此，《清波别志》卷下《王黼拥帐》载："蔡京赐第在都城之东，周围数十里。"如他府第中的一六鹤堂，高四

▶ 宋刘松年《秋窗读易图》中的瓦房，院子大门，围以柴荆

丈九尺，"人行其下，望之如蚁"（陆游《老学庵笔记》卷5）。王黼宅府"宏丽壮伟"，周围数里，其家正厅以青铜瓦覆盖，后堂起有高楼大阁。宋徽宗尝亲至王黼私第，目睹其宅"堂阁张设，宝玩山石，侔拟宫禁，喟然叹曰：'此不快活耶！'"（徐梦莘《三朝北盟会编》卷31，靖康元年正月二十四日）秦桧宅在临安城望仙桥东，绍兴十五年（1145）由高宗所赐，相府内阁中"格天阁"匾额系高宗亲书，地面铺有"锦地衣"。其建筑风格颇为独特，如陆游《老学庵笔记》卷10载："秦太师……折样第中窗上下及中一二眼作方眼，余作疏棂，谓之'太师窗'。"据《宋史·秦桧传》载，其家"富敌于国，外国珍宝，死犹及门"。郑良，字少张，英州人。宣和中，仕至右文

▲ 宋刘松年《山馆读书图》（局部）

殿修撰、广南东西路转运使。"既奉使两路，遂于英筑大第，垩以丹碧，穷工极丽，南州未之有也。南宋御医王继先之宅号快乐仙宫，据《三朝北盟会编》等书所载，显仁太后曾服王继先药病愈，故对其十分宠信，于是举朝文武大臣阿附，甚至有人称为门生。王继先恃宠，强占丰乐桥官地，营建府宅。其宅第屋宇宏丽，都人谓为"快乐仙宫"。显仁太后死后，王继先也被黜贬至福州，其

宅随之败落（《宋史·佞幸列传》）。韩侂胄不仅府第宏大，而且还"凿山为园，下瞰宗庙，穷奢极侈，僭拟宫闱"（叶绍翁《四朝闻见录》戊集《阅古南园》）。"杨和王居殿岩日，建第清湖洪福桥，规制甚广。自居其中，旁列诸子舍四，皆极宏丽"（周密《齐东野语》卷4《杨府水渠》）。侍郎秦埙，"栋宇闳丽，前临大池，池外即御书阁，盖赐第也"（陆游《入蜀记》第二）。"汪庄敏公筑宅于浮梁邑中，高明闳广，子弟列房居之不能遍"（洪迈《夷坚支志丁》卷4《汪庄敏宅》）。秦九韶"与吴履斋交尤稔。吴有地在湖州西门外，地名曾上，正当苕水所经入城，面势浩荡，乃以术攫取之。遂建堂其上，极其宏敞，堂中一间横亘七丈，求海楼之奇材为前楣，位置皆自出心匠。凡屋脊两翚搏风，皆以砖为之。堂成七间，后为列屋，以处秀姬、管弦"（周密《癸辛杂识》续集下《秦九韶》）。

当然普通官员的住宅，无论是规模还是装饰都没有上面所述的这样华丽，其布局也要简单得多。如南宋陆游在任职大理寺司直时，其在都城临安的居所则是两间小屋子，其《烟艇记》描写说："陆子寓居得屋两楹，甚隘而深，若小舟然，名之曰烟艇。客曰：异哉！屋之非

▲ 宋刘松年《山馆读书图》中的文人书房及书桌、凳子和窗帘

舟，犹舟之非屋也。以为似欤？舟固有高明奥丽逾于宫室者矣，遂谓之屋，可不可耶？"《居室记》："陆子治室于所居堂之北，其南北二十有八尺，东西十有七尺。东西北皆为窗，窗皆设帘障，视晦冥寒燠为舒卷启闭之节。南为大门，西南为小门。冬则析堂与室为二，而通其小门以为奥室，夏则合为一，而辟大门以受凉风。岁暮必易腐瓦，补罅隙，以避霜露之气。……"（以上参见陆游《渭南文集》卷17、卷20）

三、平民百姓的住宅

宋代平民百姓的住宅，有院子、窑洞等类型。院子是北宋都城开封城内流行的一种平民住宅。据孟元老《东京梦华录》卷3

▲ 宋王希孟《千里江山图》中的村落民居

▲ 宋王希孟《千里江山图》中的村落民居

《诸色杂卖》载:"其后街或闲空处,团转盖局屋。向背聚居,谓之院子,皆小民居止。"

当然,平民百姓的住宅,因限于财力等原因,无论是建筑规模还是内部装饰等,很难与上述这些贵族官僚及富家大族的住宅攀比。城中居民由于地价昂贵,无力购置一块称心的土地建房,即使是有钱购置地皮,能够建得起房屋的也是寥寥无几。如南宋都城临安,家中有财力可以盖房屋的,千万之家中不过一二;至于盖屋以后,还能有生事者又是屈指可数。在此情况下,大多数居民只能租房子而居,数十个人局促于一隅,拥挤不堪。如洪迈《夷坚三志壬》卷3《沈承务紫姑》载"沈居武雄营门,无厅事,只直头屋一间,逼街狭小,室仅容膝"。而农村地区农民的住房条件更差,如婺州(今浙江金华)兰溪"有铁之工家,窭甚。视其庐,蓬茨穿漏,隘不逾五十弓,仅灶而床焉。工手镈而冶,妻燎茅竹以爨。试染指其釜,则淡无醝醢,特水与苋藿沸相泣也。一稚

▲ 宋王希孟《千里江山图》中的中型住宅

▲ 宋王希孟《千里江山图》中的小型住宅

▲ 宋张择端《清明上河图》中沿街而建的瓦房

儿卧门旁，呜呜然，若啼饥。其人皆霉鼗疲曳，殆鬼而生者"（范浚《香溪集》卷5《铁工问》）。从他们的住宅结构来看，极其隘陋，没有堂、寝、阶、户等功能之分，"欲行之亦不可得"（陆游《家世旧闻》卷下）。

从宋代平民百姓住宅使用的建筑材料来看，主要有瓦房和草房两种。

瓦房因以瓦盖顶，故名。又因其以砖瓦为主要建筑材料建成，故又名砖瓦房。其拥有者，从社会阶层来看，一般为财力较为丰厚的地主和商人。如周去非《岭外代答》卷4《居室》载：广西各郡的富家大户，家中的房屋都是瓦房，不施栈板，唯敷瓦于椽间。仰视其瓦，只取其不藏老鼠，由此即使是日光穿漏，也不以为厌。而小民则是垒土为墙，墙上架横梁，全部不施柱。或者用竹剖开，仰覆在墙上为瓦；或者织竹笆两重，任其漏滴。广中居民，四壁不加涂泥，夜间焚膏，其光四出于外，因此有"一家点火十家光"

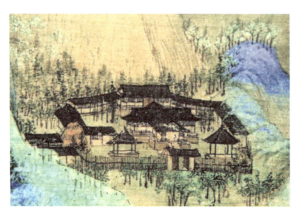

▲ 宋王希孟《千里江山图》中的中型住宅

▲ 宋王希孟《千里江山图》中的中型住宅

之讯。其所以这样做，是因为这里天气非常炎热，意在让其通风，不利埋室。也正因为如此，这里居民不建透风性能不好的茅屋。从地区来看，瓦房则以城市居多。如李元纲《厚德录》卷4载：郑建中，其先本雍人，五代时移居到安陆，家中积累了上万银子的巨额财产，在安陆城中营造了许多瓦房，以至城中居民多向他租房居住。每当大雨之后，他派人用车子载着瓦片，问租客所住的房子有没有漏水，如有，则用这些瓦片补上。如果房客自建有房屋，他也帮其修缮好。农村中的瓦房虽不普遍，但也可以见到一些。范成大《骖鸾录》就载："十日，宿上江。两日来，带江悉是橘林。翠樾照水，行终日不绝，林中竹篱瓦屋，不类村墟，疑皆得种橘之利。江陵千本，古比封君，此固不足怪也。"

瓦房的建筑格局和结构，虽然各地多有差异，但大多采用长方形平面，梁架、栏杆、棂格、悬鱼、惹草等具有朴素而灵活的形体。屋顶多用悬山或歇山顶，除草葺与瓦葺外，山面的两厦和正面的庇檐（或称引檐）则多用竹篷或在屋顶上加建天窗。而转角屋顶往往将两面正脊延长，构成十字相交的两个气窗。稍大的住宅，外建门屋，内部采取四合院形式。有些院内还莳花植树，美化环境。从王希孟《千里江山图》中所绘的住宅图景来看，都有围墙、大门和东西厢房，而主要部分是由前厅、穿廊、后寝等所构成的工字屋。另有少数较大住宅则在大门内建照壁，前堂左右附以挟屋。这些都在一定程度上反映了当时大中地主住宅的情况（参见刘敦桢主编《中国古代建筑史》，第185—186页，中国建筑工业出版社1980年版）。

砖瓦业在宋代有了突飞猛进的发展，据北宋李诫《营造法式》所载，砖型有十三种；而瓦则按质分为素白、青棍、琉璃三大类，按功用又可分为筒瓦、板瓦、脊瓦三类。筒瓦在宋代有六种，覆于两行板瓦之间，不仅具有束水功能，而且因其上面往往作有纹饰，故又有装饰的功用。从文献记载及出土的实物来看，其图案种类甚多，除传统的动植物、神像、文字（一般多为吉祥语、宫殿或官署名等）外，还增加了龙凤、花草等花样。板瓦有七种，仰铺于屋顶。

而在边远城镇及乡村，民居除少量瓦房外，极大多数是比较简陋、低矮窄狭的茅草屋。如庄绰《鸡肋编》卷下载："新

▲ 宋王希孟《千里江山图》的小型住宅

▲ 宋巨然《山居图》　　▲ 宋钱选《山居图》

▲ 宋佚名《人物故事图》中的草房

州城中甚隘，居人多茅竹之屋。有两人于附郭治花圃，创为一堂，前后两庑，颇极爽丽。"陆游《入蜀记》卷 5 也多处记载这种茅屋，如该书记载鄂西归州（今湖北秭归）"满目皆茅茨"，惟州宅才有"盖瓦"；江陵一带"道旁民屋，苫茅皆厚尺许，整洁无一枝

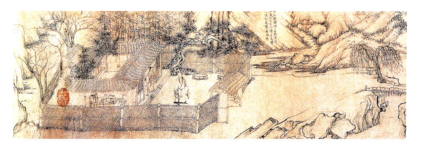

▲ 宋乔仲常《后赤壁赋图》中的民居（此为侧面图）

▲ 宋乔仲常《后赤壁赋图》中的民居（此为正面图）

乱"；公安"民居多茅屋，然茅屋尤精致可爱"；巴东县"自令廨而下皆茅茨，了无片瓦"。而在少数民族地区，这种茅屋就更为普遍了。朱辅《溪蛮丛笑·打寨》载："山瑶穴居野处，虽有屋以庇风雨，不过剪茅义木而已，名打寨。"

当然，这种茅草房在宋代都城中也可见到。如淳熙七年（1180）六月二十三日临安府说："奉诏本府居民添盖，接檐突出，并芦席木，侵占街道，及起造屋宇，侵占河岸……"（《宋会要辑稿》方域10《道路篇》）又，张仲文《白獭髓》载："绍兴初，行都童谣曰：'洞洞张河爷娘，一似六军之教场。'忽民间遗火，自大瓦子至新街约数里，是时皆苇席屋……"

▲ 宋佚名《雪窗读书图》中的茅房与院落大门

▲ 宋马和之《女孝经图》的农居

在当时，不仅民居如此，连军营也往往是茅草搭建的房屋。如仁宗康定元年（1040）六月，有官员奏道："陕西、湖北营房，大率覆以茨苫。"（《续资治通鉴长编》卷127，康定元年六月甲申）

茅屋的房架由梁、檩、椽组成，顶部用稻草或麦秆、黍秆、芦苇等覆盖。檐下一般留有较大的空隙，便于通风出烟。墙身很矮，使人有低矮狭窄之感。它虽然造价低廉，但使用寿命较短，经不住长时期的风吹雨淋，往往"年深损烂，不堪居住"（《宋会要辑稿》兵六之二十六）。张耒《芦藩赋》便反映了这一情况："张子被谪，客居齐安。陋屋数椽，织芦为藩。疏弱陋拙，不能苟完。昼风雨之不御，夜穿窬之易干。上鸡栖之萧瑟，下狗窦之空宽。先生家贫，一裘度寒。曾肤箧之不恤，何藩篱之足言？……公宫侯第，兼瓦连甍。紫垣玉府，十仞涂青。何尝知淮夷之陋俗，穷年卒岁乎柴荆也哉！"（《张耒集》卷1）

▲ 宋佚名《豳风图》中的土豪住宅　　　　　　▲ 传宋高克明《溪山雪霁图》中的农村住宅

　　茅屋外面往往围建有篱笆，如陆游《初春》诗："茅屋三间围短篱。"（《剑南诗稿》卷74）又其《入蜀记》卷5载西南地区的农家，"虽茆荻结庐，而窗户整洁，藩篱坚壮"。这些篱笆的材料，一般为竹或芦苇、茅草等。

　　草房的居住者除劳动人民外，还有一些隐士或僧、道等也往往在山林幽僻处"结草为庐"。这种茅屋"仅庇风雨"（《宋史·种放传》），极为简陋。

　　除瓦房和草房外，还有以竹楼、木船和洞穴为住宅的。

　　竹楼又称竹屋，流行于南方，颇具地方特色。北宋王禹偁《黄州新建小竹楼记》："黄冈之地多竹，大者如椽，竹工破之，刳去其节，用代陶瓦。比屋皆然，以其价廉而工省也。……闻竹工云：'竹之为瓦仅十稔，若重覆之，得二十稔。'"（王禹偁《小畜集》卷17）赵彦卫《云麓漫钞》卷10还详细记载了竹楼的建造方法："截大竹长丈余，平破开，去其节，编之；又以破开竹覆其缝

▲ 宋燕肃《山居图》中的山村住宅

脊，檐则横竹夹定，下施窗户，与瓦屋无异。"

以船为家的一般是渔民或船夫。如北宋蔡襄记福州水上渔民生活说："福唐水居船，举家栖于一舟，寒暑、食饮、疾病、婚姻，未始去是，微哉其为生也！然观其趣，往来就水取直以自给。"（《蔡忠惠公文集》卷31《集说》）范致明《岳阳风土记》也记载当地风俗："中户之产，不过五十缗，多以舟为居处，随水上下。渔舟为业者，十之四五，所至为市，谓之潭户，其常产即湖地也。"苏轼《鱼蛮子》诗就描绘了这一情景："江淮水为田，舟楫为室居。鱼虾以为粮，不耕自有余。异哉鱼蛮子，本非左衽徒。连排入江住，竹瓦三尺庐。"（《苏轼诗集》卷21）又，吴自牧《梦粱录》卷12《河舟》载运河中载米的船夫"其老小悉居船中，往来兴贩"。高翥有诗描述曰："尽将家具载轻舟，来往长江春复秋。三世儿孙居舵屋，四方知识会沙头。老翁晓起占风信，少妇晨妆照水流。自笑此生漂泊甚，爱渠生理付浮悠。"（《信天巢遗稿·船户》）此外，在南方一个名叫"疍"的少数民族也以舟楫为家。如范成大《桂海虞衡志·志蛮》载："疍，海上水居蛮也。以舟楫为家，采海物为生，

▲ 宋佚名《豳风图》中的农村住宅

且生食之。"

宋人以洞穴为家的，盛行于北方黄河流域，这种土洞即今日所说的窑洞。如华阳人上官融《友会谈丛》载："麟州府在黄河西，古云中之地，乃蕃汉杂居。黄茅土山，高下相属，极目四顾，无十步平垣，庙宇覆之以瓦，民居用土，止若棚焉。架险就平，重复不定，上引瓦为沟，虽大澍亦不浸润，其梁柱榱题，颇甚华丽，在下者方能细窥。城邑之外，穹庐窟室而已。"

另外，在少数民族地区还流行一种干栏式建筑。如周去非《岭外代答》卷2《海外黎蛮》载海南黎族"居处皆栅屋"；又在卷4《巢居》中说："深广之民，结栅以居，上设茅屋，下豢牛豕。栅上编竹为栈，不施椅桌床榻，唯有一牛皮为裀席，寝食于斯。牛豕之秽，升闻于栈罅之间，不可向迩，彼皆习惯，莫之闻也。考其所以然，盖地多虎狼，不如是，则人畜皆不得安。无乃上古巢居之意欤？"卷10《蛮俗门·蛮俗》："民编竹苫，茅为两重，上以自处，下居鸡豚，谓之麻栏。"

四、园林

宋代园林在当时人们的生活中具有重要的作用，周密《齐东野语》卷19《贾氏园地》说道："园囿一也，有藏歌贮舞，流连光景者；有旷志怡神，蜉蝣尘外者；有澄想遐观，运量宇宙，而游特其寄焉者。"从其所属关系来看，可以分为皇家园林、私家园林、府署园林、寺院园林四大类，其中又以前两类最为盛行。

(一) 皇家园林

北宋都城开封的皇家园林较多，其中以大内后苑、艮岳、瑞圣园、琼林苑、金明池、宜春苑等。

大内后苑位于大内后半部景福殿、广圣宫的北面，据《宋会要辑稿》等书记载，后苑有大清楼藏四库书，宜圣殿奉祖宗圣容，还有些殿贮四方贡珍果等。除了众多的殿、阁、亭、榭、假山、池沼外，在后苑的苑园中还种植有各种树木、花卉，甚至南方的花木也移植苑中。如荔枝树在宜和殿前结实，橙子也挂满枝头，杨树高入云

◀ 宋佚名《玉楼春思图》

▲ 宋刘松年《四景山水图》之一　　　　　　　　▲ 刘松年《四景山水图》之二

霄，柳树郁郁葱葱；苑中有四季常青的松、柏、竹，还有牡丹、芍药、菊花、荷花等应时花卉。据李焘《续资治通鉴长编》卷72载，太祖乾德三年（965），引金水河水贯皇城，历后苑，使得内庭池沼水源充足。后苑内池沼一度曾有龙舟划行，可见水域之广阔。此外，还有众多的鸟禽在这里活动。这里虽然面积不大，但建筑密集，"崇石峭壁，高百丈，林壑茂密诸景色"（王明清《挥麈后录·余话》卷10），表现出浓厚的山林野趣。

而艮岳则是北宋东京皇家园林中的代表作。据《艮岳记略》载：徽宗登极之初，皇子不多，有方士对他说：京城东北隅，风水较好，可惜形势稍微低了一些，如果能够增高一点，则可以使皇嗣繁衍了。于是在政和七年（1117）十二月，徽宗命户部侍郎孟揆于上清宝箓宫东筑山，山似杭州的凤凰山，取名曰万岁山。又因山在国之艮位，故亦名艮岳。宣和六年（1124），以金芝产于艮岳之万寿峰，故诏令改名寿岳；又因岳之正门称华阳门，故又称华阳宫。艮岳在宣和四年（1122）大体建成，然自政和讫靖康，一

241

▲ 刘松年《四景山水图》之三

▲ 刘松年《四景山水图》之四

直没有停止过修筑。据宋徽宗赵佶御制《艮岳记》、蜀僧祖秀《华阳宫记》等记载：艮岳面积极大，周十余里，其最高一峰达九十步。内设洞庭、湖口、丝溪、仇池四个大湖，泗滨、林虑、灵壁、芙蓉诸座山。园中奇珍异草甚多，如枇杷、橙柚、橘柑、椰栝、荔枝等木，金蛾、玉羞、虎耳、凤尾、素馨、渠郍、茉莉、含笑等花草，其中仅梅树就种植了一万株，命名为"梅岭"。又种丹杏鸭脚，称"杏岫"。又增土叠石，间留隙穴以栽黄杨，曰"黄杨巘"。又开闸注水而为瀑布，称"紫石壁"或"瀑布屏"。至于里面的宫室台榭极多，其中知名的有琼津殿、绛霄楼、萼绿华堂。总之，此园"括天下之美，藏古今之胜，于斯尽矣"。靖康之难时，金兵围城，诏令取艮岳山禽水鸟十余万只，投诸汴渠；拆艮岳中的房子木头为薪，凿石为炮，伐竹为篱笆。园中所养的数千头大鹿，全部杀掉作为士兵的粮食。于是，一代名园毁于一旦。

瑞圣园为北宋东京四大名园之一。初名北园，太平兴国初年改称含芳园。真宗大中祥符三年（1010），以崇奉天书，曾将天书奉安于此，更名为瑞圣园。园内有大面积耕地和茂密的竹林，其收入供祭祀之用。曾巩有诗："北上郊园一据鞭，华林清集缀儒冠。方塘潋潋春先渌，密竹娟娟午更寒。流渚酒浮金凿落，照庭花并玉阑干。君恩倍觉丘山重，长日从容笑语欢。"（《曾巩集》卷8《上巳日瑞圣园锡燕呈诸同舍》）北宋亡后，园废。

琼林苑为北宋东京四大名园之一。建于宋太祖乾德二年（964），与金明池南北相对，曾为宴请进士的场所。"大门牙道皆古松怪柏，两傍有石榴园、樱桃园之类，各有亭树"。徽宗政和间（1111—1118），在苑之东南隅"创筑华觜冈，高数十丈，上有横观层楼，金碧相射。下有锦石缠道，宝砌池塘，柳锁虹桥，花萦凤舸"（《东京梦华录》卷7《驾幸琼林苑》）。并有福建、两广及江浙各地所进素馨、茉莉、山丹、瑞香、含笑、射香等南方地区特有的花卉。月池、梅亭、牡丹之类诸亭，不可悉数。每年三月一日开苑，命士庶纵观。

金明池位于新郑门外。周回九里三十步，池西直径七里许。据《宋东京

▲ 宋佚名《宫苑婴戏图轴》

▲ 宋佚名《盥手观花图》

243

▶ 宋佚名《金明池争标图》

▲ 宋佚名《高阁凌空图》

考》卷10载："周显德四年，欲伐南唐，始凿以习水战。"政和中（1111—1118），又兴土木，使金明池更加壮观。《东京梦华录》卷7《三月一日开金明池琼林苑》载："入池门内南岸西去百余步，有面北临水殿，车驾临幸观争标，锡宴于此……又西去数百步乃仙桥，南北约数百步，桥面三虹，朱漆阑楯，下排雁柱，中央隆起，谓之骆驼虹，若飞虹之状。桥尽处，五殿正在池之中心……桥之南立棂星门，门里对立彩楼……门相对街南有砖石甃砌高台，上有观楼，广百丈许，曰宝津楼。前至池门，阔百余丈，下阚仙桥水殿，车驾临幸观骑射百戏于此。"殿之南有晏殿，殿西有射殿。每岁三月一日开池，由御史台在宜秋门贴出皇榜晓示，许人游赏，大抵于四月初八日闭池。后为金兵所毁。

南宋都城临安的皇家园林也不少，其中主要有皇宫后苑、德寿宫后苑、玉津园、聚景园、延祥园、庆乐园、集芳园、玉壶园、下竺御园、富景园、屏山园、五柳园等。其中皇宫后苑又称大内御苑，位于今杭州市区凤凰山的西北部，园内有大龙池、万岁山等景区。大龙池又名小西湖，是整个御园的核心，面积约为 10 亩，分东、西、南、北四个景区。四个景区景色各异，可观春、夏、秋、冬四季的景色。万岁山又名小飞来峰，高十余丈，由人工叠石而成。登上峰顶，全园景色一

▲ 南宋皇宫（临安风情画）

览无遗。周密《武林旧事》卷 4《故都宫殿》载其"亭榭之盛，御舟之华，则非外间可拟"。德寿宫后苑则位于望仙桥之东，绍兴三十二年（1162），高宗在原秦桧府第的基础上扩建而成。乾道初年，孝宗又对其进行了改造和拓建。据李心传《建炎以来朝野杂记·乙集》卷 3《南北内》载："凡禁苑周回分四地分：东则香远、清深、月台、梅坡、松菊三径、清妍、芙蓉冈；南则载忻、忻欣、射厅、临赋、灿锦、至乐、半丈红、清旷、泻碧；西则冷香、文杏馆、静乐、浣溪；北则绛华、旱船、俯翠、春桃、盘松。"聚远楼是德寿宫后苑内最为壮观的建筑。《武林旧事》卷 4《故都宫殿》载："高宗雅爱湖山之胜，恐数跸烦民，乃于宫内凿大池，引水注之，以象西湖冷泉；垒石为山，作飞来峰。"因取苏轼诗"赖有高楼能聚远，一时收拾与闲人"之句命名。登上此楼，德寿宫东区花景可一览无遗。周必大有诗赞道："聚远楼高面面风，冷泉亭下水溶溶。人间炎热何由到，真是瑶台第一重。"

玉津园在城南嘉会门南四里，洋泮桥侧。建于绍兴初年，沿用"东都旧名"，其建筑布局也模拟东都玉津园。因园林靠山沿江，故景色极佳，曾怀《和御制玉津园燕射》诗赞其"江山秋色冠轻烟，别苑风光胜辋川"，故深得高宗、孝宗、光宗诸帝的喜爱，每年元旦都要率太子及文武大臣等到这里举行宴射礼。金国使者来贺，也曾在园中宴射。园内摩崖上有萧燧、王佐、宇文炉、韩彦直、洪迈等正书题名，记载着当时的宴射盛事。元时园废，所存有景钟。

聚景园在清波门外西湖之滨，是孝宗为奉养高宗而建。其范围东起流福坊，西临西湖，北至涌金门外，南起清波门外。园内

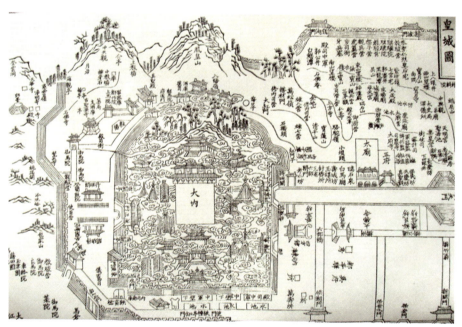

▲ 南宋咸淳四年（1268）《临安志》中的《皇城图》

▲ 宋佚名《梧桐庭院图》（局部）

台榭殿堂齐备，据载主要有会芳殿，瀛春、揽远两堂，芳华、花光、瑶津、翠光、桂景、滟碧、凉观、琼芳、彩霞、寒碧、花醉、澄澜、锦壁、清辉等亭榭及学士、柳浪两桥。此外"叠石为山，重峦窈窕"，湖光潋滟，繁花似锦，深得南宋孝、光、宁三帝的喜爱，时常临幸。理宗以后，此园开始荒落，仅存一堂两亭，故时有"尽日垂杨覆御舟"及"空锁名园日暮花"之句。元代曾在此兴建佛寺，并将其作为回民的墓地。

延祥园，南宋临安御园之一。绍兴年间，宋高宗在西湖孤山四圣延祥观内建延祥园，故又称四圣延祥观御园。《梦粱录》卷19《园囿》载其"此湖山胜景独为冠"。园内有凉台、瀛屿、六一泉、玛瑙坡、陈朝柏、闲泉、金沙井、仆夫泉、小蓬莱泉、香月亭、香莲亭、挹翠堂、清新堂等胜景。亭馆窈窕，宛若图画，美不胜收。周紫芝《四圣观后山亭》诗："附山结真祠，朱门照湖水。湖

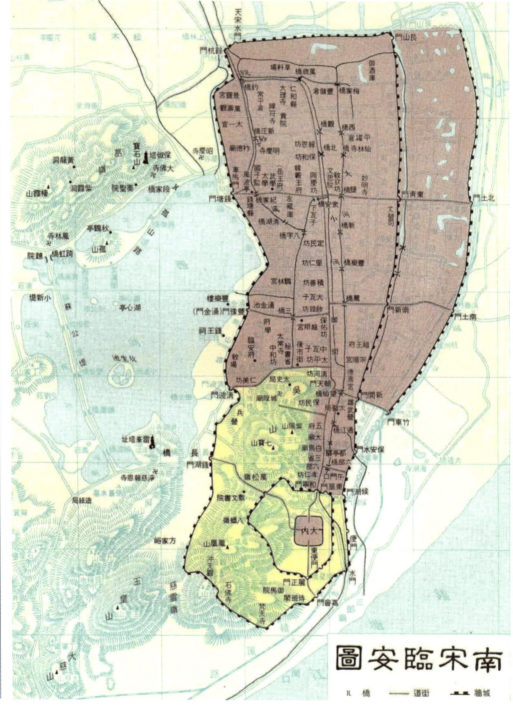

▲ 南宋都城临安图

流入中池，秀色归净几。风帘邐旌幢，神卫森剑履。清芬宿华殿，瑞露蒙王宸。仿佛还神京，想象轮奂美。"（《太仓稊米集》卷28）可见此园花明水洁，气象幽雅。至元后，园为杨琏真伽所据，遂日益荒废。

庆乐园位于钱湖门外瑞石山麓。宁宗庆元二年（1196），由吴皇后赐给权臣韩侂胄，遂更名为南园。韩死后复归官家所有，改名为庆乐园。园内有梅关、桂林之胜，且蓄养有众多的珍禽异兽。园内亭馆也极多，据《武林旧事》卷5《湖山胜概》所载有"许闲堂和容射厅、寒碧台、藏春门、凌风阁、西湖洞天、归耕庄、清芬堂、岁寒堂、夹芳、豁望、矜春、鲜霞、忘机、照香、堆锦、远尘、幽翠、红香、多稼、晚节香等亭。秀石为上，内作十样锦亭，并射圃流杯等处"。

（二）私家园林

宋代私家园林极多，其中以北宋东京开封、西京洛阳和南宋都城临安最多。

袁褧《枫窗小牍》卷下载："汴中园囿亦以名胜当时，聊记于此。州南则玉津园，西去一丈佛园子、王太尉园、景初园。陈州门外园馆最多，著称者奉灵园、灵嬉园。州东宋门外麦家园，虹桥王家园。州北李驸马园。州西郑门外下松园、王太宰园、蔡太师园。西水门外养种园。州西北有庶人园。城内有芳林园、同乐园、马季良园。其他不以名著约百十，不能悉记也。"在其列举的许多园林中，大多为私家园林。其中当以蔡太师园最为知名。蔡京当权，京师有多处府第，每处均为一别墅式园林。其中城西金明池西南一处园第，异花佳木繁茂，怪石垒山而立，径路交互弯

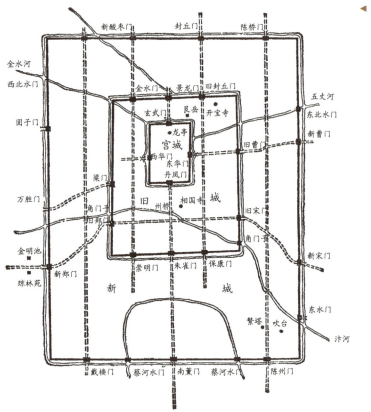

图中标注：新酸枣门　封丘门　陈桥门　金水河　西北水门　金水门　景龙门　旧封丘门　五丈河　东北水门　玄武门　艮岳　开宝寺　国子门　龙亭　宫城　新曹门　西华门　旧曹门　东华门　丹凤门　旧州桥　相国寺　城　旧宋门　梁门　万胜门　角门子　旧郑门　角门子　新宋门　金明池　新郑门　崇明门　朱雀门　保康门　琼林苑　新城　东水门　繁塔　吹台　汴河　戴楼门　蔡河水门　南薰门　蔡河水门　陈州门

曲，时称蔡太师花园。蔡京常住的在闾阖门外南边的赐第，建有东西两园，其中东园里面"嘉木繁阴，望之如云"。西园亦是一座非常漂亮的园林，蔡京《与范谦叔饮西园》诗："一日趋朝四日闲，荒园薄酒愿交欢。三峰崛起无平地，二派争流有激湍。极目榛芜惟野蔓，忘忧鱼鸟自波澜。满船载得圭璋重，更掬珠玑洗眼看。"（张邦基《墨庄漫录》卷2）可见花园内设有太湖石垒成的假山、鱼池等。王黼第园也是北宋东京著名的私家宅园之一。朱胜非《秀水闲居录》载："王黼作相，初赐第相国寺东，又赐第城西竹竿巷，穷极华侈，垒奇石为山，高十余丈，便坐二十余处，种种不同。如螺钿阁子，即梁柱、门窗、什器皆螺钿也。琴光漆花

宋代衣食住行

▲ 开封清明上河园夜景

栌木雕花镶玉之类悉如此。第之西号西村，以巧石作山径，诘屈
往返，数百步间以竹篱茅舍为村落之状。"成为北宋末年东京权臣
第宅园林的代表。

洛阳是宋代私家园林最为兴盛的地区之一，苏辙《洛阳李氏
园池诗记》："洛阳古帝都，其人习于汉唐衣冠之遗俗，居家治园
池，筑台榭，植草木，以为岁时游观之好。其山川风气，清明盛
丽，居之可乐。平川广衍，东西数百里。嵩高、少室、天坛、王
屋，冈峦靡迤，四顾可挹。伊洛瀍涧，流出平地。故其山林之胜，
泉流之洁，虽其闾阎之人与其公侯共之。一亩之宫，上瞩青山，
下听流水，奇花修竹，布列左右。而其贵家巨室，园囿亭观之盛，

251

▲ 宋张先《十咏图》中达官贵人家中建筑精致高大的水亭　　　　▲ 宋赵伯骕《五云楼阁图》中的园林建筑

实甲天下。"（苏辙《栾城集》卷 24）苏辙之言并非过誉，仅北宋李格非《洛阳名园记》中就载有名园十九处，它们是：天王花园子、归仁园、李氏仁丰园、董氏西园、董氏东园、刘氏园、丛春园、松岛、东园、紫金台张氏园、水北胡氏园、独乐园、吕文穆园、富郑公园、环溪、苗帅园、赵韩王园、大字寺园、湖园。天王花园子在今洛阳市旧城一带，园中设有池亭等建筑，独有牡丹数十万本，因称花园子。《洛阳名园记》载："凡城中赖花以生者，毕家于此。至花时，张幕幄，列市肆，管弦其中。城中士女，绝烟火游之。"独乐园为司马光的私家花园，在今洛阳市旧城，建造于熙宁六年（1073）。取名独乐园，是表示园主人反对不了"新法"，只好独善其身之意。司马光在《独乐园记》中说：熙宁六年，在洛阳"买田二十亩于尊贤坊北，辟以为园。其中为堂，聚书五千卷，命之曰'读书堂'。堂南有屋一区，引水北流，贯宇下。中央为沼，方深各三尺。疏水为五派注沼中，状若虎爪，自沼北伏流出北阶，悬注庭下，状若象鼻。自是分为二渠，绕庭四隅，会于西北而出，命之曰'弄水轩'。堂北为沼，中央有岛，岛上植竹，圆周三丈，状若玉玦，揽结其杪，如渔人之庐，命之曰'钓鱼庵'。沼北横屋六楹，厚其墉茨，以御烈日。开户东出，南北列轩牖，以延凉飔。前后多植美竹，为清暑之所，命之曰'种竹斋'。沼东治地为百有二十畦，杂莳草药，辨其名物而揭之。畦北植竹，方径丈，状若棋局，屈其杪，交相掩，以为屋，植竹于其前，夹道如步廊，皆以蔓药覆之，四周植木药为藩援，命之曰'采药圃'。圃南为六栏，芍药、牡丹、杂花各居其二，每种止植两本，识其名状而已，不求多也。栏北为亭，命之曰'浇花亭'。洛城距山不远，而林薄茂密，常苦不得见，乃于园中筑台，作屋其上，以望万安、轩辕，至于太室，命之曰'见山台'"。宋代李格非《洛阳名园记·独乐园》认为，此园与洛阳其他园林相比，无论是其面积还是装饰，显得卑小，无法相比。然而由于司马光的原因，其园为人所欣慕，诸亭台词也颇行于世。

▲ 宋佚名《水阁纳凉图》中的园林建筑

▲ 宋燕文贵《层楼春眺图》（局部）

南宋都城临安，王侯将相的园林相望。仅《梦粱录》《武林旧事》《都城纪胜》《西湖老人繁胜录》等书提到的名园就有五十余处。据《都城纪胜·园囿》所载："在城则有万松岭内贵王氏富览园，三茅观东山梅亭、庆寿庵，褚家塘御东园（系琼华园），清湖北慈明殿园、杨府秀芳园、张府北园、杨府风云庆会阁。城东新开门外，则有东御园（今名富景园）、五柳御园。城西清波、钱湖门外聚景御园（旧名西园）、张府七位曹园。南山长桥则西有庆乐御园（旧名南园）、净慈寺前屏山御园、雷峰塔前张府真珠园（内有高寒堂，极华丽）、白莲塔后内贵甘氏湖曲园、罗家园、白莲寺园、霍家园、方家峪刘园。北山则有集芳御园、四圣延祥御园（西湖胜地，惟此为最）、下竺寺御园。钱塘门外则有柳巷、杨府云洞园西园、刘府壶园、四井亭园、杨府水阁。又具美园、又饮绿亭、裴府山涛园、赵秀王府水月园、张府凝碧园。孤山路口，内贵张氏总宜园、德生堂、放生竹亭、新建公阁（袁枢尹天府就寺重建）。沿苏堤新建先贤堂园（本裴氏园，袁枢新建）。

宋代衣食住行

254

又有三贤堂园（本新亭子，袁枢于水仙王庙移像新建）、九里松嬉游园（天府酒库）。涌金门外则有显应观、西斋堂、张府泳泽园、慈明殿环碧园（旧是清晖御园）、大小渔庄。其余贵府富室大小园馆，犹有不知其名者。城南嘉会门外，则有玉津御园（虏使时射弓所），又有就包山作园以植桃花，都人春时最为胜赏，惟内贵张侯壮观园为最。城北北关门外，则有赵郭家园。东西马塍诸园，乃都城种植奇异花木处。"

宋代苏州的私家园林较多，据史籍约略统计，有五十多处，如隐圃、沈氏园亭、梅家园、范家园、复轩、小隐堂、秀野堂、丁家园、五亩园（梅园）、章园、贺铸别墅、同乐园、孙觌山庄、蜗庐、西园、闲贵堂、藏春园、招隐堂、石湖别墅、范村、昼锦园、桃园、蒙圃、邵氏园亭、张郎中园亭、千株园、张处士溪居、乐庵、墨庄、北园、依绿园、西园、栎斋、陈氏园、止足堂（郑氏园）、陈陆园、翁氏园、孙氏园、洪氏园、水竹墅、五

▲ 宋佚名《寒林楼观图》表现的达官贵人的精美园林建筑

▲ 宋何筌《草堂客话图》中乡村园林的草亭

柳园、光禄亭、何子园亭、万华堂、渔隐、环谷、道隐园、盘野、郭氏园、就隐、三瑞堂、杨园、祗园、卢园、徐都官山亭、石涧书隐、定轩等（详见魏嘉瓒《苏州历代园林录》，燕山出版社1992年版）。这些大小不一的私家园林，其特点之一是非常精巧，如姚氏所建的三瑞堂，龚明之《中吴纪闻》卷2认为其颇足雅致。而朱勔的同乐园宏丽精致，不仅面积广大，而且建造也十分精美，名扬于时。元代陆友仁《吴中旧事》载："（朱）勔有园极广，植牡丹数千本。花时，以缯彩为幕帘覆其上，每花饰金为牌，标其名，如是者里许。园夫畦子，艺精种植及能垒石为山者，朝释负担，而暮纡金紫，如是者不可数计。园中有水阁，作九曲路以入，春时纵妇女游赏……"又，洪迈《夷坚支志戊》卷6《太岁堂》载："姑苏张比部，家极富盛，名园甲第，冠于两浙。"

南宋绍兴私家园林甚多，陈鹄《西塘集耆旧续闻》卷10载："南渡初，南班宗子寓居，会稽为近属，士子最盛，园亭甲于浙东。一时坐客，皆骚人墨客。"

宋代湖州的私家园林亦较盛，周密《癸辛杂识》前集《吴兴园圃》载："吴兴山水清远，升平日，士大夫多居之。其后，秀安僖王府第在焉，尤为盛观。城中二溪横贯，此天下之所无，故好事者多园池之胜。"该记所载当时吴兴私家园林有三十六处，其中著名的有南沈尚书园、北沈尚书园、章参政嘉林园、牟端明园、赵府北园、丁氏园、莲花庄、赵氏菊坡园、程氏园、丁氏西园、倪氏园、赵氏南园、叶氏园、李氏南园、王氏园、赵氏园、赵氏清华园、俞氏园、赵氏瑶阜园、赵氏兰泽园、赵氏绣谷园、赵氏小隐园、赵氏蜃洞、赵氏苏湾园、毕氏园、倪氏玉湖园、章氏水竹坞、韩氏园、叶氏石林、刘氏园、钱氏园、程氏园、孟氏园等。

除上述数地之私家园林外，灵璧的张氏园亭、海陵的南园、济南张氏园亭等亦都曾名闻一时。

值得注意的是，私家园林在农村中也可见到。如陆游《入蜀记》卷5载："泊毕家池，地势爽垲，居民颇众。有一二家虽茅荻结庐，而窗户整洁，藩篱坚壮，舍傍有果园甚盛，盖亦一聚之雄也。""六日，过东场。并水皆茂竹高林，堤净如扫，鸡犬闲暇，凫鸭浮没，人往来林樾间，亦有临渡唤船者，使人恍然如造异境。舟人曰：'皆村豪园庐也。'"

(三) 官署园林

宋代地方官署往往建有园林，真州东园就是一处著名的官署园林。据欧阳修《真州东园记》等载，此园建于北宋皇祐四年

▲ 宋佚名《玉楼春思图》中的园林建筑

◀ 宋李成《晴峦萧寺图》

（1052），为施正臣、许子春、马仲涂三人为官真州时合建。园林占地一百亩。前横流水，右浸清池，北起高台。内造有拂云亭、澄虚阁、清宴堂、射宾圃，都很高大宏丽，水光日影，佳花美木。嘉令时节，州中的士女往往至此游览，唱歌跳舞，热闹非凡。官员们往往在此设宴招待四方来宾。但至南宋初年，此园已毁于兵火，后虽有修葺，然已失去昔时的风貌。

（四）寺庙园林

宋代各地的寺院大都设有或大或小的园林。秦灵园就是北宋东京著名的寺观园林之一。此园在南熏门外东北普济水门西北会灵观南。据《国朝会要》载："大中祥符八年八月，诏会灵观池以凝祥为名，园以奉灵为名。"该园风景幽雅，且具特色，为都人游赏之地。《东京梦华录》卷 2《朱雀门外街巷》载其

"夹岸垂杨菰蒲莲荷，凫雁游泳其间。桥亭台榭，棋布相峙"。西都洛阳北寺应天禅院也在后院内设有花园，"植牡丹万本，皆洛中尤品"（《宋朝事实类苑》卷33《应天院建圣像殿》）。苏州郡城东北的大慈寺，"旁辟池亭，四围栽树，花木一时称盛。游人过章园、梅园者，必一至其地"（张炎《烬余录》）。

五、住宅装饰

宋人对住宅的装饰非常重视，特别是一些富贵人家更是如此。《宣和遗事》前集载宋徽宗微服私访时，"见一座宅，粉墙鸳瓦，朱户兽钚，飞帘映绿郁郁的高槐，绣户对着青森森儿瘦竹"。徽宗一行进去后，"转曲曲回廊，深深院宇；红袖调筝于屋侧，青衣演舞于中庭，竹院、松亭、药栏、花槛，俄至一所，铺陈甚雅：红床设花褥绣褥，四壁挂山水翎毛。打起绿油吊窗，看修竹湖山之景"。

从地区来看，当以杭州人最为看重。江少虞说："杭人素轻夸，好美洁，家有百千，必以太半饰门窗，具什器。荒歉既甚，鬻之亦不能售，多斧之为薪，列卖于市，往往是金漆薪。"（《宋朝事实类苑》卷60《杭人好饰门窗什器》）张仲文《白獭髓》载杭州风俗说："行都人多易贫乏者，以其无常产，借夫借钱造屋，弃

▲ 宋佚名《着色人物图》中豪宅室内布置

▲ 宋佚名《挖耳图》中的屏风、桌子和凳子等

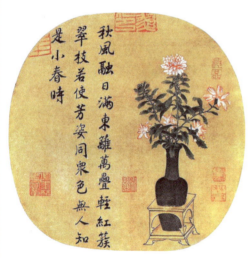

▲ 宋姚月华《胆瓶花卉图》

产作亲，此浙西人之常情，而行都人尤甚。其或借债等，得钱首先充饰门户，则有漆器装折，却日逐籴米而食，妻孥皆衣弊衣，跣足而带金银钗钏，夜则赁被而宿。似此者非不知为费，欲其外观之美而中心乐为之耳。"

用书画装饰房间，是宋人的普遍现象。如前述的名妓李师师卧室，就在"四壁挂山水翎毛"。当然，宋人房中亦有悬挂肖像画的现象，如黄庭坚家中就悬挂有苏东坡的肖像画。又因苏东坡有德于杭州和毗陵人民，故当地百姓"家有画像，饮食必祝，又作生祠以报"（《宋史·苏轼传》）。毗陵"士大夫家，广摹画像，或朝服，或野服，列于壁间"（费衮《梁溪漫志》卷4《毗陵东坡祠堂记》）。

鲜花或人工制作的绢花等，也是宋人装饰房间的重要物品。洪迈《夷坚支志丁》卷8《周氏买花》载："临安丰乐桥侧，开机坊周五家，有女颇美姿容。尝闻市外卖花声，出户视之，花鲜妍艳丽，非时所见者比。乃多与直，悉买之，遍插于房栊间，往来谛玩，目不暂释。"又，宋代说经话本《花灯轿莲女成佛记》载：潭州城里李小官人"每日要见这莲女，没来由，只是买花。买花多了，没安处，插得房中满壁都是花"。从文献或考古资料来看，当时已有专门的花瓶，其常见的有瓷瓶、玻璃瓶等。周密《齐东野语》卷18《琴繁声为郑卫》有"供客以玻璃瓶插花"之句。苏轼《格物粗谈》卷上《培养》还详细记载了当时人插花的许多经验和风俗，如："腌肉滚汁，彻去浮油，热入瓶，插梅花，可结实。煮鲫鱼汤亦可。荷花以乱发缠折处，泥封其窍，先入瓶底，后灌水，不令入窍，则多存数日。养荷花，以温水入瓶中，以纸蒙固，将花削尖簪，则花开且久。蜀葵花削煨，以石灰蘸过令干，插滚水瓶中，塞口，开至顶而叶不软。凤仙、芙蓉同此法。养梅花用煮肉汁，撇去面上肥油，其余放

▲ 宋李嵩《花篮图》

▲ 宋佚名《调鹦图》

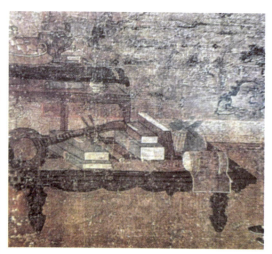

▲ 宋佚名《勘书图》中桌子上的乐器

冷，用养，则花尽开而久难谢。牡丹、芍药、栀子，并刮去皮，火烧，以盐擦，插花瓶中，加水养之……"

此外，在文人士大夫的书房中还往往置放有琴等乐器。如《齐东野语》卷16《文庄公滑稽》载："外大父文庄章公，自少好雅洁，性滑稽。居一室必泛扫巧饰，陈列琴、书。"

六、起居用具

在宋代，我国自商周以来的跪坐方式发生了根本性的变化，开始逐步实行垂足而坐的起坐方式，于是与其有关的起居用品也随之出现了。南宋陆游《老学庵笔记》卷4载："往时士大夫家，女子坐椅子、杌子，则人皆讥笑其无法度。梳洗床、火炉床家家有之，今犹有高镜台，盖施床则与人面适平也。或云禁中尚用之，特外间不复用也。"当时新式的高足家具不仅已盛行于民间，而且还形

▲ 河南禹州白沙宋墓壁画中的桌、椅、脚床子、屏风

成了完整的系列组合，日益排挤着传统的供席地起居的旧的家具组合，迫使它们退出历史舞台，从而为中国古代家具步入成熟期奠定了基础，最后迎来了中国古代家具的黄金时代，形成在艺术造型、工艺技巧和实用功能都日臻完善的明式家具。河南禹州白沙北宋墓的墓室壁画就生动地表现了这一点：从第一号赵大翁墓

壁画表现的宴饮画面中，使用了桌、椅、脚床子和上绘水纹的屏风，并绘出居中设桌，左右两侧各放一椅，椅前设脚床子，椅后树立屏风的陈设方式。在表现居室内妇女对镜着冠的画面中，使用了杌、椅、衣架、盆架、镜台等家具。类似画面的壁画和雕砖家具图像，在河南、河北、山东乃至湖北、陕西、甘肃等地都有发现（杨泓《家具经纬——古代家具的演变与造型》，载《美术考古半世纪》下编，文物出版社1997年版）。

1. 家具

宋代的日用家具，时称为"家生"。如吴自牧《梦粱录》卷13《诸色杂货》载："家生动事，

▲ 宋佚名《槐荫消夏图》中凉榻、床屏和香桌

如桌、凳、凉床、交椅、兀子、长桃、绳床、竹椅、树笄、裙厨、衣架、棋盘、面桶、项桶、脚桶、浴桶、大小提桶、马子、桶架……"据此可知，宋代的家具主要有桌、椅、床、几、凳、屏风、架子、茵席、箱柜、橱等。

▲ 宋佚名《十八学士图》中的凳子和桌子

▲ 宋佚名《蕉荫击球图》中的平头案和圆背交椅

桌在宋代名目繁多，按其造型来说，有方桌、长方桌、圆桌等类型；按其功能来说，则有饭桌、书桌、琴桌、案桌、茶桌及床上所用的小炕桌等。八仙桌是宋代新出现的一种餐具，桌面呈四方形，下安四腿，多用硬木为之；因其每边可坐两人，共坐八人，与唐代"酒中八仙"之数相合，遂名。北宋晁补之《鸡肋集》卷32有《八仙案铭》："东皋松菊堂，饮中八仙案。"

宋代重文，故往往在书房中设置有书桌。案桌在宋代又称为供床，放在神像前，供放置香烛祭品等用。茶桌专供人们吃茶用，如罗大经《鹤林玉露·乙编》卷6《临事之智》载："从善命于市

▲ 宋马远《西园雅集图》中的大型书案

▲ 宋刘松年《琴书乐志图》中的琴桌

中取茶卓（桌）一样三百只，糊以清江纸，用朱漆涂之，咄嗟而
成。"在宋代，当推杭州、温州、台州、庐陵等地所造的螺钿椅桌
最为名贵。李心传《建炎以来系年要录》卷 171 载："绍兴初，徐
康国为浙漕，进台州螺钿椅桌，陛下即令焚之，至今四方叹诵圣
德。上指御座曰：'如一椅子，只黑漆便可用，何必螺钿？'"螺钿
又称螺填，周辉《清波杂志》卷 1《思陵俭德》载宋高宗赵构登
基之初，躬行俭德，风动四方。他曾诏令有司毁弃螺填椅子、桌
子等家具，认为螺填家具为淫巧之物，不可留在宫中。但明曹昭
等《新增格古要论》卷 8《古漆器论螺钿》却载："螺钿器皿出江西
吉安府庐陵县。宋朝内府中物及旧做者俱是坚漆，或有嵌铜钱者，
甚佳。"

　　宋代的案几随着人们起居习惯的改变，从矮形逐渐演变为高
足的桌案。其品种也较多，有专门用于宴会的宴几、专门用于烧
香祈祷的香几、专门在炕上使用的炕几、供读书写字用的书几以
及祭祖先供放祭品用的灵几等等。宴几在宋代又称为燕几，其形
象在黄长睿所著的《燕几图》中可见。该图中的燕几由七件组成，

▲ 宋金处士《十殿阎王像》中的书案和
圈椅

▲ 宋佚名《十八学士图》中的桌子和
凳子

有一定的比例规格。其特点是多为组合陈设，根据需要，可多可少，可大可小，可长可方，可单设可拼合，运用自如。香几则是一种承放香炉所用的高腿家具，在官僚士大夫家中极为常见，当时文人士大夫因有好焚香的习俗，故往往要在书室中摆上一个或数个香几。炕几为一种置放在床榻上或炕上使用的矮形家具。

椅子的品种较多，从材料来说，有木椅、竹椅、藤椅、石椅等；从形式来说，又有交椅、靠背椅、排椅等。从文献和考古资料来看，宋代的椅子一般由木料制作而成，其中高级的有檀香椅。陆游《老学庵笔记》卷1载："高宗在徽宗服中，用白木御椅子。钱大主入觐，见之，曰：'此檀香椅子耶？'张婕好掩口笑曰：'禁中用烟脂皂荚多，相公已有语，更敢用檀香作椅子耶？'……"竹椅在民间颇为流行，南宋高宗南逃台州临海时，曾在一个寺院的竹椅中休息过（赵彦卫《云麓漫钞》卷7）。交椅又名"交床""胡床""绳床"等，为一种可以折叠的轻便坐具。程大昌《演繁露》卷14载："今之交床，制本自虏来，始名胡床，桓伊下马据胡床取笛三弄是也。隋以谶有胡，改名交床。"陶

穀《清异录》卷下《逍遥座》:"胡床,施转关以交足,穿便绦以容坐,转缩须臾,重不数斤。"周密《齐东野语》卷18《昼寝》:"饱食缓行初睡觉,一瓯新茗侍儿煎。脱巾斜倚绳床坐,风送水声来枕边。"但在宋代礼制中,其地位不及靠背椅、排椅等,但因其携带方便,故官员出行时有带交椅的习惯。"太师椅"为交椅之一种,是从栲栳圈椅发展而来的,也是南宋官僚家庭常用的一种家具。张端义《贵耳集》卷下说:"今之校椅,古之胡床也。自来只有栲栳样,宰执侍从皆用之,因秦师垣在国忌所偃仰,片时坠巾,京尹吴渊奉承时相,出意撰制荷叶托首四十柄,载赴国忌所,遣匠者顷刻添上。凡宰执侍从皆有之,遂号太师样。今诸郡守倅必坐银校椅。此藩镇所用之物,今改为太师样,非古制也。"由此可见,"太师椅"之名是从秦桧开始的。除太师椅外,背靠交椅也在南宋初年得到推广。史载梁汝嘉任临安府尹,有人推荐

▲ 宋刘松年《真迹册》中的交椅

使用一种便于假寝的靠背交椅，用木料制成荷叶形状，且以一柄插于靠背的后面，使人可以仰首而寝。从此以后，这种背靠交椅迅速推广应用，达官贵人都喜爱这种靠背交椅（王明清《挥麈三录》卷3）。懒架是一种可半坐半躺的椅子，如《宣和遗事·前集》载："天子倚著懒架儿暂歇坐间，忽见妆盒中一纸文书。"曲录床是宋代寺院法堂中僧师说法时的一种座椅，时人又称为曲录木或曲录木头。如《密庵语录·示觉禅人》："一旦业缘成就，被人推出，向曲录床上胡言汉语，欺贤罔圣。"在一些贵族家中，椅子往往精雕细刻。如潘汝士《丁晋公谈录》载：窦仪曾雕起花椅子二把，以便右丞及太夫人同坐。

宋代凳子的使用比过去更为普遍，且结构更加合理，造型更加优美。其品种除过去常见的圆凳、方凳、长凳、矮凳等外，还出现了带托泥的凳子和四周开光的大圆墩。方凳从形制来说，可分为长

▲ 宋苏汉臣《秋庭婴戏图》中制作精致的漆木圆凳

宋代衣食住行

▲ 宋李公麟《会昌九老图》中亭子里的圆凳

方凳和短方凳两种；从其制作工艺来说，又可分为带托泥和不带托泥两种。不带托泥的长方凳，在王居正的《纺车图》中即可见到。这种小方凳，四足与凳面为透榫，制作非常粗糙。带托泥的方凳比前一种要漂亮得多，其足一般有花饰，下有托泥，如宋画《妆镜图》中就有这种凳的形象。圆凳也分带托泥和不带托泥两种，其中带托泥的一般称作墩，如《会昌九老图》中即有刻有如意纹且六面开光的圆墩形象。不带托泥的圆凳与唐代圆凳相似，面呈圆形，近月牙凳，四足为马蹄形足，宋画《中兴瑞应图》《妃子浴儿图》等都有此种圆凳的形象。小矮凳在宋代称为兀子，徐敦立说往时士大夫家妇女坐椅子、兀子，则要被人讥笑为不知法度（陆游《老学庵笔记》卷4）。但男子则无此议，王铚《默记》卷中载王安石在蒋山，曾与李茂直坐于路傍，王安石坐的是兀子，而李茂直则坐胡床。凳子上往往还置放坐褥或蒲团等物，坐褥一般以柔软的物品制成。如林洪《山家清供》说，宋人每年采集蒲花制作坐褥或卧褥。而一些富贵人家更是以贵重的羽毛为坐褥，朱彧《萍洲可谈》卷1载："（狨）脊毛最长，色如黄金，取而缝之，数十片成一座，价值

269

钱百千。"

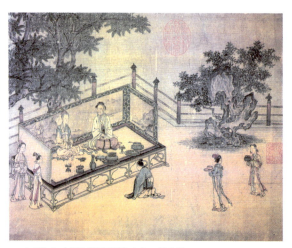

▲ 宋马和之《书画孝经图册》中的三屏床榻

宋代的床榻从功用来说，可分为卧榻和坐榻两种，形式大体上沿袭唐五代时的遗风，流行无围子的床榻，时称"四面床"。如南宋《白描罗汉册》第一幅所绘的禅床，李公麟《高会学琴图》和《维摩像》中的坐榻，《梧荫清暇图》中的坐榻，《槐荫消夏图》《宫沼纳凉图》以及《白描大士图》中所绘的床榻，都没有围栏。使用这种无围栏的床，一般须使用凭几或直几作为辅助家具。如《梧荫清暇图》中使用的直形腋下几，《白描大士图》中使用的天然树根三足曲几等（胡德生《中国古代家具》，第8—9页，上海文化出版社1992年版）。床的形制除四脚床外，还有三足床的。

如洪迈《夷坚甲志》卷13《马简冤报》载："张公为桂林守，尝令曝书于檐间，简取三足木床登之。"此外，带屏床榻在宋代官

◀ 宋马兴祖《香山九老图》中的藤编圆凳

▲（左）宋徽宗《文会图》中的藤编圆凳
▲（中）宋李嵩《听阮图》中的床榻和香几
▲（右）宋周季常《五百罗汉应身观音》中的椅子与脚踏

僚士大夫家中也颇为流行。这种带屏床榻一般多为单屏，当然也
有多屏的，如《孝经图》中就有三屏床榻的形象。

更有一些富贵人家还在床前或椅子前置设有脚踏。如宋仁宗
时，刘贵妃曾在盛夏"以水晶饰脚踏"，结果遭到宋仁宗的严厉呵
斥（《宋史·刘贵妃传》）。脚踏在当时又称为踏床，如《宋史·舆
服志二》："皇后乘肩舆龙檐，衬脚床褥，靠背坐褥及踏床各一。"

从制作材料来说，宋人的床榻又有木床、竹床、藤床、土床、
石床之分，木床最为流行，一些富贵人家还往往用朱漆等装饰。
如宣和年间蔡行家中所用卧榻是以"滴粉销金为饰"（周煇《清波
杂志》卷7《卧榻缕金》），允则家"床榻皆吴、越漆作"（苏辙《龙
川别志》卷下）。宋仁宗节俭，用的是"素朱漆床"（邵伯温《邵
氏见闻录》卷3）。竹床又称为竹方床，在宋代颇为多见，南宋杨
万里《诚斋集》卷31《竹床》诗："已制青奴一壁寒，更揞绿玉两
头安。"周密《齐东野语》卷18《昼寝》中对此也有记载。但多
用于炎热的夏天，如《夷坚支志癸》卷5《白云寺行童》载："淳熙
三年夏，吴伯秦如安仁，未至三十里，投宿道上白云寺，泊一室
中。喜竹榻凉洁，方匹马登顿颇倦，不解衣曲肱而卧。"藤床在宋

代也比较普遍，如朱彧《萍洲可谈》卷 3 载："王荆公妻越国吴夫人，性好洁成疾，公任真率，每不相合。自江宁乞骸归私第，有官藤床，吴假用未还，吏来索，左右莫敢言。公一旦跣而登床，偃仰良久，吴望见，即令送还。"

土床流行于北方地区，张载《土床》诗："土床烟足纟由衾暖。"（《宋文鉴》卷 28）这种土床便是俗称的土炕。南方也有土床，郭彖《睽车志》卷 1 载："仪真报恩长老子照言：绍兴间，尝与同辈三人行脚至湖南，经山谷间，迷惑失道。暮抵一古废兰若，相与投宿。墙屋颓圮，寂无人声，一室掩户，若有人居中，惟土榻地炉，以灰掩微火……"石榻颇为少见，多为寒士和贫苦百姓家使用。

橱在宋代有多种用途，往往用来贮藏衣被、书籍及食品等，时人分别称为衣橱、书橱、食品橱。如周密《癸辛杂识》后集《修

▲ 宋刘松年《唐五学士图》中的书橱

▲《春游晚归图》中的箱子

史法》载："李仁甫为长编，作木橱十枚，每橱作抽替匣二十枚，每替以甲子志之。"

照台是一种类似于今日梳妆台的家具，它由架子支撑镜子，是当时女子出嫁时的必备之物。《梦粱录》卷20《嫁娶》载："花瓶、花烛、香球、沙罗、洗漱、妆合、照台、裙箱、衣匣、百结……"

箱子在宋代有衣箱、书箱等之分。用来贮存衣物的衣箱，在宋代极为普遍。而书箱顾名思义就是用来贮藏书籍的，如1956年江苏苏州虎丘塔维修时发现的一只宋代木箱，长37.8厘米，宽19.2厘米，高21厘米，系用楠木制成。箱子外面涂以本色油漆，各部接缝处都镶包银质鎏金花边，用圆形小钉钉牢。箱口搭链处扣有鎏金花锁一把，钥匙挂在锁上。

此外，在宋代还有一种出门旅行时所用的套箱。这种套箱形体不大，常用来置放行李。宋人所绘的《春游晚归图》中就有仆人挑箱子的形象。

宋代屏风的使用非常普遍，上自帝王，下至富家大族，都流

▲ 浙江东阳太平山宋墓出土的篾质夹纻胎漆奁

▲ 浙江东阳南寺塔出土的宋代贴金彩绘石雕经函

行此物。屏风是一种用来挡风或隔断后部视线的家具，一般放在宽敞的室、堂进门不远处。从文献记载来看，当时屏风的品种较多，从制作的材料来看，有木屏、竹屏、纸屏、布屏、石屏、玉屏等；从其不同的功用来看，又有厅堂屏、床屏、座屏、枕屏；从其装饰来说，则有画屏、雕屏、素屏、照屏、漆屏等。这些屏风有的比较高大，有的则较为小巧精致。它不仅具有挡风和遮蔽的功能，而且还起到装饰的作用。如南宋皇宫选德殿殿内御座后亦有这样一件金漆大屏风，正面"分画诸道名，列监司、郡守为两行，以黄签标识居官者职位姓名"。背面还画有全国政区、疆域的地图（《建炎以来朝野杂记·甲集》卷5《籍记监司郡守》）。此外，官府公堂和贵家大室也多用此物。如赵善璙《自警编》卷8《正事》载："国初，赵普为相，于厅事坐屏后置二大瓮，凡有人投利害文字皆置中，满，即焚于通衢。"素屏是一种比较平常、没有什么装饰的屏风，如常州宜兴张氏家，名将岳飞曾在他家居住过，

▲ 宋刘松年《十八学士图卷》中的书案、圆凳和大型屏风

▲ 宋刘松年《罗汉图》中的三折屏风

并在厅堂的屏风上题字（赵彦卫《云麓漫钞》卷1）。画屏和雕屏颇为常见，上面往往描有漆画或雕镂有各种图案，有的还杂以金、玉等。而钿屏则更为高级，它用金片做成花朵形的装饰品，并在漆屏上用螺壳镶嵌成各种不同的图案。如周密《癸辛杂识》别集下《钿屏十事》载：王㮚（字茂悦，号会溪）初知彬州，就除福建市舶使。任职即将结束时，他专门制作了十副螺钿桌面屏风，非常精致，上面绘权相贾似道十项盛事，并各写有赞词，以此献给贾似道。贾氏看到这一礼品非常高兴，每次宴请客人，一定要把它放置在厅堂上。枕屏形状较小，放置在枕头前挡风。如"仁宗皇帝……后苑作匠进一七宝枕屏"（《邵氏闻见录》卷2）。熙宁年间，邵雍过一士友家中，就曾见过一种画有小儿捉迷藏的枕屏，枕屏上题有"遂令高卧人，敧枕看儿戏"的诗句（《邵氏闻见录》卷20）。北宋欧阳修出使契丹时，携有"尽素屏"一副，夜里睡觉时则"开屏置床头，辗转夜向晨"（《居士集》卷6《书素屏》）。纸屏在宋代也深受人们喜爱，史载王钦若未考中进士时，寿王曾经过他居住的地方，王钦若见后，马上取纸屏挡风（胡仔《苕溪渔隐丛话·前集》卷25《王文穆》）。石屏一般以花岗石制作，具有自然之美。范成大《骖鸾录》载永州祁阳县"新出一种板，襞叠数重，每重青白异色，因加人工，为山水云气之屏，市贾甚多"。床屏在《宋朝事实类苑》卷42《王元泽》中有载："戊午岁，元泽病中，友人魏道辅（泰）谒于寝。对榻一片屏，大书曰：'宋故王先生之墓，名雱，字元泽。登第于治平四年，释褐授星子尉。起身事熙宁天子，才六年，拜天章阁待制，以病废于家。'后尚有数十言，挂衣于屏角覆之，不能尽见……"

▲ 宋刘松年《真迹册页》（局部）

值得注意的是，宋代还出现了一种多扇直立板屏。这种屏风在过去不多见，它由几扇屏拼在一起为一块整体直立板屏。宋画《孝经图》中有此屏风的形象。

架子在宋代有衣架、巾架、镜架、盆架、灯架、花架等。衣架，顾名思义就是挂衣服的架子。它的使用在当时颇为普遍，这从出土的文物中可以清楚地看出。如河南禹州白沙宋墓壁画《梳妆图》中的衣架，由两根立柱支撑一根横杆，横杆两头长两柱，两头微向上翘，并做成花朵状。下部用两横木墩以稳定立柱。在上横杆下部的两柱之间，另加一根横枨，以起加固作用。又，河南郑州南关外北宋砖室墓砖雕家具中，亦有一衣架的形象。该衣架形体

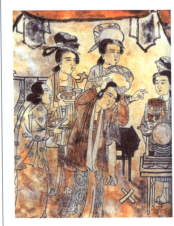

▲ 河南禹州白沙宋墓壁画中的盆架子

▲ 河南禹州白沙宋墓壁画《梳妆图》中的衣架

较大，中间安二道横枨，之间加三支小立柱（俗称矮老）上横杆长出两立柱，两头微向上翘。镜架的形制，在宋代也有三足或四足之分。三足镜架见河南洛阳涧西 13 号宋墓西壁正中浮雕镜台一件，镜架为三足，侧面两足作曲折状，中部位置有莲花形圆盘（张剑、王恺《洛阳涧西三座宋代木构砖室墓》,《文物》1983 年第 8 期）。四足镜架如河南禹州白沙宋墓墓室壁上浮雕的镜台，上端为花叶及雕饰，下为方框托着镜框，底部有花瓣形小足。盆架始见于宋代，如河南禹州白沙北宋墓壁画《梳妆图》中的盆架，为蓬牙三弯腿，腿间有横枨相连。河南洛阳涧西 13 号宋墓中浮雕的盆架，三足略向外卷曲。灯架，如河南禹州白沙宋墓墓室壁上浮雕的图像。

宋代在家具的造型和结构方面，也出现了显著的变化。首先是梁柱式的框架结构代替了隋唐时期沿用的箱形壸门结构。其次，大量应用了装饰性的线脚，丰富了家具的造型。如桌面下开始用束腰，枭混曲线的应用也十分普遍；桌椅四足的断面除了方形和圆形以外，往往还做成马蹄

▶ 宋王诜《绣枕晓镜图》中的镜架照台和铜镜

形。这些造型与结构的特征，都为后来明清家具的进一步发展打下了坚实的基础。

宋代家具的室内布置有一定的格局，大体上有对称和不对称两种方式。一般厅堂在屏风前面正中置椅，两侧又各有四把椅子相对，或仅在屏风前置两把圆凳，供宾主对坐。但书房与卧室的家具布局采取不对称的方式，没有固定的格局。另外，为适应宴会等特殊要求，家具的布置也出现了若干新变体。

2. 被褥与帐子

宋人被褥，从使用的时间来说，有单被和夹被之分，单被一般在夏天使用，夹被则在春秋天和冬季使用。故时人谚云："七九六十三，夜眠寻被单。八九七十二，被单添夹被。"从被褥的制作材料来说，则有丝绸被、麻布被、纸被等品种。丝绸被在宋代又可分为锦被、罗被、绌被、绮被等品种，为贵族和富人的专用品。如福州南宋黄昇墓就曾出土有绫丝锦被、绮夹被、罗夹被各一条。两条丝绵被中，一为褐黄色花绫面，绢作里，三幅半缝成，残长225厘米，宽170厘米，絮丝绵；另一为绮面绢里，三幅半缝成，长217厘米，宽181厘米，絮丝绵。夹被罗面绢里，夹层三层为绢，四幅缝成，长217厘米，宽180厘米（福建省博

▲ 宋摹顾闳中《韩熙载夜宴图》中的桌、椅、榻、床、被、褥、帐

物馆编《福州南宋黄昇墓》，第 19 页，文物出版社 1982 年版）。绁被相对要比锦被差一些，如《宋朝事实类苑》卷 4《仁宗皇帝》载宋仁宗"性恭俭，至和二年春，不豫，两府大臣日至寝阁问圣体，见上器服简质，用素漆唾壶盂子，素瓷盏进药，御榻上衾褥皆黄绁，色已故暗，宫人遽取新衾覆其上，亦黄绁也。然外人无知者，惟两府视疾，因见之尔"。麻布被又称为纱被或布被，在宋代最为常见，其使用者多为下层劳动人民。如毕仲游《即事》诗："屋破风斜漏不休，布衾无里卧穷秋。"（《西台集》卷 20）范公偁《过庭录》载：范纯仁自从当官以后，门下多食客，随着他官职的升迁，这支队伍愈加庞大了。他担任陈州知州时，曾以自己的官俸制作了数十幅布衾，送给门下的寒士。为此，时人曾说："孟尝有三千珠履客，范公有三千布被客。"讥笑他节俭。范纯仁听到社会上的议论后，自己也作了一幅布衾享用，并写铭文加以辨正。于是，范镇、司马光皆仿效他。纸被也常被宋人用来御寒，如陆游《谢朱元晦寄纸被》诗："纸被围身度雪天，白于狐腋暖于绵。"（《剑南诗稿》卷 36）而在一些少数民族地区，还有茅花被，朱辅《溪蛮丛笑》载："仡佬无棉，揉茅花絮布被。一被数幅，联贯而成。

山瑶皆卧板，夜燃以火。"

此外，在一些达官贵人家中还有翠毛裀褥、貂褥等。如司马光家中有人所赠送的貂褥（《司马温公文集》卷12）；又朱熹纂集《宋名臣言行录·后集》卷14载：刘恕（字道原）家贫，甚至到了无以自给的地步，即使如此，他一毫也不妄取于人。相传他从洛阳南归时，时已十月，天气已经非常冷了，但他没有寒衣，司马光见了非常同情，强行送给他一二事衣袜及旧的貂褥。而南宋权臣韩侂胄家则有翠毛裀褥（周密《癸辛杂识》后集《簿录权臣》）。

帐在宋代又称为㡩，主要是为了防止蚊子的侵害。如陆游《入蜀记》卷1载："自到京口无蚊，是夜蚊多，始复设㡩。"其品种甚多，有锦帐、珍珠帐、绵帐、绣帐、粉青帐、流苏帐、芙蓉帐、青绸帐、纱帐、布帐、纸帐等。锦帐以织锦制作而成，色彩华丽，显得富丽堂皇；绣帐就是指绣有花纹图案的帐子；均为达官贵人的享用品。高文虎《蓼花洲闲录》引《南游纪旧》载：王安石以次女嫁蔡卞为妻，其夫人吴氏因家中骤贵，又爱此女，乃以锦为女儿做了一床帐子。还没到办婚礼，此事已经传到了社会

上，甚至连皇帝也知道了。有一天，神宗问王安石说：您是一个大儒，怎么还用豪华的锦帐嫁女？王安石听了

◀ 河南禹州白沙2号宋墓壁画中的帐幔

愕然，无言回答皇帝的责问。他回家后马上去问夫人，果然其事为真。于是，他把这床锦帐舍给开宝寺福胜阁下为佛帐。第二天他上朝时，专门向神宗谢罪。又，史载司马光为儿子娶媳妇，听说其家有绣帐陪赠，他毅然不许儿媳妇入门。珍珠帐也是富家的奢侈品。《夷坚甲志》卷2《张夫人》载："太常博士张子能再娶邓洵仁右丞之女，成礼之夕，邓洵仁赐真珠複（一作寝）帐，其直五十万缗。"绵帐则由丝绵制成，如沈括《梦溪笔谈》卷9《人事一》载："夏文庄性豪侈……人有见其陆行，两车相连，载一物巍然，问之，乃绵帐也，以数千两绵为之。"南宋权臣韩侂胄用的是"青紬帐"（叶绍翁《四朝闻见录》戊集《考异》）。普通官员用的多是细纱织的床帐，如《鬼董》卷5《裴端夫》载："温州人（忘其名），知华亭县，以裴端夫为客。至之明日，午夜被酒，起坐纱帱中。"而一般平民百姓往往用的是布帐或纸帐。此外，在宫中大婚还流行一种百子帐，袁褧《枫窗小牍》卷下载："今禁中大婚百子帐，则以锦绣织成百小儿嬉戏状。"

3. 枕头、竹夫人和席子

枕在宋代名目较多，从形状来说，有圆枕、方枕、扁枕、长枕、短枕等之分；从所用的材料来分，又有瓷枕、瓦枕、竹枕、石枕、木枕、水晶枕、菊花枕等品种。瓷枕在宋代颇为盛行，张耒《谢黄师是惠碧瓷枕》诗："巩人作枕坚且青，故人赠我消炎蒸。"（《柯山集》卷10）从产地来说，当以磁州所产最佳。有卧伏呈娃娃状的，称"孩儿枕"；有卧伏呈兽状的，如"狮子枕""卧虎枕"等。此外，还有长方形、腰圆、云头、花瓣、鸡心、八方、椭圆、银锭等式样。石枕常被宋人用作夏天时的卧具，如欧阳修

▲ 宋磁州窑三彩刻花枕

▲ 宋定窑白釉瓷孩儿枕

曾得端溪绿石枕与蕲州竹簟，喜不自禁，"呼儿置枕展方簟，赤日正午天无云"（《文忠集》卷 8《有赠余以端溪绿石枕与蕲州竹簟皆佳物也余既喜睡而得此二者不胜其乐奉呈原父舍人圣俞直讲》）。黄庭坚称石枕在六月有"一卧洗烦劳"之乐（《山谷外集》卷 12《石枕》）。竹枕亦颇为常见，郑刚中《北山文集》卷 22《春昼》诗有"竹枕榜屏山"之句。胡寅《斐然集》卷 1 也有《竹枕》诗。木枕也比较普遍，司马光以圆木为"警枕"，小睡片刻即起来读书。陆游《剑南诗稿》卷 55《秋晓》诗有"布衾木枕伴残更"之句。瓦枕见于杨万里《初秋戏作山居杂兴俳体》诗："竹床移偏两头冷，瓦枕翻来四面香。"（《宋诗钞》第 3 册第 2299 页）又，蔡持正诗："纸屏瓦枕竹方床，手倦抛书午梦长。睡起茫然成独笑，数声渔笛在沧浪。"（周密《齐东野语》卷 18《昼寝》）方枕常被用于炎热的夏天。王安石曾言"夏日昼睡，方枕为佳，问其何理，曰：'睡久气蒸枕热，则转一方冷处。'是则真知睡者耶"（赵彦卫《云麓漫钞》卷 14）。药枕在宋代得到了应用和发展，《宋朝事实类苑》

卷59《百药枕》载："益州有药市，期以七月七日，四远皆集，其药物多，品甚众，凡三日而罢，好事者多市取之。淳化中，有右正言崔迈，任峡路转运，迈苦多病，素有柏枕，方令赍万钱，遍市药百余品，各少取置柏枕中，周环钻穴以彻其气。卧数月，得癞疾，眉须尽落，投江水死。说者以为药力薰发骨节间疾气。"菊花枕亦是当时出现的新品种，乃于秋天采菊花为之，田锡《咸平集》卷7《菊花枕赋》言其有"当夕寐而神宁，迨晨兴而思健"的功效。

▲ 浙江博物馆藏宋代刻诗文褐釉瓷枕

▲ 宋代瓷枕

　　竹夫人即竹几，是一种避暑用具。其器用竹编成长笼，或取整段毛竹，中间通空，周围有孔，可以通风，置于床席之间，用以取凉。罗大经《鹤林玉露·甲编》卷4《竹夫人制》载："李公甫谒真西山，丐词科文字。西山留之，小饮书房。指竹夫人为题曰：'蕲春县君祝氏，可封卫国夫人。'公甫援笔立成，末联云：'於戏！保抱携持，朕不忘两夜之寝；展转反侧，尔尚形四方之风。'西山击节。盖八字用《诗》《书》全语，皆妇人事，而形四方之风，又见竹夫人玲珑之意。其中颂德云：'常居大厦之间，多为凉德之助。剖心析肝，陈数条之风刺；自顶至踵，无一节之瑕疵。'"又由于其具有搁臂憩膝的功能，故此黄庭坚风趣地称它为"青奴"：

"赵子充示《竹夫人》诗，盖凉寝竹器，憩背休膝，似非夫人之职，而冬夏青青，竹之所长，故易名青奴耳。"（黄庭坚《山谷集》卷9）这种用具在市场上有售，《梦粱录》卷13《诸色杂货》载："枕头、豆袋、竹夫人、懒架。"

供坐卧铺垫用的茵席（或称茵褥），在宋代有凉席和暖席两大类。凉席大多由竹、藤、苇、草等编织而成，个别用丝麻加工而成。暖席则多以棉、毛及兽皮制成。竹席在宋代最为流行，王安石《次韵信都公石枕蕲簟》诗："端溪琢枕绿玉色，蕲水织簟黄金纹。"（王安石《临川集》卷5）这里说的"蕲簟"就是一种蕲水地区所产的竹席。此外，宾州所产的竹席质量也比较好（郑刚中《北山文集》卷21）。当时，人们还往往以竹席作为礼品送人。如曹修睦知邵武军时，曾以竹簟赠送给禅僧仁晓，因作偈说："翠筠织簟寄禅斋，半夜秋从枕底来。"（吴处厚《青箱杂记》卷10）草席在宋代当推菅席最为流行，其价不低，陆游《冬夜》诗有"百钱买菅席"之句；又其《秋晓》诗："菅席多年败见经，布衾木枕伴残更。"（《剑南诗稿》卷26、卷55）当然，这些竹

◀ 宋李公麟《莲社图卷》中的茵席

席、草席对贵族来说是不值一顾的，他们使用的往往是更为昂贵的席子，珠褥就是其中之一，陈师道《后山谈丛》卷5载：宰相王安石嫁女儿给蔡氏，慈寿宫赐珠褥，价值数十万。另，邵伯温《邵氏闻见录》卷3载宫中有"黄绢缘席、黄隔织缛"。

▲ 宋钱选《芭蕉唐子图》中的茵席

4. 灯具和腊烛

灯和腊烛是宋人日常照明所用的必备之物。其品种较多，仅以灯来说，名目十分繁多,《李师师外传》载宋徽宗送给名妓李师师的灯具有"藕丝灯、暖雪灯、

▲ 宋佚名《溪堂客话图》中的蜡烛

▲ 宋定窑黄釉鱼形灯

▲ 宋绿釉虎形灯

芳苣灯、火凤衔珠灯各十盏"。而在民间，灯品则更多了。这些灯具从制作材料来说，有铜灯、铁灯、瓷灯等；从其形状来说，则有莲灯等。从其功用来说，则有书灯、省油灯等。

铜灯多为富人使用，陆游《秋思》诗有"临海铜灯喜夜长"之句。陶瓷制的灯则为平民所用，如陆游《夏中杂兴》诗有"樵父供藜杖，陶人售瓦檠"之句（《剑南诗稿》卷77、卷83）。这种陶瓷制作的灯具在考古发掘中多有出土，如山西太原小井峪49座宋墓出土瓷灯31盏；陕西旬邑安仁古窑址出土的宋代瓷灯有68盏。从各地出土的宋代陶瓷灯具来看，造型较隋唐时更为丰富多彩，且尺寸也较过去要矮，一般在4—16厘米之间。造型的基本形式为直口或敞口，口部较宽，腹部或直或曲，或深或浅；足部都有较高的圈足，有的呈阶梯喇叭口状。装饰纹样多为花草纹，装饰技法有贴塑、刻花、剔花、绘花、镂空等。釉色有黑釉、酱釉、青釉、白釉、影青釉、绿釉、黄釉等。山东冠县古窑址出土的一件白釉刻花珍珠地瓷灯，敛口，宽边折沿，直壁折腹，喇叭形圈足，白灰色胎，白釉微显黄色；沿部刻画二周赭红弦纹

圈，圈内饰云朵
纹，直腹部饰垂瓣
纹，垂瓣里为多裂
叶瓣，纹饰以外的
空间饰珍珠地纹，
装饰特点与我国北
方最有代表性的民
间瓷窑——磁州窑

▲ 宋青釉省油灯

▲ 宋三彩人物陶灯

瓷器相一致。陕西耀州窑出产的花口灯，亦是宋代瓷灯比较出色的
一种。灯身花口浅碗形，下承筒形支柱，接以盘形托。筒形支柱上
部有精致的花朵形镂孔，中间贴塑六兽装饰。灯身、底托呈圆面
形，上下对称，灯体丰满稳重。三彩灯同样是宋代瓷灯中的代表作
品之一。河南鲁山段店窑窑址出土的宋三彩陶灯，造型与一般折沿
的瓷灯相差无几，但腹部贴印制的莲瓣纹，莲瓣圆肥，层层叠压，
相当精美。山东聊城出土的一件宋三彩瓷灯，造型则较特殊：灯盏
作宽沿盆形，外塑仰莲，盆下面为四覆莲瓣形托，四周有栏杆；四
隅斜出螭首，束腰方形须弥座，四足卷云形（以上参见孙建君、高
丰著《古代灯具》，山东科学技术出版社1998年版）。省油灯又称
夹瓷盏，是宋代比较流行的一种灯具。陆游《斋居纪事》说："书灯
勿用铜盏，惟瓷盏最省油。蜀中有夹瓷盏，注水于盏唇窍中，可
省油之半。"又其所著《老学庵笔记》卷10说："宋文安公（白）集
中有《省油灯盏》诗，今汉嘉有之，盖夹灯盏也。一端作小窍，注
清冷水于其中，每夕一易之。寻常盏为火所灼而燥，故速干，此独
不然，其省油几半。邵公济牧汉嘉时，数以遗中朝士大夫。"近年

来的考古发现证明，省油灯绝不是无稽之谈，文物考古工作者就在重庆涪陵石沱墓区挖掘出土一盏宋代的省油灯，与陆游的描述完全一样。这盏灯的碟壁是一个中空的夹层，碟壁侧面有一个小圆嘴，用来向夹层中注水。长明灯流行于僧寺、道宫和神祠等处。曾敏行《独醒杂志》卷4载："古者，四时变新火。今人苟简，家所用火，不知何从来，亦不计其岁年也。儿时在湖湘，见一僧舍有长明灯，众云灯有神异，其焰不热。试以指炙之，信然。后加考究，凡道宫、佛屋、神祠中多置此灯，有数百年者。焰青而昏，往往皆不甚热，盖久则力尽尔。"

蜡烛作为宋人社会生活中重要的日常用品，具有照明和一些重要场合的必要品的双重属性。据文献记载，宋代蜡烛的品种甚多，但以香烛最为名贵。叶绍翁《四朝闻见录》乙集《宣政宫烛》载："宣、政盛时，宫中以河阳花蜡烛无香为恨，遂用龙涎、沉脑屑灌蜡烛，列两行，数百枝，焰明而香濙，钧天之所无也。建炎、绍兴久不能进此，惟太后旋銮沙漠，复值称寿，上极天下之养，故用宣、政故事，然仅列十数炬。"为此太后很不高兴。又，周密《齐东野语》卷8《香炬锦茵》载：秦桧当权时，每天各地送来的行贿物品堆积如山。当时，方德在广东做经略使，他为了拍秦桧的马屁，制作了大量的蜡烛，而将名贵的各种香料放在蜡烛中，派人偷偷地送到丞相府中。有一天，秦桧宴客，取方德送的蜡烛来使用，点燃后不久，即异香满座。他觉得很奇怪，这蜡烛怎么会发香气呢？于是仔细观察了一番，才知香气从蜡烛中散发出。遂立即命仆人把其余的几条蜡烛藏好，数了一下，刚好还有49条。呼管家问其原因，管家回答说：经略使方德特意造了50条蜡烛献给您，我恐怕您不喜欢，试着点了一条，不敢以他烛来充数。秦桧听后大喜，以为人家是奉己之专，于是对方德另眼相看，当作亲信加以提拔使用。从这些故事中可以看出，此种香烛即使在帝王和权贵之家也被视为珍宝。

需要说明的是，宋人对灯烛的使用也是奢俭不一。北宋大臣寇准奢侈，"不点油灯，尤好夜宴剧饮，虽寝室亦燃烛达旦。每罢官去，后人至官舍，见厕溷间烛泪在地，往往成堆"。而杜祁为人节俭，"在官未尝燃烛，油灯一炷，荧然欲灭，与客相对，清谈而已"（《宋朝事实类苑》卷10《大臣奢俭不同》）。

5. 扇子

宋代扇子的使用十分普遍，时有"一九至二九，扇子不离手"的民谚。品种甚多，按形状分，有单门扇、团扇、折扇等；按制

▲ 宋画中穿盛服、持团扇的贵妇

▲ 宋刘松年《真迹册》中手执团扇子的贵妇

作材料分，则有纸扇、羽毛扇、绸扇、蒲扇、葵扇、棕扇、骨扇、麦秆扇等。此外，《宋朝事实类苑》卷59《钱昱》中还载有金花扇，同书卷68《物夜有光》载有油纸扇等。

团扇自汉代流行以来，因其外形美观、使用方便，至宋代已成为最受人们喜爱的扇子。相传"太宗每当暑月，御书团扇，赐馆阁学士"（江少虞《宋朝事实类苑》卷24《御书扇赐馆阁学士》）。其品种较多，以制作材料分，有绢扇、纨扇、罗扇、纱扇、绫扇、纸扇、笋皮扇等；以形状分，有圆形、长圆形、扁圆形、团方形、梅花形、葵花形等（参见和惠《宋代团扇和雕漆扇柄》，《文物》1977年第7期）。《梦粱录》卷13《诸色杂货》载南宋都城临安店铺中出售的团扇种类，有细画绢扇、细色纸扇、异色影花扇、细扇、张人画山水扇及漏尘扇柄、梅竹扇面儿。这些团扇，有的上面绘有精美的图画，《春渚纪闻》卷6《写书白团扇》就记载了苏轼为团扇作书画的故事：苏轼在杭州任职时，有陈诉负绫绢钱

▲ 宋末元初刘贯道《梦蝶图》中的扇子

二万不还的案件。苏轼呼其来询问，说：某家以制扇为业，刚好父亲去世，加上入春以来连雨天寒，因此所制的扇子销售非常困难，并非我故意要赖他账。苏轼仔细看了他带来的几把扇子，说：你去把家中所制的扇子搬来，我来帮你销售。不一会，扇子运到。苏轼取了20把白团扇、夹绢扇，就桌上的判笔作行书草圣及枯木竹石，很快就书画好了。然后，他吩咐说：你可以拿出去马上出售了，销售的款足够支付你欠的账了。其人抱扇泣谢而去。一到市场上，这20把白团扇、夹绢扇便马上被顾客抢光了，他遂用所售的钱还光了欠账。大家知道后，都很感激苏轼，甚至有感动下泪的。这些宋代扇画迄今为止尚有许多遗存，其中仅《宋人画册》所收的一百幅小品中，就有66幅为纨扇画。其题材十分广泛，所绘山水、人物、花草、鸟兽，意境深远，方寸之间，或气势宏大，或千姿百态，刻画细腻，种种臻妙。张舜民曾有《纨扇》诗加以称赞。有的则写有书法作品，或警句，如《湖海新闻夷坚续志后集》卷2《庙鬼夺人扇》载："范鲁公质未显时，坐封丘茶肆，手持

▲ 宋马麟《秉烛夜游册》纨扇画

▲ 宋纨扇《碧桃图》

▲ 宋钱选《招凉仕女图》中女性手中所执的团扇

扇，偶题'大暑去酷吏，清风来故人。'"这种在上面绘写有书画的团扇在文物考古中也多有发现，如南宋周瑀墓就曾出土有两把团扇，据镇江市博物馆等撰《江苏金坛南宋周瑀墓发掘简报》称:"周瑀墓共出土团扇二把，一把木柄杆，竹丝骨，扇面裱纸施柿汗，黑漆边，竹丝骨子，细如鬃毛，规整而紧密地上呈棕红色云纹。柄上装有一月牙形扇托以护扇面。扇面长 26 厘米，宽 20 厘米；扇柄长 16 厘米，最粗径 1.6 厘米。另一把雕漆镂空转柄扇，扇面部分同上一把。扇柄镂空雕漆三组，对称的云头如意花纹，环绕中间的杆轴自由旋转。"(《文物》1977 年第 7 期)此外，在福州北郊南宋黄昇墓中也出土有一把团扇，"出土时上面尚有桃红色花一朵及二三片带彩残叶。柄及扇框鬃以黑色，现已脱落。木柄经轮制加工，扇面用棕纤维，做成芭蕉叶形。通长 14.5 厘米，宽 13—18.5 厘米"(福建省博物馆编《福州南宋黄昇墓》，文物出版社 1982 年版)。随着宋代外贸的开展，团扇还流传到海外。

折叠扇是在北宋初年从日本和朝鲜传入的，宋太祖端拱元年（988），日本僧人来华作贡品进上。这种纸制的折叠扇一进入中国，便深受宋人喜爱，俗称为"倭扇"。郭若虚《图画见闻志》卷

6《高丽图》载："高丽使者来中国，或用折叠扇为私觌物。其扇用鸦青纸为之，上画本国豪贵，杂以妇人鞍马，或临水为金沙滩，暨莲荷、花木、水禽一类，点缀精巧；又以银墨为云气月色之状，极可爱，谓

▲ 宋代朱漆套金奁上仕女执团扇和折叠扇的形像

之倭扇，本出于倭国也。近岁尤秘惜，典客者盖稀得之。"此后，宋人便根据这些来自日本的折叠扇加以仿制，在国内迅速推广开来。赵彦卫《云麓漫钞》卷4载："今人用折叠扇，以蒸竹为骨，夹以绫罗，贵家或以象牙为骨，饰以金银，盖出于高丽。《鸡林志》云：'高丽叠纸为扇，铜兽靥环，加以银饰，亦以画人物者，中国转加华侈云。'"至南宋时，这种扇子便在市场上到处可见了。如《梦粱录》卷13《诸色杂货》记都城临安铺席中有"周家折叠扇铺"；邓椿《画继》有"如市井中所制折叠扇者"之语。江苏常州武进县村前乡南宋五号墓出土的一幅《柳荫拂暑图》中，就有一位仕女执折叠扇的形像，其折扇扇骨历历可数。

除团扇、折叠扇外，竹骨扇原以木为长柄，至北宋末年"忽变为短柄，止插至扇半，名不彻头"，被时人视为不祥之物（陆游《老学庵笔记》卷3）。纸扇随着宋代造纸业的发达，也大行于世，

住

▲ 福建邵武南宋黄涣墓出土的剔犀漆柄团扇

▲ 南宋彩绘团扇

史载性俭的宋哲宗就在夏天用纸扇引风纳凉，"群臣降阶称贺"，以为用纸扇是"人君俭德"（朱弁《曲洧旧闻》卷2）。羽毛扇在宋代颇为珍贵，周去非《岭外代答》卷6《器用门·羽扇》载："静江人善捕飞禽，即以其羽为扇。凡扇必左羽，取羽张之，以线索系住，俟肉干筋定乃可用。鹫，大禽也，以其羽为扇，长数尺，黑色多风，勇士用之颇壮观。鹭羽洁白，轻质而风细，士夫多用之。以胶漆涂其筋骨而丹之，颇亦雅尚。"笋皮扇盛行于江东，北宋初年赞宁《笋谱·五之杂说》载："笋皮扇，今江东人取苦竹笋皮厚可三分，磔开一尺五寸，杉木为柄，漆纸饰缘，内书画适意，止不受彩耳。"松扇是与折叠扇一起传入中国的，张世南《游宦纪闻》卷6就记录了宋徽宗宣和六年（1124）朝鲜使者曾带来过"松扇三合"。

6. 唾壶、溺器、暖水瓶和暖足器

唾壶为富贵家庭必备的日常用品之一，一般以瓷制成。宋仁宗"器服简质，用素漆唾壶盂子"；名贵者以金制作，如南宋高宗母韦贤妃性俭，有司曾进金唾壶，而韦氏令人换为涂金唾壶（以上参见《宋朝事实类苑》卷4《仁宗皇帝》;《宋史·韦贤妃传》）。

便溺器在宋代称为"马子"，即今天的马桶。赵彦卫《云麓漫钞》卷4载："汉人目溺器为虎子，郑司农注《周礼》，有是言。唐讳虎，改为马，今之云厕马子者是也。"吴自牧《梦粱录》卷13《诸色杂货》载："家生动事，如……马子。"

▲ 浙江温州南宋赵叔仪妻仇氏墓出土的青铜唾盂

暖水瓶在北宋后期就已经开始制作并使用了。由于有了保温的暖水瓶，故北宋东京"至三更，方有提瓶卖茶者，盖都人公私荣干，夜深方归也"（《东京梦华录》卷3《马行街铺席》）。

暖足器在宋代称为"暖足瓶"，俗称"汤婆子"或"脚婆"。该器用铜或锡制成扁形瓶。王黼《宣和博古图》载："汉有温壶，为注汤温手足之器，与汤婆子同。"黄庭坚《戏咏暖足瓶》诗："少姬暖足卧，或能起心兵。千金买脚婆，夜夜睡到明。脚婆元不食，缠裹一衲足。天明更倾泻，颜面有余燠。"（黄庭坚《山谷集》卷7）又，范成大《戏赠脚婆》诗："日满东窗照被堆，宿窗犹自暖如煨。尺三汗脚君休笑，曾踏靴霜待漏来。"（《石湖居士诗集》卷20）

火柜为一种取暖器具。程大昌《韵令·硕人生日》词："时新衣著，不待经营。寒时火柜，春里花亭。"（《全宋词》第3册第1525页）

火桶儿是一种桶形的取暖器，可烘暖被子等。蔡伸《惜奴娇》词："雪意垂垂，更刮地、寒风起。怎禁这几夜意？未散痴心，便

▲ 南宋葵口带柄铜镜

▲ 宋蹴鞠纹铜镜

指望、长偎倚。只替。那火桶儿、与奴暖被。"（《全宋词》第 2 册第 1026 页）

7. 镜子

宋代的镜子因避宋太祖祖父赵敬名讳，改称为"照子"或"照台儿"。《宋会要·刑法二》："欲乞申明铜禁，除照子、磬钹籍记工匠姓名许造外，余一切禁止。"一般以青铜制成，常见的品种有素镜、缠枝花草镜、花鸟镜、神仙人物故事镜、蹴鞠纹镜、海舶镜、八卦纹镜、纪名号铭镜等等。这些铜镜的形状和图案丰富多彩，如素镜的形状有圆形、葵瓣形、菱花形、方形、有柄形等，其中又以六瓣形、六菱形居多。缠枝花草镜类的主题纹饰为各种不同形式的花枝、花瓣，如牡丹、芙蓉、桃花、菊花、荷花等，且多用浅细浮雕法处理，弱枝细叶相互盘绕连亘，形成纤巧秀隽的图案，具有强烈的现实感和韵律节奏感。镜形以亞字形居多（孔祥星、刘一曼《中国古代铜镜》，文物出版社 1984 年版）。

宋时的铜镜以湖州、饶州所出者为最佳，时人称湖州镜、饶州镜。此外，建康、成都也是宋代著名的铜镜产地。这些地区

所产的铜镜，常常附有铸出的长方形
印章，标明铸镜者的名号，如"湖州
真正石家无比炼铜照子""苏州乌鹊桥
南缪家真青铜镜"等。

镜子不仅是宋代妇人化妆时的必
需品，而且同样是喜好打扮的男子所
不可缺少的。如庄绰《鸡肋编》卷中
载："范觉民作相，方三十二岁，肥白
如冠玉。旦起与裹头、带巾，必皆览
镜，时谓'三照相公'。"

8. 香球和香饼

香球在宋代十分盛行，一般放在
被褥或衣服中，也有的吊挂在卧室内，
价格比较昂贵，为贵族和富人的常用
品。南宋都城"四司六局"中的香药
局，就"专掌药楪、香球"等（《都
城纪胜·四司六局》）。陆游《老学庵
笔记》卷 1 载："京师承平时，宗室戚
里岁时入禁中，妇女上犊车，皆用二
小鬟持香球在旁，在袖中又自持两小
香球。车驰过，香烟如云，数里不绝，
尘土皆香。"

香饼亦是宋人的日常生活用品之
一，在市场上有售。孟元老《东京梦

▲ 浙江东阳南宋厉简墓出土的蟠螭纹葵花铜镜

▲ 南宋龙泉窑青釉簋式炉

▲ 南宋"中兴复古"香饼（1978 年江苏武进村前
蒋塘宋墓出土）

▲ 宋摹本《捣练图》中的地毯

华录》卷3《诸色杂卖》载："荷大斧斫柴换扇子柄，供香饼子炭团。"

9. 地衣

地衣即今日的地毯。其使用在贵族和富人家中颇为普遍。如周密《癸辛杂识》续集下载：吴妓徐兰，"其家虽不甚大，然堂馆曲折华丽，亭榭、园池，无不具。至以锦缬为地衣，乾红四紧纱为单衾，销金帐幔，侍婢执乐音十余辈，金银宝玉器玩、名人书画、饮食受用之类，莫不精妙，遂为三吴之冠"。又，周密《齐东野语》卷8《香炬锦茵》载："秦会之当国，四方馈遗日至。……郑仲为蜀宣抚，格天阁毕工，郑书适至，遗锦地衣一铺。秦命铺阁上，广袤无尺寸差，秦默然不乐，郑竟失志，至于得罪。"

10. 砚

宋代的砚，以石砚最为流行。而石砚又以端州最为著名。太平老人《袖中锦》将其列为天下第一。蔡襄《文房四说》："砚，端溪无星石，龙尾水心，绿䌷如玉石，二物入用，余不足道也。"歙砚的地位仅次于端砚，李之彦《砚谱·龙尾石》说："歙石出于龙尾溪，以金星为贵。予少时得金坑矿石，坚而发墨。端溪以北岩为上，龙尾以深为上。龙尾更在端溪上，而端石以后出见贵尔。"又，洪迈《歙砚说》："龙尾石多产于水中，故极温润。性本坚密，扣之其声清越，婉若玉振，与他石不同。"沅芷黎溪砚也知名于世。张世南《游宦纪闻》卷 7 载："沅芷黎溪砚，紫者类端石而无眼，有金束腰、眉子纹，间有润者。其初甚发墨，久而复滑，或磨以细石，乃仍如新。有色绿而花纹如水波者；有色黑

▲ 江西南丰县北宋曾巩墓出土的抄手石砚

▲ 宋代端石琴式砚（广东省博物馆藏）　▲ 宋代端石抄手砚（广东省博物馆藏）

而金星者；有生自然铜于石中，琢以为北斗、三台之类者；有生白线当中而为琴样者，其类不一。庆元间，单路分炜字丙文，始创为砚，以遗故旧。今遂盛行，终在端、歙之下。"

除石砚外，宋代还有陶砚、玉砚、水晶砚、金砚等品种。陶砚以武昌万道人所制最佳，极精致。相传他做的砚，用了三十多

▲ 宋刘松年《十八学士图》中的砚台　　▲ 宋张激《白莲社图》中的砚

年，"受墨如初，虽高要、歙溪之佳石不是过也"（曾敏行《独醒杂志》卷8）。玉砚在宋代亦有，乾道中，范成大出使金国，伴使田皋好论器玩，他对范成大说：宣和玉砚在张浩家曾有收藏，张浩死后作为陪葬品入葬（范成大《揽辔录》）。

行

《大驾卤薄图》（局部）

一、行路难

在宋代，人们外出远行是十分常见的事，如商人出外经商、文人举子出外游学、官员外出当官、将士到边关镇戍、僧道外出巡礼等。

然而在古代外出远行绝不是一件轻而易举之事，它不仅需要充足的路费，而且往往还要经历千辛万苦的跋涉方能到达目的地。宋代文学家曾巩在福建为官时，曾在《道山亭记》中这样描写当地的道路："闽中郡，自粤之太末，与吴之豫章，为其通路。其路在闽者，陆出则厄于两山之间，山相属无间断，累数驿乃一得平地，小为县，大为州，然其四顾亦山也。其途或逆坂如缘絚，或

▶ 宋范宽《溪山旅行图》

垂崖如一发，或侧径钩出于不测之溪上，皆石芒峭发，择然后可投步。负戴者虽其土人，犹侧足然后能进。非其土人，罕不踬也。"（《曾巩集》卷 19）范成大《骖鸾录》对此也多有描述，现录数段如下："二十五日，宿七里铺。自离宜春，连日大雨，道上淖泥之浆如油。不知何人治道，乃乱填块石，皆刓面坚滑。舆夫行泥中，则浆深汩没；行石上，则不可著脚，跬步艰棘，不胜其劳。""十六日、十七日，行衡、永间。路中皆小丘阜，道径粗恶，非坚拨即乱石，坳处又泥淖，虽好晴旬余，犹未干，跬步防踬，吏卒呻吟相闻。大抵湘中率不治道，又逆旅、浆家，皆不设圊溷，行客苦之"。有鉴于此，后人有"在家千日好，出门一日难"之叹。

在跋山涉水的艰险上，翻山越岭有滑下陡坡、摔落深渊之险，也有遭遇毒蛇猛兽之危，因此，人们在走过高山密林、人迹罕至的地方时总是提心吊胆。乘船同样如此，也有风浪和触礁之险，时常要遇到船翻人亡的不幸事故。杨万里《瓜州遇风》诗便有"涛头抛船入半空，船从空中落水中""岸人惊呼船欲没，舟人绝叫船复出"（《诚斋集》卷 30）之句。有的甚至要付出生命的代价，如

▲ 宋王希孟《千里江山图》（局部）

304

▲ 宋张择端《清明上河图》中的旅途行人

邻近长江的镇江，仅在短短的三年时间里，便溺船五百余艘，而死者则为溺船数的十倍以上（《宋会要辑稿·食货》八之三十六，政和六年八月御笔）。除被风涛溺死外，还有被强盗杀死的。绍兴五年（1135）五月，秉义郎靖州东路巡检宋正国任满，乘桃源县船户客舟东归，经汉阳白湖时，一家十二口皆惨遭强盗所害（《夷坚三志辛》卷9《桃源凶盗》）。有鉴于些，宋人纷纷发出了行路难的感叹。如北宋梅尧臣《行路难》诗："途路无不通，行贫足如缚。轻裘谁家子，百金负六博。蜀道不为难，太行不为恶。平地乏一钱，寸步邻沟壑。"（《梅尧臣集编年校注》卷19）

二、行装和旅费的筹集

行装在宋代称行李或行囊，如苏轼《与程德孺运使书》之一写道："约程四月末间到真州，当遣儿子迈往宜兴取行李……始就逮时，僮仆鸟散，行囊旁午道中。"（《苏轼文集》卷56）周密《齐东野语》卷1《林复》："搜其行李，得朱椅、黄帷等物，盖林好祠醮所用者。"又称为行橐或囊橐，如陆游《剑南诗稿》卷13《衢州早行》诗有"参差发行橐，迢递望前顿"之句。再如《夷坚乙志》卷12《章惠仲告虎》："及登岸，马犹立不动，遂乘以行，告敕皆在身，但囊橐为兵携去。"

▲ 宋刘松年《四景山水图·冬》中的打伞出行者

▲ 宋佚名《风雨归程图》中行人手中的伞被大风吹掉的情景

行李中的物品以出行时换洗的衣服为主，如《邵氏闻见录》卷19载："司马温公依《礼记》作深衣、冠簪、幅巾、缯带。每出，朝服乘马，用皮匣贮深衣随其后，入独乐园则衣之。"除路上换洗的衣服外，伞和药品也是必不可少的。行人带伞，或防雨，或阻止日光暴晒。

雨伞在宋代又称为雨盖。如岳珂《桯史》卷11《番禺海獠》载："予之登也，挟二雨盖，去其柄。既得之，伺天大风，鼓以为翼，乃在平地，无伤也。"

药品同样是人们外出

时必备的。时人董汲著有《旅舍备要方》，作者在《自序》中说："汲少小多病，因习医药。常思世人荣辱汨驰，喜怒妄作，饮食不节，兴居无常，倏忽之间，疾起不测，迫于仓卒，不暇药饵，以斯致困，可不惜哉！况宦游南北，客涉道途，冒触居多，邪气易入，方药备急，尤当究心。且如触寒心

▲ 宋刘松年《四景山水图》中出行者的行装

痛，冒热中暍，厥风涎潮，伏暑霍乱，急来急治，方可安全。推类求之，不能悉数。汲自业医以来，收经效奇方，计百余道，证详而法略，使览之者晓然可用，目之曰《旅舍备要方》，为一卷，庶几道途疾病，治疗有归。不敢私隐，具录如左。董汲序。"其药有治疗斑疹的神仙紫雪，有治疗痰证的小半夏汤、枳实丸，有治疗霍乱的丸方及厚朴汤、龙骨汤、大豉汤，有治疗腰痛的药棋子、神功丸，治疗妇人疾病的万安丸，小儿科的麝香膏，以及治疗耳、口、牙齿等病的赴筵散、细辛散，等等。

旅费在宋代又称为路费、盘缠、盘费、裹足、行费、裹费等，如《夷坚乙志》卷7《布张家》："邢州富人张翁，本以接小商布货为业。……张与路费，天未晓，亲送之出城。"《清平山堂话

本》卷3《杨温拦路虎传》："要归京去，又无盘缠。"《京本通俗小说·西山一窟鬼》："吴秀才闷闷不已，又没什么盘缠，也自羞归故里。"又，《五代史平话·梁史》卷上："望家乡又在数千里之外，身下没些个盘缠。"《朱子语类》卷130："（唐）坰初欲言时，就曾鲁公借钱三百千。以言荆公了，必见逐。贫，用以作裹足。"

由于长途旅行，故此所需的路费数目较大，需要经过一番筹备。或经过长期筹备，或典卖田地房产，或向亲友求助，或向富人借高利贷。其中借贷在当时颇为常见，如："缙云何丞相（执中）在布衣时贫甚，预乡贡，将入京师，无以为资，往谒大姓假贷。"（《夷坚甲志》卷11《何丞相》）又如《张协状元》二十出："你出路日子在眼前，我一夜思之怕没盘缠，往大公家急忙去借典。"《夷坚支志丁》卷7《丁湜科名》载："湜假贷族党，得旅费，径入京师，补试太学，预贡籍。"

三、行神祭祀

宋人有行前祭神的习俗，这种行前祭神的习俗，在古代称为祖道，张择端《清明上河图》中有生动的描绘：《清明上河图》中部的平桥与高大的咚咚鼓楼之间，有一辆两个人前拉后推的重载独轮车，车前还有一头瘦驴使劲地蹬地牵引着它。在车上满载的物品上边有一条宽边的布幅遮盖着，布幅上面布满了文字花纹。另外还有一把大伞挂在这辆车上。

这种车就是宋代都市中常见的串车。这辆串车的后面紧随着一行人，一人牵着一头蹇驴，乘驴之人曳袍重戴；他的后面跟随着一个仆从，仆人挑着行装，为防止阴雨天气，挑担一头也挂着

▲ 宋张择端《清明上河图》中的重型独轮车与"祖道"情景

一把伞，这伞的形状与串车所挂的那把伞略同。骑驴人的侧后方
有三个衣着皂袍的人，两人恭立，摊手作送别状；另一个人单膝
跪地，他的前面侧倒着一只黄羊。跪地之人仰面望着骑驴之人，
口中好像还念念有词，而骑驴之人则回首顾盼，眼中流露出依依
惜别之情。他们的行动、言语引起了周围人的关注。在他们的侧
后方，有两个挑担的人回首张望着他们，另有两个人面向他们有
议论，还有两个人侧视着他们在小声嘀咕些什么。据孔庆赞先生
研究，这是典型的"祖道"祭祀场景。首先，祖的地点正在大门
之外，这正如今天送客送出大门外一样；其次，所用祭品正是古
代祖道时常用的黄羊或黄狗；再者，跪地之人正在祝告，而骑驴
之人正在回首倾听，面露依依惜别之情；特别值得注意的是，乘

驴者正是宋人所说的"策蹇重载"的远游士人的典型形象（孔庆赞《〈清明上河图〉中的"祖道"祭祀场景》，《开封师专学报》1998年第4期）。

宋人的行神主要可以分为陆地行神和水上行神两种，其中陆地行神有梓潼君、五通神、紫姑神等，水上行神有天妃等。

梓潼君为蜀道行神，据北宋《太平寰宇记》卷84等记载：梓潼君姓张，名恶之（一作亚之），晋人，居蜀之七曲山，后

▲ 北宋张择端《清明上河图》中戴笠帽的骑驴者

"战死而庙存"。传说唐玄宗、唐僖宗奔蜀时曾得其护佑，故封其为"济顺王"。宋代又因其传说帮助宋军平定王均、李顺之乱，故在咸平年间被宋真宗封为"英显武烈王"。同时，道教将其视为文昌司禄帝君，奉为主宰功名、禄位的神。因此，文人士大夫多将其供奉于家。如蔡絛《铁围山丛谈》卷4载："长安西去蜀道有梓潼神祠者，素号异甚。士大夫过之，得风雨送，必至宰相；进士过之，得风雨则必殿魁。自古传无一失者。"

五通神同样被一些宋人奉为行神，如《夷坚三志辛》卷5《吴

长者》载："乐平故老吴曾，字孝先，洁处重义，里社称为长者。尝有异乡客泊旅邸，置伞于房外，遂失之，来见吴曰：'微物不足惜，但贮五通神像，奉事多年，一旦属他人，道途无所依倚。知公长者，能为我访索乎？'"

关于江湖上行神之俗，在陆游《入蜀记》中多有记载："十三日，至富池昭勇庙，以壶酒特豕谒昭毅武惠爱灵显

▲ 宋夏圭《钱塘秋潮图》

王神。……祭享之盛，以夜继日，庙祝岁输官钱千二百缗，则神之灵可知也。舟人云：'若精虔致祷，则神能分风以应往来之舟。'"（卷4）"四日，平旦，始解舟。舟人云：'自此陂泽深阻，虎狼出没，未明而行，则挽卒多为所害。'是日早，见舟人焚香祈神，云：'告红头须小使头长年三老，莫令错呼错唤。'问何谓长年三老？云梢工是也，长读长幼之长。乃知老杜'长年三老长歌里，白昼摊钱高浪中'之语，盖如此"。"二十二日……中夜后，舟人祀峡神，屠一豨"。"二十六日……祭江渎庙，用壶酒特豕。庙在沙市之东三四里，神曰昭灵孚应威惠广源王，盖四渎之一，最为典祀之正者"（卷5）。此外，龙王神也是行神。方勺《泊宅编》记鄱阳湖畔的"龙王本庙"："士大夫及商旅过者，无不杀牲以祭，大者羊豕，小者鸡鹅，殆无虚日。"又，周辉《清波杂

▲ 宋马远《溪山无尽图》(局部)

志》卷2《小孤祠》:"辉平生四泛大江,备尝艰险,共载生死,系于沉浮之间。每过龙祠,薰炉沥觞唯谨。"范成大《骖鸾录》:"闰月一日,宿邬子口。邬子者,鄱阳湖尾也。名为盗区,非便风张帆及有船伴不可过。大雪,泊舟龙王庙。二日,雪甚风横,祷于龙神。午,霁,发船邬子。"洪迈《夷坚支志丁》卷7《芜湖龙祠》载:"绍熙五年春,江西安抚司将官林应趾部豫章米纲往金陵。抵芜湖,内一舟最大,所载千斛,中夜忽漏作,水入如涌,舟中之人惶窘无计。林具衣冠向龙祠拜祷……"另外,还有一些其他神灵被人们视为江湖上的行神。如方勺《泊宅编》卷中载:"赣石数百里之险,天下所共闻。若雨少溪浅,则舟舫皆舣以待，有留数月者。虔州水东有显庆庙甚灵，或至诚祷之，则一夕涨水数尺，送舟出石。故无雨而涨，士人谓之清涨。前此，士大夫有祷辄应，刻石以识于庙庭者甚多。"赵蕃《章泉稿》卷1《舟行》诗也反映了宋人舟行祭江神时的情景："夜来投宿定花浦，迄晓占风更前迈。波涛汹涌势莫遏，顾视吾舟真若芥。是时霜威甚可怖，篙师战缩不可耐。急温浊酒浇肺肝，向者肌寒人安在。自怜不比娄师德，未可轻犯垂堂戒。径搜苦语谢江神，恐惧偷生勿吾怪。"

宋代海上航行的保护神众多，如"台州临海县上亭保，有小刹曰真如院，东庑置轮藏，其神一躯，素著灵验。海商去来，祈祷供施无虚日"（《夷坚支志庚》卷5《真如院藏神》）。而沿海的福建地区就更多了，有仙游的东瓯神女、涵江的灵显侯、郡北的

▲ 宋夏圭《钱塘秋潮图》中的海船

313

大官神、福州屿神、泉州"通远王神"等数位海神，他们均在各地有较大的影响。如兴化军城北的祥应庙神，为海商所皈依，每当海商要远行，均到这里来祈福的（《有宋兴化军祥应庙记》碑）。又如泉州延福寺的"通远王神"在当地就广有影响，每年之春冬，商贾要到南海暨海外经商，一定祈谢于此（李邴《延福寺放生池记》，见怀荫布《乾隆泉州府志》卷7《山川》）。当地市舶司都要在九日山上举行盛大的祈风仪式，届时所有文武官员都要出席，并勒石纪胜。曾任泉州知府的真德秀在《祈风祝文》中说："惟泉为州，所恃以足公私之用者，蕃舶也。舶之至时与不时者，风也。而能使风之从律而不愆者，神也。是以国有典祀，俾守土之臣一岁而再祷焉。呜呼！郡计之殚，至此极矣。民力之耗，亦既甚矣。引领南望，日需其至，以宽倒垂之急者，唯此而已。神其大彰厥灵，俾波涛晏清，舳舻安行，顺风扬帆，一日千里，毕至而无梗焉。是则，吏与民之大愿也。谨顿首以请。"（真德秀《西山文集》卷54）但后来随着天妃（即后人所说的妈祖）信仰的崛起，这一仪式也被其代替了。

据文献及民间传说，天妃原为五代时闽王统军兵马使、莆田湄洲人林愿第六女，北宋建隆元年（960）出生。少时即能知人祸福，且能乘席渡海，云游岛屿，人称为龙女。雍熙四年（987）升化后，常穿红衣飞翻海上，因此民间设庙祭祀，称其为"通贤神女"。庆元二年（1196），泉州首建天妃宫（即妈祖庙）。北宋宣和年间，路允迪奉命出使高丽，中途遭遇大风，八只船中有七只沉溺，唯独路允迪一只船因有"湄洲神女"保佑而完好无损。于是，路允迪出使回来后，便上奏给朝廷，皇帝赐庙额为"顺济"，正式

▲ 福建莆田湄洲妈祖庙

列入国家祀典。至绍兴二十六年（1156），统治者又封其为"灵惠夫人"；绍熙三年（1192），改封为灵惠妃（潜说友《咸淳临安志》卷 73《顺济圣妃庙》）。于是天妃信仰在民间迅速盛行起来，官员奉命出使海外，商人出洋经商，渔民出海捕鱼，在船舶启锚之前，总是要到天妃庙祭祀，祈求天妃保佑顺风和安全。时人刘克庄说："妃庙遍于莆（田），凡大墟市、小聚落皆有之。"（刘克庄《后村大全集》卷 91《风亭新建妃庙》）此外，其他沿海地区也相继建立了天祀庙。如南宋丁伯桂《艮山顺济圣妃庙记》："神之祠不独盛于莆，闽、广、浙、淮甸皆祠也。"（《海塘录》卷 11）刘克庄《风亭新建妃庙记》中也说："非但莆人敬事，余游北边，南使粤，见承楚、番禺之人祀妃尤谨，而都人亦然。"

崇福夫人在福建、岭南也被人们视为海神。如《湖海新闻夷坚续志·后集》卷 2《崇福夫人神兵》载:"广州城南五里,有崇福无极夫人庙,碧瓦朱甍,庙貌雄壮,南船往来,无不乞灵于此。庙之后宫绘画夫人梳装之像,如鸾镜、凤钗、龙巾、象栉、床帐、衣服、金银器皿、珠玉异宝,堆积满前,皆海商所献,各有库藏收掌。凡贩海之人,能就庙祈筊,许以钱本借贷者,纵遇风涛而不害,获利亦不赀。庙有出纳二库掌之。船有遇风险者,遥呼告神,若有火轮到船旋绕,纵险亦不必忧。凡过庙祷祈者,无不各生敬心。"

　　行神和道神除要保佑人们交通安全外,还往往兼有其他职能。如蔡絛《铁围山丛谈》卷 4 载:"长安西去蜀道有梓潼神祠者,素

▲ 广东番禺南沙天后宫

号异甚。士大夫过之，得风雨送，必至宰相；进士过之，得风雨则必殿魁。自古传无一失者。"又，宋人刘昌诗《芦浦笔记》卷4也有一则题为"草鞋大王事"的故事，传说蜀道上有一千年古木，树叶繁茂，荫可庇一亩，因此往来的行者常常要到这株树下歇息。歇息时，一些行人在这里要换上新草鞋，而将走破的旧草鞋遗弃在此，或将旧草鞋挂在树枝上以为戏，久而久之，这株树上挂满了千百双旧草鞋。后来有人在这株树下卜问心事，并常常应验，遂敬以为神。有一天，一位士人上城应举时路过这里，他在树上用佩刀刻写了"草鞋大王，某年月日降"几个字。等他参加应举回来时，发现这里已经立起了四柱小庙堂。士人看后笑而不言，走开了。三年后，当他再次经过这里时，小庙堂已经变成了规模

▲ 陕西略阳江神庙

宏大壮丽的祠宇，并且有不少人家居住在这里。他看后大为惊讶，忙问周围百姓是什么原因，大家都说是草鞋大王灵验无比。于是，这一天士人留宿于此，夜里他托梦问此神："神之名号不过是我一时戏书，为什么今天奉祠竟然如此之盛？你究竟是谁呢？"此神告诉他："我本是附近驿传系统的老铺兵，平生不敢欺心，被裁汰之后，经常在这里帮助负重而行走困难的路人。不料天帝竟然记得我这一劳绩，但始终未能安排居处，承你书此'草鞋大王'之号，于是才受封并享用奉祀。"士人又问道："那么，为什么卜问总是很灵验呢？"神答道："这并不是我的神能，不过是及时上奏天帝，帝感其诚，于是才给予答复。"最后，士人请神预告自己的前程。第二夜，士人在梦中见神告道："你一定会在某年登第，将来官职会达到某某品级。"果然后来一一应验。从这一故事中我们可以清楚地了解到宋代行神崇拜的情况（以上参见王子今《跛足帝国——中国传统交通形态研究》，第88—89页，敦煌文艺出版社1996年版）。

商人乘大船出海贸易时有祈舶趠风的风俗。舶趠风为信风之一种，有了这种风，可使船乘风破浪，快速到达目的地。陈岩肖《庚溪诗话》载："吴中每暑月，则有东南风数日，甚者至逾旬而止，吴人名之曰'舶趠风'，云：海外舶船祷于神而得之，乘此风到江浙间也。"苏轼《船趠风》诗："三旬已过黄梅雨，万里初来舶趠风。几处萦回度山曲，一时清驶满江东。惊飘簌簌先秋叶，唤醒昏昏嗜睡翁。欲作兰台快哉赋，却嫌分别问雌雄。"另诗序说："吴中梅雨既过，飒然清风弥月，岁岁如此，吴人谓之舶趠风。是时，海舶初回，云此风自海上与舶俱至云尔。"（《苏轼诗集》卷19）

宋人出行有择日的习俗，这从当时的文献记载中可以看出。如陆泳《吴下田家志》载："出入忌月忌。"又，敦煌出土的伯三四〇三《雍熙三年（986）历书》："正月……二十日己丑火开，岁对九焦九坎疗病、嫁娶、出行吉。"但也有不信于此的，如邵伯温《邵氏闻见录》卷19载："（邵）康节先公出行不择日，或告之以不利则不行。盖曰：'人未言则不知，既言则有知，知而必行，则与鬼神敌也……'"

四、饯别送行、持金赠行和送别

宋人外出远行，有饯别送行、持金赠行和送别三种礼俗。

饯别又称饯行、送行，其俗在宋代颇为盛行。据文献记载，中外商船出海时，市舶司机构照例要"支送酒食"；有时还要设宴饯行，届时大小商人和水手、杂工均可参加（《开庆四明续志》卷8；《欧阳文忠公文集·居士

▲ 宋佚名《望贤迎驾图》

集》卷 4）。

时人送亲朋好友远行时，往往要在城门外或郊外设送行酒宴。如《涑水记闻辑佚》载："初，范文正公贬饶州，朝廷方治朋党，士大夫无敢往别。王待制质独扶病饯于国门。"吴坰《五总志》载："蔡元长自成都召还过洛，时陈和叔为留守，文潞公以太师就第，饯行于白马寺。"陆游《入蜀记》卷 1 载："（乾道）六年闰五月十八日，晚行。夜至法云寺，兄弟饯别，五鼓始决去。"《清平山堂话本》卷 1《柳耆卿诗酒玩江楼记》："这柳耆卿诗词文采，压

▲ 宋张先《十咏图卷》中的送别场景

于才士。因此近侍官僚喜敬者，多举孝廉，保奏耆卿为江浙路管下余杭县宰。柳耆卿乃辞谢官僚，别了三个行首，各各饯别而不忍舍，遂别亲朋，将带仆人，携琴、剑、书箱，迤逦在路。"刘斧《青琐高议·前集》卷10《王幼玉传》还记载了一对恋人分别时的饯别情景：东都士人柳富与名妓王幼玉相恋，"富因久游，亲促其归。幼玉潜往别，共饮野店中。玉曰：'子有清才，我有丽质，才色相得，誓不相舍，自然之理。我之心，子之意，质诸神明，结之松筠久矣。子必异日有有潇湘之游，我亦待君之来。'于是二人

▲ 宋佚名《寒山行旅图》（局部）

共盟，焚香，致其灰于酒中共饮之。是夕同宿之江上。翌日，富作词别幼玉，名《醉高楼》，词曰：'人间最苦，最苦是分离。伊爱我，我怜伊。青草岸头人独立，画船东去橹声迟。楚天低，回望处，两依依。　　后会也知俱有愿，未知何日是佳期？心下事，乱如丝。好天良夜还虚过，辜负我，两心知。愿伊家，衷肠在，一双飞。'富唱其曲以沽酒，音调辞意悲惋，不能终曲，乃饮酒相与大恸。富乃登舟"。刘斧《青琐高议·别集》卷2《谭意歌传》也记载了这样的故事：名妓谭意歌与潭茶官张正宇相恋，后张调任他处，谭意歌"乃治行，饯之郊外。张登途，意把臂嘱曰：'子本名家，我乃娼类，以贱偶贵，诚非佳婚。况室无主祭之妇，堂有垂白之亲。今之分袂，决无后期。'张曰：'盟誓之言，皎如日月，苟或背此，神明非欺。'意曰：'我腹有君之息数月矣；此君之体也，君宜念之。'相与极恸，乃舍去"。筵酒之后，正式出行了！

饯别之俗为古代祖帐的遗风，时人称为祖席（黄朝英《靖康缃素杂记》卷4《祖道》）。金盈之《醉翁谈录·辛集》卷2《王魁负心桂英死报》载："魁行，桂为祖席郊外，仍赠以诗。"而持金赠行是指亲朋好友送别时赠以路费。如高登《辞馈金》诗序："顷罢官临庆，士民丐留不果，乃相与持金赠行。勤勤之意，既不可却，复不当受，因请买书郡庠，以遗学者，作诗谢。"（《东溪集》卷上）

宋代重文，因此以诗词送行的风俗也颇为盛行。这种诗词，时人称之为送行诗、送行词。如罗大经《鹤林玉露·乙编》卷2《迁谪量移》载："吕子约谪庐陵，量移高安，杨诚斋送行诗云：'不愁不上青霄去，上了青霄莫爱身。'盖祖杜少陵送严郑公云：'公若居台辅，临危莫爱身。'然以之送迁谪流徙之士，则意味尤深长也。"又，周密《齐东野语》卷11《蜀娼词》载："传一蜀妓送行词云：'欲寄意，浑无所有，折尽市桥官柳。看君著上征衫，又相将放船楚江口。　后会不知何日又，是男儿，休要镇长相守。苟富贵无相忘，若相忘有如此酒。'亦可喜也。"

　　宋人送别，当以男女情人之间的别离最为难舍难离。北宋词人柳永的《雨霖铃·秋别》一词就对此有极其生动的描述："寒蝉凄切，对长亭晚，骤雨初歇。都门帐饮无绪，留恋处、兰舟催发。执手相看泪眼，竟无语凝噎。念去去、千里烟波，暮霭沉沉楚天阔。　多情自古伤离别，更那堪、冷落清秋节。今宵酒醒何处？杨柳岸、晓风残月。此去经年，应是良辰、好景虚设。便纵有千种风情，更与何人说？"（《乐章集》）从这首词中还可知，宋人送行的时间一般在拂晓。

　　自然亲人之间的生死离别，也是凄惨苦痛的。吕惠卿《建宁军节度使谢表》中所说的"衰疲远谪，人皆知其难堪；亲爱生离，闻者为之太息"（《宋文鉴》卷68），就表达了当时官员远谪偏僻地区、与家人作生死告别时的心情。

　　而朋友之间的送别同样令人感动，范成大《吴郡志》中就记载了友人千里送人的动人故事：南宋淳熙四年（1177），范成大在四川安抚制置使兼知成都府任上，奉旨召对，离成都回故乡苏州时，其友人闻悉后，纷纷与他送别。

　　宋代出行时还有壮行之俗，届时亲人或朋友往往要为出行之人设酒壮行。如《湖海新闻夷坚续志·后集》卷2《送夫入学》载："宋嘉熙戊戌，兴化陈彦章混补试中。次年正月往参大学，时方新

▲ 宋马和之《孝经图》中的送行情景

娶，其妻作《沁园春》以壮其行，词曰：'记得爷爷，说与奴奴，陈郎俊哉。笑世人无眼，老夫得法，官人易聘，国士难媒。印信乘龙，夤缘叶凤，还似扬鞭选得来。果然是，西雍人物，京样官坯。　送郎上马三杯，莫把离愁恼别怀。那孤灯只砚，郎君珍重，离愁别恨，奴自推排。白发夫妻，青衫事业，两句微吟当折梅。彦章去，早归则个，免待相催。'一时传播，以为佳话。"有的还要赠以一些路费，如辛弃疾帅浙东时，曾为刘过壮行色，而且还送上一千缗钱作为其路费。

五、桥梁

桥梁是陆路交通的重要组成部分，它的好坏直接影响着交通的畅通。有鉴于此，宋人对桥梁的建设和维护十分重视。

北宋都城开封是当时桥梁最多、规模最为壮观的地区之一，仅东水门外七里至西水门外这一段汴河，就有虹桥、顺城仓桥、

▲ 宋王希孟《千里江山图》中的大型木构桥梁

便桥、下土桥、上土桥、相国寺桥、州桥（正名天汉桥）、浚仪桥、兴国寺桥（亦名马军衙桥）、太师府桥（蔡相宅前）、金梁桥、西浮桥、西水门便桥、横桥等十三座桥梁。此外，蔡河、五丈河、金水河也都有不少桥梁。

这些名目繁多的桥梁中，可以分为以下几个类型：

一是无脚桥。所谓无脚桥，就是一种没有桥柱的桥。又因其形似彩虹，飞跨两岸，故时人又称为飞桥、虹桥。据文献记载，这种桥型早在北宋真宗时就已在汴河上试用，《续资治通鉴长编》卷89 "天禧元年（1017）正月"记事："先是，内殿承制魏化基言，汴水悍激，多因桥柱坏舟，遂献无脚桥式，编木为之，钉贯其中。诏化基与八作司营造。至是，三司度所费功逾三倍，乃诏罢之。"仁宗时，夏竦守青州，得一牢城废卒，修桥成功，其桥是用"垒巨石固其岸，取大木数十相贯，架为飞桥，无柱"。因其坚固耐用，故很快被推广开来。"庆历中，陈希亮守宿，以汴桥屡坏，率

尝损官舟、害人，乃命法青州所作飞桥。至今沿汴皆飞桥，为往
来之利，俗名虹桥"（王辟之《渑水燕谈录》卷8《事志》）。北宋
东京开封城中的虹桥就是这种桥型的典型代表，孟元老《东京梦
华录》卷1《河道》描述道："其桥无柱，皆以巨木虚架，饰以丹艧，
宛如飞虹。"《清明上河图》中所绘之东京汴河虹桥，柱拱主要部
分为五排巨木组成拱骨，互相搭架，每根拱骨搁于另两根拱骨的
横木上，用绳捆扎起来。这样巨木架桥横跨宽阔的汴河，对于交
通非常便利，故汴河漕船或其他大船可以通过东水门，穿过上下
土桥，而直达相国寺前（参见周宝珠《宋代东京研究》，第193—
194页，河南大学出版社1992年版）。有鉴其利，时人韦骧在《无
脚桥》一诗中赞道："枘凿关连壮，横空不可摇。激波无雁齿，跨

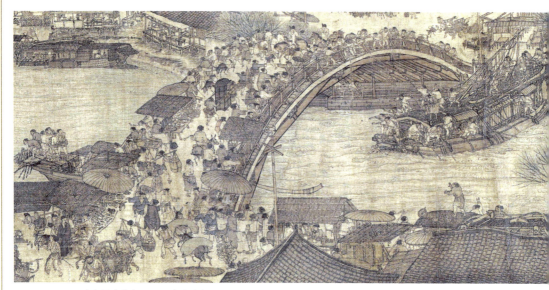

▲ 宋张择端《清明上河图》中东京汴河上的虹桥

岸只虹腰。改制千年取，倾舟众患消。乘舆济人者，为惠固相辽。"（韦骧《钱塘集》卷3）

二是石桥。这种桥在南方颇为普遍。如朱长文《吴郡图经续志》卷中《桥梁》载："吴郡昔多桥梁，自白乐天诗尝云'红栏三百九十桥'矣，其名已载《图经》。逮今增建者益多，皆叠石嶔崎，工奇致密，不复用红栏矣。"而南宋都城临安更多，《马可·波罗行纪》载该城内"有一万二千石桥"（冯承钧译《马可·波罗行纪》第2卷第151章《蛮子国都行在城》）。更值得注意的是，宋代还出现了一些巨型的石桥，如泉州万安渡石桥、盘光桥就是其中的代表。万安渡石桥建于北宋皇祐至嘉祐

▲ 宋佚名《长桥卧波图》中的大型木构长桥

▲ 宋王希孟《千里江山图》中的亭桥

▲ 宋王希孟《千里江山图》中的木桥

▲ 宋刘松年《西园雅集图》中的石桥

▲ 福建泉州万安桥

年间（1049—1063），长三百六十尺，广一丈五尺。方勺《泊宅编》卷2载其建造过程说："泉州万安渡水阔五里，上流接大溪，外即海也。每风潮交作，数日不可渡。……蔡襄守泉州，因故基修石桥，两涯依山，中托巨石，桥岸造屋数百楹，为民居，以其僦直入公帑，三岁度一僧掌桥事。春夏大潮，水及栏际，往来者不绝，如行水上。十八年桥乃成，即多取蛎房，散置石基，益胶固焉。"盘光桥建于南宋宝祐年间（1253—1258），长四百余丈，广一丈六尺。

三是浮桥。所谓浮桥，就是浮在水上的桥。如南宋唐仲友《新建中津桥碑》载临海中津浮桥："……为桥二十有五节，

宋王希孟《千里江山图》中的大型木构亭桥

▲ 宋王希孟《千里江山图》中的木桥

宋李唐《策杖探梅图》中的溪桥

▲ 宋佚名《雪山行骑图》中的小桥

◄（左上）宋李唐《清溪渔隐图》中的溪桥
◄（左中）宋刘松年《四景山水图》中的小桥
◄（左下）宋刘松年《四景山水图》中的小桥
▲（右）宋张激《白莲社图》中的小木桥

旁翼以栏，载以五十舟，舟置一碇，桥不及岸；十五寻（八尺为
一寻）为筏，维以柱二十，固以楗，筏随潮与桥岸低昂，续以版
四；锻铁为四，锁以固桥；纽竹为缆，凡四十有二，其四以维舟，
其八以挟桥，其四以为水备，其二十有六以系筏，系锁以石囷四，

系缆以石狮子十有一，石浮图二，缆当道者植木为架……"（宋林表民编《赤城集》卷13）

四是吊桥。为设在城濠边可以起落的一种便桥。陈规《守城录》卷1载："壕上作桥，桥中作吊桥，暂时隔敌则可，若出兵则不能无碍。"

五是绳桥。这种桥型流行于西南地区，范成大《吴船录》中对此多有描述，如卷上载："将至青城，再度绳桥。每桥长百二十丈，分为五架，桥之广，十二绳排连之，上布竹笆，攒立大木数十于江沙中，辇石固其根，每数十木作一架，挂桥于半空，大风过之，掀举幡然。大略如渔人晒网、染家晾彩帛之状。又须舍舆疾步，从容则震悼不可立，同行皆失色。"

此外，尚有廊桥、长桥、木桥等，此不一一赘述。

六、车与轿

车在宋代的陆地交通工具中占有举足轻重的地位，是宋代最为常见的交通工具之一。北宋著名诗人梅尧臣《依韵和张中乐寺丞见赠》一诗就真切地描述了宋人乘车旅行时的感受："朝车走辚辚，暮车走碌碌。黄埃蔽车轮，赤日烁车屋。"（《梅尧臣集编年校注》卷23）

▲ 宋佚名《迎銮图》长卷中装饰豪华的车子

▲ 宋佚名《溪山行旅图》中的大型牛车

▲ 宋张择端《清明上河图》中的牛车

　　宋代的车可分为客车、货车和客货混装车三大类。

　　客车主要有以下几种：（1）独牛厢车。为北宋东京贵族宅眷所坐的一种车子。孟元老《东京梦华录》卷3《般载杂卖》载东京"有宅眷坐车子，与平头车大抵相似，但棕作盖，及前后有构栏门垂帘"。又卷4《皇后出乘舆》说："命妇王宫士庶，通乘坐车子，如檐子样制，亦可容六人。前后有小勾栏，底下轴贯两挟朱轮，前出长辕约七八尺，独牛驾之。亦可假赁。"这种车子在其他城市也可见到，如陆游《老学庵笔记》卷2说："成都诸名族妇女，出入皆乘犊车。"（2）三牛厢车。这种车子多用于长途旅行，其形制在《雪溪行旅图》中有详细的反映。该图共有三辆三牛厢车。从图中来看，这种车子以三牛并头驾驭，力量大，可载多人，适合于长途运输。轮子共为两只，比较巨大，略高于人身。双层车厢，上

▲ 宋佚名《雪溪行旅图》（局部）

层低而宽，下层高而窄，呈拱形。车后身伸出部有两腿，为停车时稳定用。其中一车上层有人裹被而卧，下层一人开着厢门在闲坐。另一车有人正从下层向上层爬去。一车上下层皆闭门。（3）细车。周辉《清波杂志》卷2《凉衫》："旧见说汴都细车，前列数人持水罐子，旋洒路过车，以免埃尘蓬勃。"另据周辉《北辕录》所载，他在出使金国时，在淮北也见过这种车子。每车役用十五匹驴子，有五六个人把车，赶车者不用鞭子而用巨棰击打驴子。由于役用的驴子较多，故车速极快，"其震荡如逆风，上下波涛间"。（4）独轮人力客车。这种车流行于河北地区，"行人以独轮小车马鞍蒙之以乘，谓之'木马'。挽车者皆衣韦裤"（《梦溪笔谈》卷23《讥谑》）。（5）毡车。为妇人乘坐的一种车子。《司马氏书仪》卷3《婚仪上·亲迎》载："今妇幸有毡车可乘，而世俗重檐子，轻毡车。借使亲迎时暂乘毡车，庸何伤哉！然人亦有性不能乘车，乘之即呕吐者。如此，则自乘檐子。"（6）安车。安车又称安举，是一种一个人拉的小车，如《宋史·邵博传》载："（邵）博岁时耕稼，仅给衣食，名其居曰安乐窝，因自号安乐先生。……春秋时出游城中，风雨常不出，出则乘小车，一人挽之，惟意所适，士大夫识其车音，争相迎候。"另据马永卿《嫩真子录》卷3《安乐窝》所载，邵雍乘坐的黄牛拉的车子叫安车。（7）卧榻舆。《宋朝事实类苑》卷36《张文定》载："张司空（齐贤）致仕归洛，康宁富寿。先得裴晋公午桥庄，凿渠周堂，花竹照日，与故旧乘小车，携觞游钓。……造一卧榻舆，以视田稼。醉则息于木阴，酒醒则起。"由此可见，卧榻舆是宋人发明的一种比较舒适的车子。

▲ 宋佚名《雪涧盘车图》

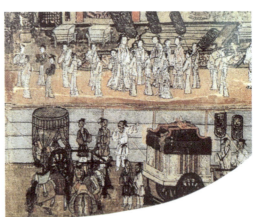
▲ 宋赵伯驹《汉宫图轴》中的车子

　　宋代货车的品种比客车要多，约有十余种：（1）太平车。太平车是一种载重量极大的四轮大车，邵博《邵氏闻见后录》卷22

载："今之民间辎车，重大椎朴，以牛挽之，日不能行三十里，少蒙雨雪，则跬步不进，故俗谓之太平车。"孟元老《东京梦华录》卷3《般载杂卖》曰："东京般载车，大者曰太平。上有箱无盖，箱如构栏而平，板壁前出两木，长二三尺许。驾车人在中间，两手扶捉鞭绥（疑作绥）驾之，前列骡或驴二十余，前后作两行；或牛五七头拽之。车两轮与箱齐，后有两斜木脚拖。夜中间悬一铁铃，行即有声，使远来者车相避。仍于车后系驴骡二头，遇下峻险桥路，以鞭唬之，使

▲ 宋张择端《清明上河图》中的大型独辕栈车，这是北宋时用于货物运载的主要交通工具

▲ 宋张择端《清明上河图》中的大型牛车

倒坐绳车，令缓行也。可载数十石。官中车惟用驴差小耳。"《清明上河图》中我们可以看到这种车的具体形象，驾车的车夫持鞭把辕，在骡马旁边步行着。南宋周密《癸辛杂识》续集上所载的"北方大车"就是指这种车，他在书中说道："北方大车可载四五千斤，用牛骡十数驾之。管车者仅一主一仆，叱咤之声，牛骡听命

惟谨。凡车必带数铎，铎声闻数里之外，其地乃荒凉空野故耳。盖防其来车相遇，则预先为避，不然恐有突冲之虞耳。终夜劳苦，殊不类人，雪霜泥泞，尤艰苦异常。或泥滑陷溺，或有折轴，必须修整乃可行，濡滞有旬日。然其人皆无赖之徒，每挟猥娼同处于车箱之下，藉地而寝，其不足恤如此。"由此可见，这种车在北方地区颇为常见。（2）平头车。平头车是一种两轮载物大车，其形状类似于太平车，但比太平车要小；两轮前有长木作辕，木梢横一木，用一头牛驾辕，牛项系横木；人站在一边，用手牵牛鼻绳驭之。北宋东京的酒正店常用此车载酒梢桶。（3）浪子车：为宋代北方地区盛行的一种用于货物运输的两轮

▲ 南宋佚名《盘车图》中的大型牛拉独辕栈车

车。孟元老《东京梦华录》卷3《般载杂卖》载："平盘两轮，谓之浪子车，唯用人拽。"可见这是一种类似于现在农村所见的人力板车。（4）痴车。痴车是当时人对无轮载物车的称呼。《东京梦华录》卷3《般载杂卖》载："又有载巨石大木，只有短梯盘而无轮，谓之痴车，皆省人力也。"（5）粗车。粗车以四牛牵引，用来运送行李物品。周煇在出使金国途中曾在淮北见过。（6）串车。是一种用

驴牵拽、四人操纵的独轮车，常用于载运竹木瓦石的货物。《东京梦华录》卷3《般载杂卖》载："又有独轮车，前后二人把驾，两旁两人扶拐，前有驴拽，谓之串车，以不用耳子转轮也。般载竹木、瓦石，但无前辕，止一人或两人推之。此车往往卖糕及糕糜之类人用，不中载物也。"《清明上河图》有这种车的形象。（7）三人力小车。据《宋史》卷324《张亢传》载，陕西递铺兵常用这种车搬运物品，"每三人挽小车，载二百五十斤至三百斤"。（8）四人力推车。流行于四川地区。

▲ 宋张择端《清明上河图》的四匹骡子拉的双辕大车

▲ 宋佚名《雪溪行旅图》中的大车

《后山谈丛》卷4载此车类似于"木牛流马"，可载十石货物。（9）江州车。江州车为一人力独轮推车。曾敏行《独醒杂志》卷9载其制："江乡有一等车，只轮两臂，以一人推之，随所欲运。别以竹为箓载两傍，束之以绳，几能胜三人之力。登高度险，亦觉稳便，虽羊肠之路可行。余谓兵家可仿其制而造之，行以运粮。"此

车相传由诸葛亮所创制，始行于四川江州，故名。宋时这种车子在全国颇为流行，如宋神宗熙宁九年（1076），诏京西路、开封府界括民间江州车一千辆运送军粮（《续资治通鉴长编》卷274，熙宁九年四月己丑）。柳开上京赴考时就曾使用这种车子，沈括《梦溪笔谈》卷9《人事一》载："柳开少好任气，大言凌物，应举时以文章投主司于帘前，凡千轴，载以独轮车，引试日，衣襕，自拥车以入，欲以此骇众取名。"（10）羊头车。为两人力的独轮车。《蓉塘诗话》道："自镇江以东，有独轮小车，凡百乘载皆用之。一人挽于前，一人推于后，谓之羊头车。书籍未见载此名者。"（《宋诗纪事》卷26《输麦行》）（11）辇水小车。这是一种专门用于运送食用水的车子。据《续资治通鉴长编》卷75载，大中祥符四年（1011）二月乙巳，宋真宗在赴河中府途中，因"山路泉深，负汲者劳，上悯焉"，遂令知河南府薛映造辇水小车十辆，"俾运载以代其役"。（12）独轮人力推车。陆游在入蜀为官时曾在常州一带见过这种独轮小车。

此外，宋人还对当时的乘车习俗做了较多的记载。如南宋陆游《老学庵笔记》卷1载："京师承平时，宗室戚里岁时入禁中，妇女上犊车，皆用二小鬟持香球在旁，而袖中又自持两小香球。

▲ 宋佚名《豳风图》中的人力独轮车

▲ 宋佚名《豳风图》中运货的独轮小车

▲ 宋佚名《豳风图》中运货的独轮车

▲ 宋佚名《文姬归汉图》中的大型豪车

车驰过，香云如烟，数里不绝，尘土皆香。"又，周煇《清波别志》卷中载："北地风埃，设凡贵游出，令一二十人持镀金水罐子前导，旋洒路过

▲ 宋佚名《卤簿玉辂图卷》（局部）

车，都人名曰水路。"按"水路"原是北宋京城贵族出行时的一种礼遇，如《东京梦华录》卷4《公主出降》载："步障水路，凡亲王、公主出则有之。皆系街道司兵级数十人，各执扫具、镀金银水桶，前导洒之，名曰水路。"但不久民间也开始仿效，且其风甚盛，故景祐三年诏有"民间毋得乘檐子及以银骨朵、水罐引喝随行"之禁（《宋史·舆服志五》）。

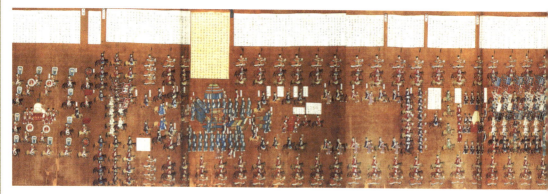

▲ 宋佚名《大驾卤簿图》（局部）

除车子外，作为陆上交通工具之一的轿子也在宋代大行其道。从文献记载来看，宋代的轿子又称为"肩舆"或"肩舁""檐子"，民间俗称为"篮舆""担子""兜笼"。其品种甚多，从其功用和外表形式来看，主要有以下几种：

（1）花檐子。又称花舆，即后人俗称的花轿，因其装饰以各种彩色的饰物，故名。《东京梦华录》卷 5《娶妇》载："至迎娶日，儿家以车子，或花檐子发迎客，引至女家门，女家管待迎客，与之彩段，作乐催妆上车，檐从人未肯起，炒咬利市，谓之起檐子。"庞元英《谈薮》载："韩侂胄暮年以冬月携家游西湖，画船花舆，遍览南北二山之胜。"

（2）暖轿。为一种四周垂帷的轿子，因坐在轿子中较暖，故名。《清平山堂话本·杨温拦路虎

▲（左）宋定窑黑白釉四抬花轿。轿身方形，下有削角四方形平托。轿顶六角攒尖式，上饰受花宝珠。六片弧形顶檐翘起，六角脊作绳系纹，各坡塑一朵四瓣花。轿门上饰有花形绳结，门挂短竹帘，裸露半截，内跪坐一头梳博鬓抛髻的少妇。后帏有镂空垂叶纹窗，左右两侧上下饰有对齿纹帏子。四名轿夫扛着轿杆，其中一轿夫头戴花冠，另外三名轿夫头戴幞头，系宽腰带，前后挂裆布，一手扶杆，一手叉腰

▲（右）宋张择端《清明上河图》中的双人抬轿情景

传》："收拾担仗，安排路费，摆布那暖轿、马匹，即时出京东门。"

（3）龙肩舆。据《宋史·舆服志二》载，又名棕檐子，一名龙檐子，"异以二竿，故名檐子"。其形制为方形棕顶，用朱漆红黄藤编制而成，百花龙纹为障，红色门帘，看窗帘，朱漆藤座椅，下面设有踏子，内置红罗裀褥，软屏，夹幔。

▲ 宋绿釉陶肩舆。舆座为一把大椅，方形平座，四角方形直腿，前后脚分别有横板。靠背竖直，扶手平直。两侧扎有竹杠。舆夫两人，头戴小帽，身穿交领窄袖袍，腰系带，下着小口裤，足穿靴

（4）檐子。檐子是北宋都城东京盛行的一种非常豪华的大型轿子，供贵族妇女使用。《东京梦华录》卷4《公主出降》载："檐子约高五尺许，深八尺，阔四尺许，内容六人。四维垂绣额珠帘，白藤间花。匡箱之外，两壁

出栏槛，皆缕金花装雕木人物神仙。出队两竿十二人。竿前后皆设绿丝条，金鱼勾子勾定。"南宋方回《虚谷闲抄》载章惇初来京师，在御街中所见的"雕舆数乘"，可能就是指这种轿子。

（5）山舆。又称为山轿，是一种形制比较简单、专供攀行山路时所用的轿子。杨万里《再入城宿张氏庄早起》诗："山轿已十里，谯门才四更。"（《诚斋集》卷41）王柏《长啸山游记》："黎明假山舆，上丹山。"（《鲁斋集》卷5）当时士大夫长途出行，如遇道路险阻时，往往采取乘轿的方式。但坐在这种轿子里过山势比较陡峭的路段，常让一些文人吓得心惊肉跳，杨万里《过白沙竹枝歌》："绝壁临江千尺余，上头一径过肩舆。舟人仰看胆俱破，为问行人知得无。"（《诚斋集》卷26）范成大《小扶舁》诗："悬崖破栈不可玩，舆丁挟我如腾狙。"（《石湖居士诗集》卷18）

（6）竹舆。是一种以竹为主要材料编制而成的轿子。叶寘《爱日斋丛钞》卷1说："竹舆之用，久著于江表，由东南马少，故

▲（左）宋龚开《中山出游图》中的双抬三板便轿
▲（右）宋龚开《中山出游图》中的双抬三板便轿

从土俗之便尔。"《宋史·舆服志二》载："中兴东征西伐，以道路险阻，诏许百官乘轿，王公以下通乘之。其制：正方，饰有黄、黑二等，凸盖无梁，以篾席为障，左右设牖，前施帘，舁以长竿二，名曰竹轿子，亦曰竹舆。"从文献记载来看，竹舆的使用并不局限于官僚，普通百姓也有使用的。如《夷坚支志庚》卷7《李源会》载："李源会，京师人。所居坊曲颇寂静，其外书室窗外有隙地以种花卉。兄自亳州教授罢归，姻戚毕集，具酒。妇女所乘竹舆，皆置花荫之下。"又称篮舆，范成大《吴船录》："篮舆下行峡浅处以入寺。"其构造在范成大《骖鸾录》一书中有所交代："篮舆，以板为底，上起四柱，篮缺其前，以垂足于空虚。有雨雪，则以

▲ 宋《大驾卤簿图》中的鸾车舆

僧笠覆其上，两夫荷之。"

（7）藤轿。是一种以树藤编制而成的轿子。《梦粱录》卷20《嫁娶》载："至迎亲日，男家刻定时辰……引迎花檐子或粽檐子藤轿，前往女家，迎取新人。"

（8）梯轿。即今人所说的滑竿。范成大《吴船录》卷上载："余以健卒挟山轿强登，以山丁三十夫曳大绳行前挽之，同行则用山中梯轿。"

（9）腰舆。魏泰《东轩笔录》卷3载："一日，（钱）文僖率僚属往游，去其居一里外，即屏骑从，腰舆张盖而访之。"

（10）銮舆。为皇帝所乘之轿。文莹《玉壶清话》卷3载："辛文悦，后周通经史里儒。太祖幼尝从其学，显德中为殿前都点检，节制方面，兵纪繁剧，与文悦久不相见，上每亦念之。文悦一夕忽梦迎拜銮舆于道侧，黄屋之下，乃太祖也。"

▲ 宋佚名《迎銮图》中的銮舆

（11）凉舆。《夷坚乙志》卷6《榕树鹭巢》载："福州仪门外夹植榕树，每树有白鹭千数巢其上，鸣噪往来，秽污盈路，过之者皆掩鼻。薛直老（弼）为守，尝乘凉舆出，为粪污衣，以为不祥，欲尽伐其树而未言。"

（12）鼠尾轿。王铚《默记》卷中："二人肩鼠尾轿。"

（13）板舆。王楙《野客丛书》卷16《板舆》载："世率以板舆为奉母亲事用。如乐天诗：'朱幡四从板舆行。'取潘安仁《闲居赋》。太夫人乃御板舆之意，不知当时三公告老，亦许以板舆上殿，如傅祗者是。则板舆事不可专为奉母也。梁韦睿以板舆自载，督厉众军，则知板舆不止一事。"

抬轿之人多少不一，一般多者六人，少者两人。两人抬轿的，如《夷坚乙志》卷14《鱼陂疠鬼》："族人洪洋自乐平还所居，日

▲ 宋张择端《清明上河图》中的双人便轿

已暮，二仆荷轿，一仆负担，必欲以中夜至家。"四人抬轿的，如《清平山堂话本·西湖三塔记》载："宣赞见门前一顶四人轿，抬着一个婆婆。"六人抬轿的，如《夷坚乙志》卷20《王祖德》载："成都人承信郎王祖德，绍兴三十一年来临安，得监邛州作院。……一卒抱胡床从外入，汗流彻体，曰：'作院受性太急，自秦州兼程归，凡四昼夜抵此，将至矣。'俄而六人荷一轿至。"

抬轿之俗各地也不一样，如"泉、福二州妇人轿子，则用金漆，雇妇人以荷。福州以为僧擎，至他男子则不肯肩也"（庄绰《鸡肋编》卷中）。

宋代轿子的流行经历了一个发展过程。起初轿子仅限于皇家使用，是一种尊贵的象征。程大昌《演繁露》卷7《肩舆》载："祖宗时，臣僚虽在外，亦不许乘轿也。"后来为了照顾年老有疾的元老大臣，经皇帝批准后也特许他们使用，以示优礼。为此，文武大臣们将乘轿视为一种莫大的殊荣，如蒙皇上允准，则往往显得受宠若惊，诚惶诚恐。王禹偁代赵普所作的《谢许肩舆入内表》便充分显示了这一点，该表说："准枢密院札子，奉圣旨许臣过清明节选日朝辞，仍令乘担子于崇政殿入见者。老病衰羸，圣慈悯恻，察其足疾，听以肩舆，实君父之殊私，非人臣之常礼……有此宠荣，自知杀身无以报主，兢惶

▲ 宋夏圭《西湖柳艇图》中的轻便小轿

涕泗，不知所裁。"（王禹偁《小畜集》卷 23）又，叶寊《爱日斋丛钞》卷 1 载："富郑公乘小轿过天津，盖中州尊者用之。而司马公不喜肩舆，山中亦乘马。元祐元年正月，有诏左仆射司马光许乘轿子，三日一至都堂聚议或门下尚书省治事。公尝奏即日上下马未得及，足上有疮，深恶马汗，乞如圣旨权许乘轿入内，至常时下马处下轿。又言足疾未愈，乞遇假日或日晚执政出省后有合商量公事，许乘小竹轿往诸位商量，是公晚在相位固乘轿矣，然本优礼也。《麈史》记唐丞相乘马，至五代乘檐子。近年唯文潞公落职致仕，以太师平章重事；司马温公始为门下侍郎，寻卧疾于家，就拜左相，不可以骑。二公并许乘檐子，皆异恩也。《文公语录》云：记得京师全盛时，百官皆只乘马，惟元勋大臣老而有疾，方赐乘轿，而宦者将命之类亦皆乘轿。《却扫编》云：京城士大夫自宰臣至百执事皆乘马出入。司马温公居相位，以病不能骑，乃诏许肩舆至内东门，盖特恩也。"到北宋末年，随着社会风气的变化，乘轿之风迅速盛行起来，这在都城开封表现得尤为明显。宋

▲ 宋张择端《清明上河图》中的乘暖轿出行者

哲宗绍圣二年（1095），侍御史翟思在给哲宗的奏书中说道："京城士人与豪右大姓，出入率以轿自载，四人舁之。甚者饰以棕盖，彻去帘蔽，翼其左右，旁午于通衢，甚为僭拟，乞行止绝。"哲宗虽然批准了这一奏议，但其风已无法禁止。政和七年（1117），又有官员向徽宗上言，说法律禁止平民百姓不得乘轿。但现在京城内的暖轿，非朝廷命官的，甚至富民、娼妓、伶人以及下贱之人，都往往使用暖轿。这种现象超越了国家的法律规定，希望朝廷马上下令严禁。于是，皇帝再次诏令非品官不得乘暖轿。但最后又变成了一纸空文（以上参见《宋史·舆服志五》），以至京城中还出现了"赁轿之家"，公开从事轿子的出租业务，宋丁特起《靖康纪闻》记载："靖康二年正月二十九日，送戚里权贵女于金，搜求肩舆赁轿之家，悉取无遗。"南宋建炎初年，朝廷驻跸扬州，因当地"通衢皆砖甃，霜滑不可以乘马，特诏百官悉用肩舆出入"（《爱日斋丛钞》卷 1 引《朝野杂记》）。至定都临安以后，乘轿之风更盛，《朱子语类》卷 18 载："南渡以前，士大夫不甚用轿，如王荆公、伊川皆云不以人代畜，朝士皆乘马。或有老病，朝廷赐令乘轿，犹力辞后受。自南渡后至今，则无人不乘轿也。"陈叔方《颍川语小》卷下也载："张安道之父年九十余，一生不乘轿檐，云：'岂可以人代畜！'司马温公不喜肩舆，山中亦乘马，路狭，策杖以行。王荆公辞相位，居钟山，惟乘驴，或劝其令人肩舆，公正色曰：'自古王公虽不道，未尝敢以人代畜。'今无贵贱尽肩舆矣，而武臣军帅亦用之，何也？"特别是京城中的妓女，更是将轿子作为自己的代步工具。周密《武林旧事》卷 6《歌馆》载："或欲更招他妓，则虽对街，亦呼肩舆而至，谓之过街轿。"

七、马、驴和骆驼

除乘车和轿子外，宋人还用马、驴、骆驼、牛等作为出行的工具。

宋人骑马出行的现象颇为普遍，如宋初贵主流行乘马，钱世昭《钱氏私志》载："贤穆有荆雍大长公主牌印，金铸也。金鞍勒、玛瑙鞭、金撮角红藤下马杌子。闻国初贵主犹乘马，元祐以后不铸印，亦无乘马仪物。"而举子乘马更是风靡一时，《李学士家谈》载："先公尝言，近日举子，多衣紫皂衫，乘马以虎豹皮装饰鞍鞯，谒见士大夫，并不以笺启为先容，往往仍不具襕鞯，甚无谓也。"（《宋朝事实类苑》卷61《举子投贽》）宋人乘马还盛行用狨坐。如叶梦得《石林燕语》卷3载："狨坐不知始何时，唐以前犹未施用。太平兴国中，诏工商庶人乌漆素鞍，不得用狨毛暖坐，则当时盖通上下用之矣。天禧元年，始定两省五品、宗室将军以上，许乘狨毛暖坐，余悉禁，遂为定制。今文臣自中书舍人以上，武臣节度使以上，方许用，而宗室将

◀ 宋张择端《清明上河图》中的马、驴和骆驼等出行工具

350

▲ 宋佚名《天官图》中的骑马出行情景　▲ 宋张择端《清明上河图》中的骑马出行者

▲ 宋李唐《雪江图》中的骑马出行情景　▲ 宋刘松年《征聘图》中的骑马出行者

▲ 宋梁楷《雪景山水图》中的骑马出游者　▲ 山西长治故漳村宋墓壁画中的骑马奔丧场景

军之制，亦不行矣。"又朱彧《萍洲可谈》卷1载："狨坐，文臣两制、武臣节度使以上许用，每岁九月乘，至三月撤，无定日，视宰相乘则皆乘，撤亦如之。狨似大猴，生川中，其脊毛最长，色如黄金，取而缝之，数十片成一座，价直钱百千。背用紫绮，缘以簇四金雕法锦，其制度无殊别。"

与骑马相比，骑骡、驴出行则要逊色得多。这不仅表现在骡、驴的行走速度和身价明显不如马，而且骑乘者的身份地位一般也不如骑马者高贵。王得臣《麈史》卷下《杂志》载："京师赁驴，途之人相逢无非驴也；熙宁以来，皆乘马也。按古今之驿亦给驴，物之用舍亦有时。"如北宋都城开封的妓女，起初出行时普遍盛行骑驴，后因法律松弛，遂以骑马为时尚。《东京梦华录》卷7《驾回仪卫》载："妓女旧日多乘驴，宣政间惟乘马。"又，《梦梁录》卷20《嫁娶》载："至迎亲日，男家刻定时辰……顾借官私妓女乘马。"这种现象在士大夫中也可见到，如《宋史·郑起传》载：郑起家贫，常骑

▲ 宋佚名《骑驴图》

▲ 宋李成《层岩丛树图》中的骑驴出行者

骡出行。有一天，他出近郊送客，有人揖请说："请策马令进。"郑起回答说："此骡也，不当过呼耳。"由此可见，呼骡为马，具有明显的虚美过实之辞。关于宋人骑驴出行，在当时文献中多有记载，如《宋朝事实类苑》卷41《魏野》载："魏野字仲先，陕府人，不喜巾帻，无贵贱，皆纱帽白衣以见之，跨白驴。"又，同书卷45《张客省》

▲ 宋李成《寒林策骞图》中的骑驴出行者

▲ 宋佚名《花坞醉归图》的骑驴场景

载："张客省退夫自言，应举时，因醉，乘驴过市，误触倒杂卖担子。"邵伯温《邵氏见闻录》卷16载："国初，隐士石砙居洛阳之北邙山，冯拯侍中为留守。砙每骑驴直造侍中，见必拜之，饮酒至醉乃去。"此外，一些大臣致仕后也往往以驴或骡为出行工具。如《邵氏见闻录》卷11载："王荆公辞相位，居钟山，惟乘驴。"又，朱彧《萍洲可谈》卷3载："富郑公致政归西都，尝著布直裰，跨驴出郊。"周密《齐东野语》卷19《清凉居士词》:"韩忠武王以元枢就第,绝口不言兵,自号清凉居士。时乘小骡,放浪西湖泉石间。"

▲ 宋佚名《田畯醉归图》中的田畯骑牛醉归的场景

▲ 宋李迪《雪中归牧图》

▲ 宋晁补之《老子骑牛图》(局部)

骆驼则是沙漠上行走的最佳交通工具。如《宋史》卷490《外国列传六》载:"瀚海沙深三尺,马不能行,行者皆乘橐驼。"

此外,宋人还有骑牛出行的。如杨朴"每乘牛往来郭店,自称东里遗民"(江少虞《宋朝事实类苑》卷42《韩丕荐三处士》)。北宋著名理学家邵雍(1011—1077),以春秋天色温凉之时,乘安车,驾黄牛,出游于诸公家(马永卿《嬾真子录》卷3《安乐窝》)。

八、地图、指南针和拄杖

宋代是地图大发展的时期,举凡山川、水利、河流、交通、邮驿、城市、都会,莫不有图。其中著名的全国性地图,有《淳化天下图》、西安碑林《华夷图》、苏州文庙《地理图》、乐史《掌上华夷图》、王曾修《九域图》、陆九韶《州郡图》;地方性的地图，有晏殊绘制的《十八路州军图》、赵彦若《十八路图》、沈括《守令图》；外域和边疆边防地图，有沈括《使辽图钞》《灵州图》、盛度《西域图》《河西陇右图》《交广图》《海外诸域图》《岭表花木图》《海外诸蕃地理图》等。

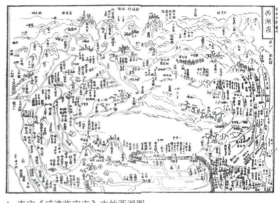

▲ 南宋《咸淳临安志》中的西湖图

特别需要指出的是，当时广泛流行的城市地图为人们的外出提供了极大的方便。《朝京里程图》的出现便是一个典型的事例，元李有《古杭杂记》载："驿路有白塔桥，印卖《朝京里程图》，士大夫往

▲ 南宋《咸淳临安志》中的浙江图

临安，必买以披阅。有人题于壁曰：'白塔桥边卖地经，长亭短驿甚分明。如何只说临安路，不较中原有几程。'"

指南针在宋代正式开始出现。据沈括《梦溪笔谈》卷24《杂志一》载："方家以磁石磨针锋，则能指南。"大约至北宋中后期，指南针已在航海中得到应用。朱彧《萍洲可谈》卷2载其父于北宋元符、崇宁年间（1098—1106）在广州时的见闻："舟师识地理，

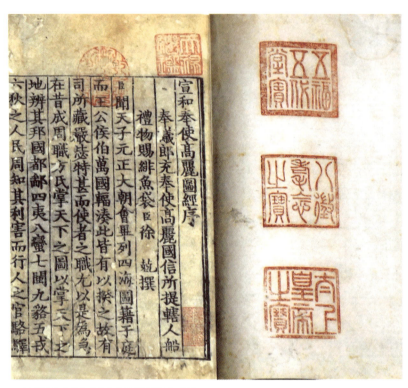

▲ 清乾隆皇帝鉴赏《宣和奉使高丽图经》书影

夜则观星，昼则观日，阴晦观指南针。"此外，徐兢在宣和五年（1123）所著的《宣和奉使高丽图经》卷34《半焦洋》中也有"惟视星斗前迈，若晦冥则用指南浮针以揆南北"的记载。至南宋时，其使用更为普遍了，赵汝适《诸蕃志》卷下《海南》载："舟舶来往，惟从指南针为则，昼夜守视唯谨，毫厘之差，生死系矣。"又，吴自牧《梦粱录》卷12《江海船舰》载："风雨晦冥时，惟凭针盘而行，乃火长掌之，毫厘不差。"

▲ 宋《大驾卤簿图》中的记里鼓车　　　▲ 宋《大驾卤簿图》中的指南车

　　拄杖与地图一样，也是宋人（特别是老人或病弱者）出行时比较常见的辅助用具。如朱彧《萍洲可谈》卷3载："王荆公退居金陵，结茅钟山下，策杖入村落。"拄杖又称拐，为手杖。如惠洪《冷斋夜话》卷8载："刘跛子，青州人，拄一拐，每岁必一至洛中看花。"拄杖从其制作材料来看，在宋代又有藤、竹、铁等之分，其中又以藤拄杖最为常见。如《清波杂志》卷3载林灵素死时，"棺中止置所赐万岁藤拄杖"。当时以四川所产的筇杖最为著名，司马光"平日游园，常策筇杖"（《司马温公文集》卷12）。铁拄杖也有记载，如罗大经《鹤林玉露·甲编》

▲ 手拿拄杖的苏东坡

卷1《铁拄杖》载："寿皇在宫中，常携一漆拄杖，宦官宫姜莫得睨视。尝游后苑，偶忘携焉，特命小黄门取之。二人竭力曳以来，盖精铁也。上方有意中原，故阴自习劳苦如此。"

九、船

宋代的水上交通颇为发达，其中以北宋都城开封和南宋都城临安最为典型。周邦彦《汴都赋》描述道："于是自淮而南，邦国之所仰，百姓之所输，金谷财帛，岁时常调，舳舻相衔，千里不绝。越舲吴艚，官艘贾舶，闽讴楚语，风帆雨楫，联翩方载，钲鼓铿锵，人安以舒，国赋应节。"（宋吕祖谦编《宋文鉴》卷7）南宋临安的水上交通更加发达

▲ 宋张择端《金明池争标图》中的战船

▲ 宋夏圭《长江万里图》中急流中行进的江船

了，嘉定六年（1213）有官员说："国家驻跸钱塘，纲运粮饷，仰给诸道，所系不轻。水运之程，自大江而下至镇江则入闸，如履平地，川、广巨舰，直抵都城，盖甚便也。"（《宋史·河渠志》）此外，岳州、鄂州等地的水上交通也比过去有了很大的发展，范致明《岳阳风土记》在描述岳州便捷的水上交通时说："大抵湖上舟行，虽溯流而遇顺风，加之人力，自旦及暮，可行二百里。岳阳西到华容，过大穴漠、汴湖，一日程；又西到澧江口、鼎州江口，皆通大穴漠、赤沙，三日程；南至沅江，过赤鼻山湖，四日程；又东至湘江，过磊石、青草湖，两日程。夏秋水涨，其道如此。"新兴的长江中游巨镇鄂州同样如此，"盖川、广、荆、襄、淮、浙贸迁之会，货物之至者无不售，且不问多少，一日可尽"（范成大《吴船录》卷下）。

　　自古道："南船北马。"船对南方地区来说，自然具有举足轻重的地位。以南宋都城临安为例，徽猷阁待制、知临安府张澄说："临安古都会，引江为河，支流于城之内外，交错而相通，舟楫往

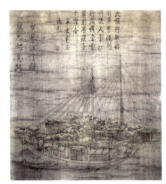

▲ 宋郭忠恕《雪霁江行图》的行船　　▲ 宋王希孟《千里江山图》中的江船　　▲ 宋李唐《江山小景图卷》中的两艘张帆而行的客船

来，为利甚溥。"（李心传《建炎以来系年要录》卷123，绍兴八年十一月癸巳条）吴自牧《梦粱录》卷12《河舟》也载："杭城辐辏之地，下塘、官塘、中塘三处船只，及航船、鱼舟、钓艇之类，每日往返，曾无虚日。缘此是行都士贵官员往来，商贾买卖骈集，公私船只，泊于城北者夥矣。"

　　宋代的水上交通工具以船为主，其品种甚多，但从其主要的活动范围来讲，可分为海船、江河船、湖船三大类。

　　海船又可分远洋船和浅海船两种。远洋船是一种载重量极大的海船，据徐兢《宣和奉使高丽图记》卷34《神舟》等载，北宋神宗时，明州所造的"神舟"（或称"万斛船"），其规模之宏大在当时世界上无船能与其匹敌。元丰元年（1078），安焘、陈睦两学士出使高丽，朝廷敕明州造万斛船两只，一只赐号为"凌虚致远安济神舟"，另一只赐号为"灵飞顺济神舟"。当这两只规模壮观的海船到达高丽国时，高丽人惊叹不已，"倾国耸观，而欢呼嘉叹"。徽宗时，朝廷又派徐兢出使高丽，再诏明州造了两只规模更大的船，一只称"鼎新利涉怀远康济神舟"，另一只叫"循流安逸通济神舟"，两只船"巍如山岳，浮动波上，锦帆鹢首，屈服蛟螭"。虽然文献中没有记载这些神舟的载重量，但我们可从与

▲ 宋海船铜镜

▲ 宋李唐《秋江待渡图》中的江船

▲ 宋佚名《江天楼阁图》中的大型江船

其同行的"顾募客舟"来推算，其载重量当在两万斛以上，合今1100吨左右（参见王曾瑜《谈宋代的造船业》，载《文物》1975年第10期）。此外，南宋周去非《岭外代答》卷6《器用门·木兰舟》记载从南海出发的远洋巨舶，"浮南海而南，舟如巨室，帆若垂天之云，舵长数丈，一舟数百人，中积一年粮"。甚至还有比木兰舟更大的，"一舟容千人，舟上有机杼市井"。当然，普通的远洋船没有这么大，《梦粱录》卷12《江海船舰》记载南宋都城临安出海的远洋船："大小不等，大者五千料，可载五六百人；中等二千料至一千料，亦可载二百人；余者谓之钻风，大小八橹或六橹，每船可载百余人。"一料等于一石，载重五千料就是五千石，约为三百吨左右。载重两千料（石）的船，则约重一百二十吨左右。"其长十余丈，深三丈，阔二丈五尺"，"每舟篙师、水手可六十八人"（徐兢《宣和奉使高丽图记》卷34《客舟》）。这种远洋海船的性能也极好，具有快速、抗沉、平稳等特性。为了让长期航行在茫茫大海上的中外客商和海员过上比较舒适的生活，船上还设有装饰比较豪华、可以携带家属的幽静船舱。摩洛哥旅行家伊本·白图泰《异域奇游胜览》载广州建造的远洋海船，"船上造有甲板四层，内有房舱、官舱和商人舱。官舱内的住室附有厕所，并有门锁，旅客可以携带妇女、女婢闭门居住。有时旅客在

▲ 宋王希孟《千里江山图》中的客船

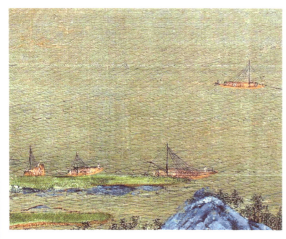

▲ 宋王希孟《千里江山图》中的航船

官舱内，不知同舟者为何许人，直至抵达某地相见时为止。水手们则携带眷属子女，并在木槽内种植蔬菜、鲜姜"。从《宣和奉使高丽图经》卷34《客舟》的记载来看，全船中部分作三舱，前舱在头桅至大桅之间，其中上层作为储存水和炊事用舱，下层为随行水手的住舱。中舱分为四室，主要用于装货；后舱为庪屋，四壁开窗，彩绘华丽，装饰富丽堂皇。庪屋上有竹篷，平时叠积待用，阴雨天时以遮风雨。这一经过精心装修的两个舱室，由随从官员按品级分居。

除远洋海船外，航行于大陆近海的船只有钓鱼船、三板船等类。李心传《建炎以来系年要录》卷7载："浙江民间有钓鱼船，

谓之钓漕。其船尾阔可分
水，面敞可容兵，底狭尖
可以破浪，粮储器仗，置
之簟板下，标牌矢石，分
之两傍；可容五十卒者。
面广丈有二尺，长五丈，
率直四百缗。"三板船又
称作"舢板"或"舢舨"，

▲ 宋张先《十咏图》中的江船

也是一种内河或沿海地区
使用最普通的船只，主要
用来打鱼或载人。

江河船只从其所载
运的对象及所属关系来
看，一船可以分为客货

▲ 宋末元初钱选《归去来辞图》

混杂船、货船、客船、纲船、家船、贩米船、寺观庵舍船只、粪
船、渔船、红座船、撩河船等，这些江河船只在南宋著名画家李
嵩《巴船下峡图》和《长江万里图》中有生动的描绘。客货混杂
船专载往来士贾诸色人等及搬载香货杂色物件等，装载量一般在
二百五十石至一千石之间，时有"落脚头船"等称呼。货船专门
用来搬载米、盐及柴炭、砖瓦等物，大小不一，大者上万石，时
称万石船。北宋张舜民《画墁集》卷8《彬州录》就记载了他亲眼
所见的万石船实况："丙戌，观万石船，船形制圆短，如三间大屋，
户出其背，中甚华饰，登降以梯级，非甚大风不行。钱载二千万
贯，米载一万二千石。"按今度量制折算，万石船的载重量约为

▲（上）宋张择端《清明上河图》中长途航行的载人沙船
▲（下）宋张择端《清明上河图》中长途航行的载人沙船

500—550 吨之间。但宋代这种大型的货船甚少，一般都是数百千
斛的中型货船，"轻槛华丽，率用撑驾"，《清明上河图》上的汴河
船便大多属于这一类型。《梦粱录》卷 12《河舟》说："杭州里河船
只，皆是落脚头船，为载往来士贾诸色等人，及搬载香货杂色物
件等。……若士庶欲往苏、湖、常、秀、江、淮等州，多顾舸船、
舫船、航船、飞篷船等。"舸船为一种小型客船，舫船和航船是载
重两三百石的大中型客船。周辉《清波杂志》卷 9《野艇》载："航
是大舟……今所谓航船者，俗名轻舠。"赵彦卫《云麓漫钞》卷 6
说："今浙西临流州县，凡载行旅之舟，谓之航船。"如南宋陆游入
蜀时乘坐的官船，就是一只载重两千斛的江船（约今 150 吨），桅
高五丈六尺，帆二十六幅。其后来"所乘千六百斛舟，凡用橹六

枝，百丈两车"（陆游《入蜀记》第一、第五）。南宋画家所绘的《江天楼阁图》就绘有大型长江客船的具体形象。从《清明上河图》来看，宋代江河中运行的客船颇具特色，除了遍设客舱之外，在船的两舷设舷伸甲板作走廊所用。客舱两舷设有许多面积相当大的窗子，使客舱内的通风采光都很充足。此外，遇风雨气候还可用木板窗将大窗子关闭起来，这时顶棚的两列气窗既可供采光又可用于通风（席龙飞、杨喜《中国造船发展史》，第 21 页，武汉水运工程学院 1985 年印行）。客舱的顶篷用轻便的苇席制成，上供船员走动或存放一些轻便的物品，如蓑衣、绳索之类，以利于船的稳定性。家船是指私家拥有的船只。如南宋时的临安城，街道都是石板路，非泥沙可比，车轮难以运行，所以市民一般用船或人力搬运货

▶ 宋佚名《江天楼阁图》
中的客船

▲ 宋夏圭《西湖柳艇图》

物。一些富贵人家则往往自造船只，以便撑驾往来，又无官府捉拿差拔之苦。

　　湖船指湖上活动的船只。如在北宋都城东京，湖船则主要集中在金明池中，有数百只之多。这些供统治者游玩的湖船，大多来自江南，仅北宋开国至吴越国纳土称臣的短短九年时间里，吴越国就向宋王朝进贡了银装花舫、画舫、龙舟200只。这些湖船的建造都非常精致，沈括《梦溪笔谈·补笔谈》卷2《权智》载："国初，两浙献龙船，长二十余丈，上为宫室层楼，设御榻，以备游幸。"孟元老《东京梦华录》卷7《驾幸临水殿观争标锡宴》，更是对金明池内的大龙船做了生动的描述："大龙船约长三四十丈，阔三四丈，头尾鳞鬣，皆雕镂金饰。榠版皆退光，两边列十阁子，充阔分歇泊中，设御座龙水屏风。榠板到底深数尺，底上密排铁铸大银样，如桌面大者压重，庶不觖侧也。上

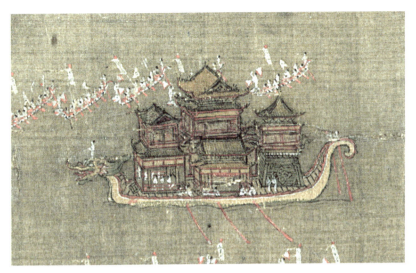

▲ 宋张择端《金明池争标图》大龙船

有层楼台观，槛曲安设御座。"皇帝常在此阅习水战或观赏水戏，并置酒招待文武大臣。南宋都城临安西湖，湖船主要为游船，其中最豪华的当推皇帝乘坐的御舟了。据周密《武林旧事》卷4《故都宫殿》所载，安顿于小湖园水次的御舟共有三只，分别名兰桡、荃桡、旱船。宋理宗时又造有御舟"梅槎"，停泊在翠芳园内。"御舟之华，则非外间可比"。这些御舟都是用香楠木精心雕刻制造出来的，御舟四边垂挂有珠帘锦幕，悬挂七宝珠翠、龙船、梭子、闹杆、花兰等物。除御舟外，湖上尚有许多供游人租赁的大小游船上千只，其中仅名叫头船、楼船、大舫（或称画舫）的大船就有数百只。这些大型游船大小不一，"有一千料，约长五十余丈，中可容百余客；五百料，约长二三十丈，可容三五十客"。"皆精巧创造，雕栏画拱，行如平地。各有其名，曰百花、十样锦、七宝、戗金、金狮子、何船、劣马儿、罗船、金胜、黄船、董船、刘船，其名甚多，姑言一二"（《都城纪胜·舟船》；《梦粱录》卷12《湖船》；《武林旧事》卷3《西湖游幸》）。这些大型游船，按其载重量大小，又可划分为头船、第二船、第三船、第四船、第五船、槛船、摇船等。头船自然是这些大船中最大的一种，其名称也甚多，《武林旧事》卷3《西湖游幸》载："承平时，头船如大绿、间绿、十样锦、百花、宝胜、明玉之类，何啻百余。其次则不计其数，皆华丽雅靓，夸奇竞好。"大型游船的服务也十分周到，"舟中所须器物，一一毕备，但朝出登舟而饮，暮则径归，不劳余力，惟支费钱耳"（《都城纪胜·舟船》）。毫无疑义，这些装饰豪华的大型游船主要是供贵家所用的，特别是在节日期间，"大船多是王侯节相府第及朝士赁了，余船方赁市户"（《西湖老人繁胜录》）。当然大型游船中有贵家自造的，其制造更加精致。至于湖中的中小型船只，则数以千计。中型船只一般为"二三百料者，亦长数丈，可容三二十人"。如摇船、小脚船便属于这类船。小型船只有"瓜皮船"，船因其形状如切开的西瓜，两头小、中间大，故名。此外，还有别具风格的采莲船，《梦粱录》卷12《湖船》载："更有豪家富宅，自造船只游嬉，及贵官内侍，多造采莲船，用青布幕撑起，容一二客坐，装饰尤为精致。"

值得注意的是，车船也已在宋代大行于世。据文献所载，车船虽出现于唐代，但其获得实际使用和

▲ 宋夏圭《西湖柳艇图》中的游船

发展却在南宋时期。杨幺起义时，曾以车船大败官军。当时义军所用的车船，大者达三四十车（李纲《梁溪全集》卷103《与宰相论捍贼札子》）。如杨幺用的"和州载"大车船，长三十余丈，宽四丈余，五层楼，装有二十四个车轮，每个车轮由十二个人踩踏。上层建筑分为三层，高达十丈以上，可以载一千名士兵。这种以轮代桨的车船，是当时最先进的船型（参见《宋史·岳飞传》；《建炎以来系年要录》卷66，绍兴三年六月条；《杨幺事迹》卷上）。此后，南宋水军的木工高宣又对车船做了改进，建造了有八个轮桨的"八车船"。高宣被杨幺义军俘虏后，又在洞庭湖为义军创制了一种高大新颖的战船，长三十六丈，广四丈一尺，高七丈二尺五寸。这种车船是将车轮安置在船的两舷，左右对称，也有的船尾再加一轮，每轮上装八个叶片，轮与轴连，轴上装踏脚板，只要一声令下，犹如踏水车，水手一齐用力踩船，以轮激水，船行如飞。

除船外，宋代水上交通工具中还有一种筏，流行于近海及江河湖泊中。陆游《入蜀记》第四中记载了这种交通工具："十四日……遇一木筏，广十余丈，长五十余丈，上有三四十家，妻子鸡犬臼碓皆具，中为阡陌相往来，亦有神祠，素所未睹也。舟人曰：'此尚其小者耳，大者于筏上铺土作蔬圃，或作酒肆，皆不复能入夹，但行大江而已。'"

十、行旅饮食、歇息和住宿

宋代行旅者在旅途中做饭或用餐，俗称打火。如《张协状元》四十出："（丑）行得气喘。（合）肚中饥馁。（丑）都不见打火。（合）

歇歇了去。"当时他们的
饮食，大致有两种解决方
法：一是自带干粮和水；
二是在外面饮食店或旅馆
中饮食。前一种方法多用
于短途，后一种则见于长
途旅行。但不管长途还是短途，水是首先必须解决的大问题，这
在炎热的夏季尤其如此。如果行人得不到饮用水，就会干渴致死。
有鉴于些，宋代地方官员对主要道路上的行人饮水问题非常重视。
如丹徒县令蒋圆便组织人力，在丹徒境内道路两旁开凿了九十三
眼井泉，"人赖其惠，或号蒋公泉"（张守《毗陵集》卷12《蒋公
（圆）墓志铭》）。

为了发展交通、保障
行人的饮食供应，宋朝政
府还积极鼓励居民到道路
两旁居住，并开设饮食店
铺。如南宋绍兴末年，"凡
居民去官道而远者，说令
徙家驿旁，具膳饮以利行
者，且自利官司，百役悉
蠲之。由潮而往，过客已

无向日之忧已"(《永乐大典》卷5343《桥道》引《三阳志》）。这种设在路旁的饮食店肆无疑为行人的饮食提供了极大的方便，陆游《十一月上七日蔬饭骡岭小店》一诗就记载了他旅行途中在山中小饭店吃饭时的情景："新粳炊饭白胜玉，枯松作薪香出屋。冰蔬雪菌竞登盘，瓦钵毡巾俱不俗。晓途微雨压征尘，午店清泉带修竹。建溪小春初出碾，一碗细乳浮银粟。老来畏酒厌刍豢，却喜今朝食无肉。尚嫌车马苦麇人，会入青云骑白鹿。"（《剑南诗稿》卷13）可见这些山中小店出售的蔬菜食品还是比较好的，且有茶、酒等供应。

宋人旅行时歇息，一般选择路旁的亭舍和树荫。路旁的亭舍是行人小憩和躲避雨雪的主要场所，在宋代颇为常见，这在经济发达的东南地区尤其如此。如两浙衢州至江东信州之间的路上，就有许多建筑非常讲究的亭舍，

▲ 宋佚名《闸口盘车图》中的大型酒楼

▲ 宋佚名《山店风帘图》

故而"行者如织",史称其"华堂逆旅,高屋盖道,憩车系马,不见晴雨"。而两浙杭州至江西吉州的一千七百里道路上,也同样是"长亭短堠如画"(以上参见刘辰翁《须溪集》卷6《送人入燕序》)。这种设在道路旁的亭舍,即使在人烟稀少的岭南地区也是如此。如大庾岭官道上,每隔数里便建有一个亭子"以憩客"。广西同样每隔二三十里置一亭舍(王巩《闻见近录》;《宋史·陈尧佐传》)。

宿息之处主要有驿馆、旅馆、寺庙等处。驿馆主要为官方服务,其设施颇为完备。在京城的驿馆,主要为各地赴京办事的文武官员、上京赴考的士人及海外各国使者服务。如北宋东京仅接待外国使者和来宾的馆驿,就有都亭驿、都亭西驿、来远驿、怀远驿、班荆馆、礼宾院、同文馆、瞻云馆,南宋临安有班荆馆、怀远驿、都亭驿等。这些国家级宾馆,不仅建筑豪华,而且规模也极大。如北宋东京专门接待辽国的都亭驿,有房五百二十五间,为当时最大的馆驿(王应麟《玉海》卷172《宋

▲ 宋马远《秋山投宿图》

朝都亭驿》）。而接待各地
来的官员则有接待院等，
如《夷坚甲志》卷17《梦
药方》载："虞并甫，绍兴
二十八年自渠州守被召至
临安，憩北郭外接待院。"

除这些设在都城中
的国宾馆外，各地州县也
都设有驿馆。如熙宁十年

▲ 宋佚名《征人晓发图》中的客店

（1077），成都府路提刑司在给朝廷的报告中指出："旧路自凤州入，
两当至金牛驿十程，计四百九里，阁道平坦，驿舍马铺完备，道
店稠密，行旅易得饮食，不为艰苦。……今茶纲见行旧路，商客
皆由此出。"（《宋会要辑稿》方域10《道路》）又，洪迈《夷坚支
景志》卷1《阳台虎精》载："自鄂渚至襄阳七百里间，每二十里
置流星马铺，七八十里则置驿舍，以为兵帅往来顿宿处，士大夫
过之者亦寓托焉。"这些地方政府所置设的驿馆，大都装饰比较
豪华，房间宽畅整洁。如嘉祐六年（1061）苏轼描述扶风凤鸣驿
时说："视客之所居，与其凡所资用，如官府，如庙观，如数世富
人之宅。四方之至者，如归其家，皆乐而忘去。将去，既驾，虽
马亦顾其皂而嘶。"（《苏轼文集》卷11《凤鸣驿记》）绍兴十七
年（1147）毛开《和风驿记》载衢州和风驿："为屋四十三楹，广
袤五十七步。堂宇庐分，翼以两庑，重垣四周，闳闼有闉，庖湢
库厩，各视其次。……门有守吏，里有候人，宾至如归，举无乏
事。"（《全宋文》卷4971）驿舍内的设施也比较完备，如种世衡

"知渑池县，葺馆舍，设什器，乃至砧臼匕箸，无不毕备，宾至如归"（司马光《涑水记闻》卷9）。驿馆除接待官方外，也对外营业。如"侯元功自密州与三乡人偕赴元丰八年省试，止道旁驿舍室中。四隅各有榻，四人行路甚疲，分憩其上，皆熟寝"（《夷坚甲志》卷4《驿舍怪》）。

旅馆的名称甚多，有旅舍、旅邸、旅店、道店、逆旅、客店、客院、客舍、宾馆、行馆等，也有的单称为邸、店、舍的，还有的邸店合称。宋人外出喜欢住客店，并称旅途中的停驻休息为下程，行旅歇宿之处为下处，简称下。随着商品经济的发展，旅馆业也得到了空前的繁荣。如在北宋都城开封城内，州桥东街巷迄东，"沿城皆客店，南方官员商贾兵级皆于此安泊"（《东京梦华录》卷3《大内前州桥东街巷》）。此外，一些僻远的地方也开办有旅馆，如徽州歙人汪致道，"崇宁五年初登第，得宣州教授，以冬月单车之官，投宿小村邸，唯有一室"（《夷坚甲志》卷20《木先生》）。当时经营旅馆业的赢利极大，故公私竞相开设。这些星罗棋布的旅店，为人们的行旅生活提供了极大的方便。

宋代的旅馆业，从经营性质来说，可分为官营和私营两种。北宋东京官营旅馆业的

▲ 宋夏圭《西湖柳艇图》中的饮食店铺和大型游船

机构，始名楼店务，太平兴国初改为左右厢店宅务，端拱二年并为邸店宅务，咸平元年又改为都大店宅务兼修造司，大中祥符间修造司归八作司，又恢复左右厢之名，到哲宗时再一次改为楼店务，"掌官邸店，计直出僦，及修造缮完"（《宋会要辑稿·食货》五十五之二）。官邸店的收入，主要"供禁中脂泽之用，日百千"（《续资治通鉴长编》卷30，端拱二年十二月）。其掌管的供人住宿的房间，最多时达26200间，可见规模之大（《宋会要辑稿·食货》五十五之六）。

私人也竞相开设旅馆，如北宋初年宰相赵普，派人到秦陇"贩木规利"，"广第宅，营邸店，夺民利"（李焘《续资治通鉴长编》卷12，开宝四年三月；又同书卷14，开宝六年六月）。沧州节度使来信，"京师龙和曲筑大第，外营田园，内造邸舍，日入计算，何啻千缗"（上官融《友聚会谈》卷上）。北宋末年，御史中丞何执中"广殖赀产，邸店之多，甲于京师"（董逌《闲燕常谈》）。南宋临安也是如此，如北关附近就有数十处由后宫、内侍及权贵创办的高级榻房，吴自牧《梦粱录》卷19《榻房》载："有

▼ 宋张择端《清明上河图》中沿街的店铺和旅店

水路周回数里，自梅家桥至白洋湖、方家桥直到法物库市舶前，有慈元殿及富豪内侍诸司等人家于水次起造榻房数十所，为屋数千间，专以假赁与市郭间铺席宅舍及客旅寄藏货物，并动具等物，四面皆水，不惟可避风烛，亦可免偷盗，极为利便。"

宋代客店接待客人投宿有一定的制度规定，《作邑自箴》卷7《榜客店户》对此做了详细的记载：

> 一，逐店常切洒扫头房三两处并新净荐席之类，祗候官员、秀才安下。

> 一，官员、秀才到店安下，不得喧闹无礼。

> 一，客旅安泊多日，颇涉疑虑，及非理使钱不著次第，或行止不明之人，仰密来告官，或就近报知捕盗官员。

> 一，客旅不安，不得起遣，仰立便告报耆壮，唤就近医人看理，限当日内具病状，申县照会，如或耆壮于道路间抬舁病人于店内安泊，亦须如法照顾，不管失所，候较损日，同耆壮将领赴县出头，以凭支给钱物与店户、医人等。

> 一，客旅出卖物色，仰子细说谕，止可令系籍有牌子牙人交易，若或不曾说谕商旅，只令不系有牌子牙人交易，以致脱漏钱物，及拖延稽滞，其店户，当行严断。

> 一，说谕客旅，凡出卖系税行货，仰先赴务印税讫，方得出卖，以防无图之辈，恐吓钱物，况本务饶润所纳税钱。

> 一，说谕客旅，不得信凭牙人，说作高抬价钱，赊卖物色前去，拖坠不还，不若减价见钱交易，如是久例赊买者，立壮保，分明邀约。

同书卷7《榜耆壮》又记载：

宋代衣食住行

376

店舍内有官员、秀才商旅宿泊，严切指挥邻保，夜间巡喝，不管稍有疏虞。

由此可见，当时的店户、客店对官府承担有这样的义务，即住宿者中如有官员、举人，需为其留出清洁的荐席和二三间上等的房间。官员、举人、商人住宿时需令邻保夜间警戒；客商贩卖货物时，需代为介绍经官府登记并持有官府所发木牌的牙人，监视是否偷税漏税，在需被科物件买卖之前劝其纳税；要保护客商不遭恶劣牙人之害，以防牙人作骗，为避免赊卖交价而受损失，应动员进行现金买卖；发现住宿客人有可疑行为时要及时报告官府，如住宿客人或行路人生病时也要报告官府并做好护理工作（参见斯波义信《宋代商业史研究》第 5 章《商业组织的发达》，日本风间书房 1968 年出版，1979 年重版）。

除馆驿和旅邸外，寺庙也是行人歇息的好去处。宋代寺庙往往设有供香客和外来旅客的客房。如洪迈《夷坚支志癸》卷 4《祖

▲ 宋张择端《清明上河图》中沿街的店铺和客栈

圆接待庵》载:"二浙僧俗,多建接待庵,以供往来缁徒投宿,大抵若禅刹然。其托而为奸利者,固不少也。"因此,时人也多往这里借宿。如范成大《吴船录》卷上载:"乙亥……晚宿蜀州城外圣佛寺。"郭彖《睽车志》卷3载:"光州定城主簿富某,秩满挈家还乡,道经合肥,与其帅有旧,留连数日,馆于佛寺。"

宋人出行时借宿民居的现象也颇为普遍。如《萍洲可谈》卷3载:张昇呆卿致仕还家后,曾与左右十余人游嵩山、少林寺等处,"至山下,投宿民家"。《夷坚支志丁》卷1《三赵失舟》:"淳熙十二年,宗室中有叔侄三人,自临安调选归……日已暮,投宿村舍。"

十一、游山玩水

宋人游玩成风,《梦粱录》卷4《观潮》载南宋"临安风俗,四时奢侈,赏玩殆无虚日"。而《宋史·地理志五》则载四川人"所获多为遨游之费,踏青、药市之集尤盛焉,动至连月"。庄绰《鸡肋编》卷上详细记载了成都人的游玩活动:"成都自上元至四月十八日,游赏几无虚辰。使宅后圃名西园,春时纵人行乐。初开园日,酒坊两户各求优人之

◀ 宋佚名《春游晚归图》

善者，较艺于府会。以骰子置于合子中撼之，视数多者得先，谓之'撼雷'。自旦至暮，唯杂戏一色。坐于阅武场，环庭皆府官宅看棚。棚外始作高凳，庶民男左女右，立于其上如山。每诨一笑，须筵中哄堂，众庶皆噱者，始以青红小旗各插于垫上为记。至晚，较旗多者为胜。若上下不同笑者，不以为数也。浣花自城去僧寺凡十八里，太守乘彩舟泛江而下。两岸皆民家绞洛水阁，饰以锦绣。每彩舟到，有歌舞者，则钩帘以观，赏以金帛。以大舰载公库酒，应游人之家，计口给酒，人支一升。至暮遵陆而归。有骑兵善于驰射，每守出城，必奔骤于前。夹道作棚为五七层，人立其上以观，但见其首，谓之'人头山'，亦分男左女右。至重九药市，于谯门外至玉局化五门，设肆以货百药，犀麝之类皆堆积。府尹、监司，皆步行以阅。又于五门之下设大尊，容数十斛，置杯勺，凡名道人者，皆恣饮。如是者五日。云亦间有异人奇诡之事。方太平盛时，公私富贵，上下佚乐，

▶ 南宋李嵩《观灯图》

不可一一载也。"苏州也是这样，范成大《吴郡志》卷2《风俗》载："吴中自昔号繁盛……以故俗多奢少俭，竞节物，好游遨。"

而达官贵人在一年四季中均要举行各种游玩活动，宋代涌现出了许多知名的旅游家，如司马光、沈括、欧阳修、邵雍、苏轼、范成大、陆游、朱熹等。关于司马光旅游之事，江少虞《宋朝事实类苑》卷41《司马温公》中详细记载了他一次遍访洛阳名胜古迹之事："司马温公优游洛中，不屑世务，齐物我，一穷通，自称曰齐物子。元丰中秋，与乐全子访亲洛汭，并辔过韩城，抵登封，憩峻极下院。趋嵩阳，造崇福宫、紫极观，至紫虚谷，寻会善寺，过轩辕道，遽达西洛。少留广度寺，历龙门，至伊川，以访奉先寺。登华严阁，观千佛岩。蹑山径，瞻高公真堂。步潜溪，还宝应，观文富二公庵。之广化寺，拜汾阳祠。下涉伊水，登香山，到白公影堂。诣黄龛院，倚石楼，临八节滩，还伊口。凡所经游，发为

▲ 宋夏圭《观瀑图》

▲ 宋马远《山径春行图》

咏歌，归，序之以为《洛游录》，士大夫争传之。"而北宋大科学家沈括则早在二十一岁之前，就曾随父亲沈周历经大江南北，有一段俭朴的旅游生涯。在他二十四岁踏上仕途以后，更是宦游各地。如熙宁六年（1073），他以集

贤校理身份相度两浙时，曾初探雁荡山，至今雁荡山龙鼻洞壁间还遗留有他的亲笔题名。次年，他又奉使河北，顺路游览了太行山等地。此后，他无论是出使辽国，还是出知延州，都对沿途的地理名胜、风物特产及其相关的自然现象等作了深入细致的考察。北宋大文学家欧阳修同样喜好旅游，他任西京留守推官时，"凡洛中山水园庭、塔庙佳处，莫不游览"（王辟之《渑水燕谈录》卷4《才识》）。又曾与尹鲁、梅尧臣等友人同游嵩山（王铚《默记》卷下；《邵氏闻见录》卷8）。庆历中，欧阳修谪守滁州，当地"有琅玡幽谷，山川奇丽，鸣泉飞瀑，声若环佩，公临听忘归"（《渑水燕谈录》卷7《歌咏》）。此外，他还在著名的散文《有美堂记》中阐述了自己独特的旅游观："夫举天下之至美与其乐，有不得而兼焉者多矣。故穷山水登临之美者，必与乎宽闲之野、寂寞之乡，而后

▲ 宋李嵩《西湖图》

得焉。览人物之盛丽，夸都邑之雄富者，必据乎四达之冲、舟车之会，而后足焉。盖彼放心于物外，而此娱意于繁华，二者各有适焉。然其为乐，不得而兼也。今夫所谓罗浮、天台、衡岳、庐阜、洞庭之广，三峡之险，号为东南奇伟秀绝者，乃皆在乎下州小邑，僻陋之邦，此幽潜之士、穷愁放逐之臣之所乐也。若乃四方之所聚，百货之所交，物盛人众，为一都会，而又能兼有山水之美，以资富贵之娱者，惟金陵、钱塘。"（《宋文鉴》卷78）苏轼虽在政治上屡遭贬谪，但他却利用宦游各地的机会，遍游名山大川，其平生足迹所至，北至河北定县，南至海南昌化，东至江苏吴江，西至陕西凤翔，几乎走遍了大半个宋室江山。周敦颐"雅有高趣，尤乐佳山水，遇适意处，或徜徉终日"（朱熹《朱子文集》卷10《濂溪先生事实记》）。朱熹同样喜好旅游，嗜山水，史载其"每经行处，闻有佳山水，虽迂途数十里，必往游焉。携樽酒，一古银杯，大几容半升，时引一杯。登览竟日，未尝厌倦。又尝欲以木作《华夷图》，刻山水凹凸之势，合木八片为之，以雌雄笋相入，可以折，度一人之力，足以负之，每出则以自随。后竟未能成"（罗大经

《赤壁图》

▲ 宋李嵩《月夜观潮图》

《鹤林玉露·丙编》卷3《观山水》）。

在众多的旅游活动中，游山玩水更受宋人喜爱，时人郭熙在《林泉高致·山水训》中论其原因："君子之所以爱夫山水者，其旨安在？丘园养素，所常处也；泉石啸傲，所常乐也；渔樵隐逸，所常适也；猿鹤飞鸣，所常亲也。尘嚣缰锁，此人情所常厌也；烟霞仙圣，此人情所常愿而不得见也。直以太平盛日，君亲之心两隆，苟洁一身，出处节义斯系。岂仁人高蹈远引，为离世绝俗之行，而必与箕、颍、埒素、黄绮同芳哉？"不仅如此，一些文人士大夫还认为，通过旅游可以扩大知识面。如胡瑗曾对滕宗谅说："学者只守一乡，则滞于一曲，则隘吝卑陋。必游四方，尽见人情物态，南北风俗，山川气象，以广其闻见，则为有益于学者矣。"他曾亲自从湖州带自己的数名学生游览关中，至潼关，因道路险峻狭窄，遂下车步行而走。既上至关门，与滕宗谅诸人坐门

▲ 宋陈清波《湖山春晓图》

垫少憩。回顾黄河抱潼关，委蛇汹涌，而太华、中条环拥其前，一览数万里，形势雄张。慨然对滕宗谅说："此可以言山川矣，学者其可不见之哉！"罗大经也有同感，认为"大抵登山临水，足以触发道机，开豁心志，为益不少"（罗大经《鹤林玉露·丙编》卷3《观山水》）。而苏辙在《上枢密韩太尉书》中，更是对这一理论进行了详细阐述，他说："太史公行天下，周览四海名山大川，与燕、赵间豪俊交游，故其文疏荡，颇有奇气。……辙生十九年矣，其居家所与游者，不过其邻里乡党之人；所见不过数百里之间，无高山大野可登览以自广；百氏之书虽无所不读，然皆古人之陈迹，不足以激发其志气；恐遂汩没，故决然舍去，求天下奇闻壮观，以知天地之广大。过秦汉之故都，恣观终南、嵩、华之高，北顾黄河之奔流，慨然想见古之豪杰。至京师，仰观天子宫阙之壮，与仓廪、府库、城池、苑囿之富且大也，而后知天下之巨丽。见翰林欧阳公，听其议论之宏辨，观其容貌之秀伟，与其门人贤士大夫游，而后知天下之文章聚乎此也。"（《宋文鉴》卷118）

后 记

炎炎七月，在杭州长达半个多月 42 度的火炉中，这部带着一身汗水的书稿终于可以交稿了。本书稿早在数年前，就承蒙中华书局相关编辑的厚爱，向我约稿。遗憾的是，我因为杂务缠身，加上要参加数部大型书稿的主编和撰稿任务，如《中国妇女通史》《中国殡葬史》（宋代卷）、《浙江文化通史》（南宋卷）、《南宋全史》（文化卷）、《钱塘江通史》等等，一直抽不出身来写。去年中华书局编审陈虎先生再次向我约稿，使我深为感动，遂答应了下来。好在我过去协助陈高华等先生主编过《中国风俗通史》、《中国服饰通史》、《中国饮食史》等书，自己也主撰过《中国风俗通史》（宋代卷）、《南宋临安社会生活》、《南宋全史》（文化卷）等书，在资料上有点积累，故此比较顺利地完成了这部书稿。在本书的编写过程中，得到中华书局编审陈虎先生的大力帮助，并补配了上百幅图片，使本书增色不少，特此致谢。

当然由于本人学识有限，在写作或配图上可能有错误或不妥当之处，欢迎读者批评指正。

图书在版编目(CIP)数据

宋代衣食住行/徐吉军著. —北京:中华书局,2018.10
(2023.9 重印)
ISBN 978-7-101-13110-9

Ⅰ.宋… Ⅱ.徐… Ⅲ.社会生活-历史-中国-宋代
Ⅳ.D691.9

中国版本图书馆 CIP 数据核字(2018)第 040959 号

书 名	宋代衣食住行	
著 者	徐吉军	
责任编辑	陈 虎	
责任印制	陈丽娜	
出版发行	中华书局	
	(北京市丰台区太平桥西里 38 号 100073)	
	http://www.zhbc.com.cn	
	E-mail:zhbc@zhbc.com.cn	
印 刷	北京盛通印刷股份有限公司	
版 次	2018 年 10 月第 1 版	
	2023 年 9 月第 3 次印刷	
规 格	开本/710×1000 毫米 1/16	
	印张 24¾ 字数 150 千字	
印 数	9001-11000 册	
国际书号	ISBN 978-7-101-13110-9	
定 价	84.00 元	